警官高等职业教育"十二五"规划教材

犯罪心理学

第三版

Fan Zui Xin Li Xue

编　著◎张晓真

中国政法大学出版社

2017·北京

警官高等职业教育"十二五"规划教材

编审委员会

主　任：胡来龙　李传敢

副主任：徐　伟　彭　晔

委　员：周善来　刘传兰　阚明旗　姚亚辉

■◆ 作者简介

张晓真 安徽警官职业学院警察系副教授、安徽心理咨询学会理事。曾出版《犯罪心理学》，参编《社区矫正人员读本》等教材、专著，在《学术界》《安徽警官职业学院学报》等学术期刊和其他载体上发表学术论文，并主持"心理咨询专业"省级特色专业、省级教学团队等多个项目。

❖❖❖ 编写说明

作为高等职业教育的重要组成部分，警官类高等职业教育正随着经济社会的快速发展和一线政法工作对专门人才的迫切需求而与时俱进。近年来，全国警法类高职院校都积极探索高职教育教学规律、改革专业人才培养模式，以适应经济社会发展对警法类专门人才的客观需求，改革内容涉及各个方面，包括专业建设、课程建设、师资队伍建设等，当然也少不了至关重要的教材建设。编写一套以就业为导向、以能力培养为核心、以服务学生职业生涯发展为目标、突出当前警官高等职业教育教学特点的系列规划教材就显得尤为重要。

为适应警法类专业人才培养的需要，安徽警官职业学院决定遴选理论功底扎实、教学能力突出、实践经验丰富的优秀教师组成编写组，对警官类高等职业教育原有的系列教材进行重新编写。本次编写工作按照"就业导向、能力本位、任务驱动"等职业教育新理念的要求，遵循高职学生自身的认知规律，紧密联系司法工作实务、相关专业人才培养模式以及课程教学模式改革实践，对教材结构和内容进行了革故鼎新的整合，力求符合教育部提出的"注重基础、突出适用"的要求，在强调基本知识和专业技能的同时，强化社会能力（含职业道德）和方法能力的培养，把基础知识、基本技能和职业素养三者有机融合起来。

本系列教材的主要特点是：

1. 创新编写思路，培养职业能力。"以就业为导向，注重培养学生的职业能力"是高等职业教育课程改革的方向，也是职业教育的本质要求。本系列教材针对警法类高职院校学生的特点，在教材编写过程中突出实用性和职业性，以我国现行的法律、法规和司法解释为依据，使学生既掌握法学原理，又明晓现行法律制度，提高学生运用法律知识解决实际问题的能力。同时，在教材内容编排上，本系列教材遵循由浅入深和工作过程系统化的编写思路，为学生搭建合理的知识结构，以充分体现高职的办学要求。

2. 体例设计新颖，表现形式丰富。为了突出实践技能培养，践行以能力为本位的职业教育理念，本系列教材改变以往教材以理论讲述为主的教学模式，采用新颖的编写体例。除基本理论外，本系列教材在体例上设置了学习目标、工作任务、导入案例、案例评析、实务训练、延伸阅读等相关教学项目，并在每章结束时通过思考题的形式，启发学生巩固本章教学内容。该编写体例为学生课后复习和检验学习效果提供便利，对提高学生的学习兴趣、促进学以致用、丰富教学形式、拓宽学生视野、提升职业素养具有积极的推动作用。

3. 课程针对性强，职业特色明显。高等职业教育教材突出相关职业或岗位群所需实务能力的教育和培养，并针对专业职业能力构成来组织教材内容。而法律实务类专业在社会活动中具有与各方面接触频繁、涉及面广的特点，要求学生具有较高的综合素质和良好的应变能力。因此，本系列教材采用案例教学法，通过大量的案例导入，并辅以简洁的案例分析，提供规范的实务操作范例，使学生能够更为直观地体会法律的适用，体验工作的情境和流程，增强学生的综合能力。

4. 文字表述简洁，方便学生使用。本系列教材在概念等内容编写中，尽量采用简洁明了的语言表述，使学生明确概念的要点即可，从而避免教材"一个概念多个观点""理论争论较多"的现象。

本系列教材共 14 本，在其编写过程中借鉴吸收了相关教材、论著的成果和资料；中国政法大学出版社也给予作者们大力支持和指导，责任编辑在审读校阅过程中更是付出了辛勤的劳动，在此我们深表谢忱。同时，由于时间紧、任务重，教材中难免出现不足和疏漏，恳请广大师生和读者给予批评指教，以便我们再版时进一步改进和提高教材质量，更好地服务于警官类高等职业教育事业。

警官高等职业教育"十二五"规划教材编审委员会
2013 年 12 月

❖ 前　言

　　本书是在警官高等职业教育系列教材《犯罪心理学》（张晓真编著，中国政法大学出版社 2008 年版）的基础上修订而成的，主要为适应警官高等职业院校相关专业的教学需要而编写。

　　根据警官高等职业院校人才培养的目标和教育部对高职院校"突出实践应用能力培养，理论知识以必需够用为度"的教学要求，依据犯罪心理学的学科发展现状及教学需要，作者对原书的有关章节进行了增删，本次修订过程中力求做到理论与实践相结合，简明通俗，突出重点。具体修订内容如下：

　　第一，以马克思主义哲学、毛泽东思想、邓小平理论和科学发展观等重要思想为指导，吸收犯罪科学的研究成果，运用心理学的基本原理和方法，研究和探索犯罪人的心理、行为特征与规律，培养学生用辩证唯物主义的观点分析问题、解决问题，树立科学的世界观。

　　第二，注重教材的时代性。在保持原教材的系统性、实用性、通俗性和针对性的前提下，本次修订对教材进行了较为全面的充实与完善，包括内容的更新、教学案例的增设等。尤其在体例上进行了较大的调整，增加了学习目标与任务、案例导读及拓展阅读等环节。在提供案例的同时，还列出了可供查阅的网址。这样既弥补了教材及课堂教学信息量的不足，增加了学习内容，满足了学生网络学习的新要求，同时也能及时反映当下犯罪形势的新变化。全书共分六个部分，即六个教学模块（绪论、心理论、原因论、形成论、类型论、对策论），使用时可根据不同专业的教学需要有所取舍与侧重。

　　第三，根据警官职业院校学生的学习及专业特点，本次修订保留了心理学基础知识和基本理论的教学内容。希望通过对心理学基本理论较为系统地学习与掌握，培养学生树立科学的心理观，为犯罪心理学的学习打下坚实的心理学理论基础，提高他们对特殊人群的心理扫描能力。

第四，注重培养实际操作能力。本次修订在相关章节理论教学的开头和结尾安排了案例导读、拓展阅读，为学生提供了有代表性的教学案例。其目的在于引发学生对理论学习的好奇心与兴趣，引导他们自主学习、独立思考。通过系统的理论学习，进一步提高他们运用理论知识分析、解决实际问题的能力。同时，每章均配有同步练习，以巩固与加强学生对理论知识的理解与掌握。

在本书的编写过程中，参考了国内外诸多专家、学者有关心理学、社会心理学、犯罪学和犯罪心理学等方面的著作、资料和研究成果，在此向被参阅文献的作者深表谢意！由于作者水平有限，加之成书匆忙，难免有疏漏和不妥之处，敬请有关专家、学者以及广大读者批评指正。

张晓真

2017 年 5 月 8 日于安徽警官职业学院

·∷∶目 录

模块四　形成论

模块五　类型论

模块六　对策论

模块一　绪　论

第一章

绪 论

学习目标与任务

　　通过本章学习，了解犯罪心理学的概念、对象、学科性质及研究方法；简要了解犯罪心理学的发展历史与现状；简要了解犯罪心理学的研究任务。

案例导读

包公判伞

　　寿州有这样一个包公判伞的传说。

　　传说开封府龙图阁大学士包拯包大人这天升堂，上来两个中年男人，一个叫黄五，一个叫许六。这两人说出一段一模一样的话儿来。

　　禀包大人：今天我上街买东西，忽然老天下起雨来。无奈，我只好从伞店买了一把伞。在我就要跨出店门的时候，这无赖从后面跟上来喊："老哥，借个光行吧？"我见他语气诚恳，就答应与他共用这把伞。谁料走着走着，他却与我争起这把伞来，说这伞是他的。请包大人为民做主，明断是非！

　　包公听后，皱了皱浓眉，气愤地抓起那把呈上来的惹事伞一撕两半，"哼！这点小事也来找我！好了，一人一半。退堂！"将黄五、许六撵了出去。

　　随后，包公唤来王朝、马汉两人："你两人分别跟定黄五、许六，听他们说些什么。然后带回来见我。"

　　不一会，王朝和马汉将二人带回。包公重新升堂，问："王朝，马汉，你们都听到些什么？"

　　王朝答："禀大人，我跟在黄五后面，见他打着半边伞，逢人便高兴地夸赞大人，说承蒙您的英明善断，他才得到半边伞避雨。"

　　马汉答："禀大人，我跟在许六后面，他一路上骂骂咧咧，说大人您……"

"说什么?"

"他说大人您包青天变成了包黑天!"

"哈!哈!哈!"包公一阵开怀大笑,吓坏了已经瘫成一堆泥的许六。痛骂包大人,这还了得?看来这条小命是难保了!

不料包公这时开言道:"案子结了。将刁民黄五鞭打四十,罚他买把好伞赔给许六;许六骂我,情有可原,不予追究!"[1]

想一想:这则民间传说中包公是怎样断案的?包公判伞的故事蕴含着怎样的犯罪心理思想?

犯罪是有严重危害性的社会现象,是世界范围内普遍关注的社会问题。那么,人为什么会犯罪?是什么心理驱使犯罪人做出危害社会和他人的行为?犯罪心理的形成与发展有什么特点和规律?等等。这些问题,不仅历来为各国政府所关注,也是一些专家学者研究的重要课题。随着心理科学的进步与发展,犯罪心理学作为心理学的一个分支学科出现了,它从心理这一更加细微的角度来考察犯罪,为研究犯罪开辟了一个新的天地。由于犯罪现象及人的心理的复杂性,越来越多的心理学家、犯罪学家、社会学家、人类学家、精神病学家与法学家们,从各自的学科领域出发,对犯罪心理进行广泛而深入的研究,来探索这一学科的奥秘。

第一节　犯罪心理学概述

一、犯罪心理学的研究对象

（一）犯罪心理学的含义

对犯罪心理学的定义历来存在广义与狭义的认识和理解。"狭义说"认为,犯罪心理学是运用心理学的基本理论研究犯罪主体的心理与行为的学科;"广义说"认为,犯罪心理学除了研究犯罪主体的心理与行为外,还应该研究犯罪对策心理,包括侦查心理、审讯心理、被害人心理、证人心理以及犯罪心理的预测、预防和矫治等。

根据社会实践需要和犯罪心理学的研究状况,我们采取广义犯罪心理学的观点,认为犯罪心理学的含义是:犯罪心理学是研究影响与支配犯罪人实施违法犯罪行为的心理活动规律及其对策心理的一门应用心理学科。理解这个定义

---

[1]　《中国民间故事集成·安徽卷》/传说－人物传说包公判伞,中国 ISBN 中心 2008 年 10 月。

的科学含义，就应该深入研究和明确一些基本概念和原理。

1. 犯罪与犯罪人。

（1）犯罪。根据刑法的规定，犯罪是指符合犯罪要件，危害社会的、触犯刑律的、应受刑罚处罚的行为。我国《刑法》第 13 条规定："一切危害国家主权、领土完整和安全，分裂国家、颠覆人民民主专政的政权和推翻社会主义制度，破坏社会秩序和经济秩序，侵犯国有财产或者劳动群众集体所有的财产，侵犯公民私人所有的财产，侵犯公民的人身权利、民主权利和其他权利，以及其他危害社会的行为，依照法律应当受刑罚处罚的，都是犯罪。"

（2）犯罪人。犯罪人是指实施了危害社会的行为，依法应当负刑事责任的人。这是严格法律意义上的概念，而犯罪心理学所研究的行为主体比法律意义上的犯罪人要宽泛得多。

2. 心理与犯罪心理。

（1）心理。心理是人脑的机能，是人脑对客观现实的能动反映。人的心理现象包括心理过程、心理状态、个性倾向性与个性心理特征，我们进行任何活动都要有这些心理现象的参加。人的心理是客观现实作用于人的大脑后"内化"的结果，它一经形成，就会对外界环境影响做出能动反映，这种反映就是行为。行为是人的心理"外化"的结果。

（2）犯罪心理。它是指影响与支配犯罪人实施犯罪行为的各种心理要素的总和，或者说是指挥与控制犯罪人实施犯罪行为的全部心理活动内容。这些心理要素，包括犯罪人的心理过程（认识、情感、意志）、个性心理特征（能力、气质、性格）、个性倾向（兴趣、动机、需要、理想、信念、世界观、人生观、价值观）以及心理状态等。

（3）正常人的心理与犯罪人的心理的异同。从心理形式上来看，两者并无本质区别，正常人有的心理过程、个性心理特征以及个性倾向等，犯罪人也有。但是，在心理内容上，特别是个性心理的内容上，二者却有着根本的区别。

3. 犯罪心理与犯罪行为。

（1）犯罪心理。它是犯罪人实施犯罪过程中表现出来的心理特征的总和。其特点是：犯罪心理具有内隐性，它是犯罪人大脑的活动，在没有用口头与动作的形式表现出来即未发生犯罪行为之前，是看不见、摸不着、听不到的；犯罪心理具有相对独立性，在发生犯罪行为之前，犯罪心理就已存在着，犯罪行为结束之后，犯罪心理并不一定会立即消失，还可能继续保持下去；犯罪心理具有预先性，它总是在犯罪行为发生之前就已经形成，随后才可能发生犯罪行为。

（2）犯罪行为。它是指在一定犯罪心理影响与支配下，所实施的危害社会的、触犯刑律的、应受刑罚处罚的行为。其特点是：犯罪行为具有外显性，它是犯罪心理外化的结果，它总是依靠犯罪心理以作为或不作为的形式表现出来；犯罪行为具有依存性，它总是依犯罪心理的存在而发生；犯罪行为具有延后性，它总是在犯罪心理形成之后才可能发生。犯罪行为形形色色，刑法中规定为两大类，即故意犯罪行为与过失犯罪行为。

（3）犯罪心理与犯罪行为的相互关系。①犯罪心理与犯罪行为相互区别，各有自身的特点。犯罪心理具有内隐性、独立性与预先性；而犯罪行为则具有外显性、依存性与延后性。②犯罪心理与犯罪行为相互联系，又互为因果。其一，犯罪行为依犯罪心理的存在而发生。先有犯罪心理，再有犯罪行为。同时，犯罪心理又会因犯罪行为的实施而得到巩固和强化。可见，犯罪心理和犯罪行为相互依存、相互转化，而这种转化是遵循一定规律的。犯罪心理学研究的重点，就在于通过分析、观察犯罪行为，寻找、探索犯罪心理和犯罪行为形成、发展和变化的规律，从而对犯罪行为给以深层的认知、预测和调控。其二，犯罪心理与犯罪行为有其一致性与不一致性。犯罪心理与犯罪行为的一致性，是指有什么样的犯罪心理，就会发生什么样的犯罪行为；但是在主客观因素影响下，两者也存在着不一致的情况，如刑法中的间接故意犯罪，以及犯罪人本无犯罪动机、只是在别人胁迫下不得不实施的犯罪行为就是如此。

（二）犯罪心理学的研究对象

犯罪心理学的研究对象与犯罪心理学的含义有着密切的联系。因此，犯罪心理学的研究对象也有狭义与广义的区别。狭义的犯罪心理学把犯罪心理与犯罪行为作为研究对象。广义的犯罪心理学的研究对象，除包括狭义犯罪心理学的研究对象外，还应该把侦查心理、审讯心理以及犯罪心理的预测、预防和矫治等作为研究对象。本书采用广义的犯罪心理学的理论体系与架构。其研究对象主要包括：

1. 研究对象所涉及的行为人的范围。

（1）犯罪人。它是指实施了犯罪行为的人，这是犯罪心理学的主要研究对象。

（2）一般违法人。它是指虽然违反了法律，但情节显著轻微、危害不大和违反《治安管理处罚法》的行为人。虽然犯罪行为与一般违法行为在法律上有比较明确的界限，但从心理机制上看，违法与犯罪的心理之间却是一脉相连、难以区分的。并且，犯罪行为往往是由一般违法行为演变而来的，因此，为了预防犯罪，致力于将犯罪消灭在萌芽状态，犯罪心理学有必要把一般违法人作为研究对象。

（3）虞犯。它是指可能的犯罪人。虞犯一般是指那些个性有严重缺陷的人，他们经常出入不良场所，与有犯罪习性的人交往，经常旷课、逃学或离家出走，参加不良组织，携带凶器，寻衅滋事等。这些人在犯罪心理形成之前，往往在需求、认知、情感与行为上表现出异常的不良征兆。犯罪心理学之所以把这些人的心理作为研究对象，是为了探求其心理逐渐恶变的规律，为犯罪心理的预测、预防提供理论和实践依据。

（4）刑满释放与社区矫正人员。刑满释放人员中有一些未真正改造与矫治好的人容易重新犯罪，而且许多大案、要案与恶性案件通常都是他们所为，对社会危害极大。为了预防和及时制止他们重新犯罪，犯罪心理学把他们作为研究对象，是非常有必要的。社区矫正人员是指按相关法律规定依法在社区矫正机构服刑的犯罪人。他们一般是罪行较轻、主观恶性较小、社会危害性不大的罪犯或经过监管改造，确有悔改表现、不致再危害社会的人员。《刑事诉讼法》第258条规定："对被判处管制、宣告缓刑、假释或者暂予监外执行的罪犯，依法实行社区矫正，由社区矫正机构负责执行。"为了使社区矫正人员顺利回归社会，成为合格的社会公民，他们的心理是犯罪心理学研究的新领域。

（5）揭露与惩治犯罪的公安司法人员。犯罪心理学主要研究犯罪人的心理及行为特征，同时，还要相应地把揭露打击与监管惩治犯罪和罪犯的公安司法人员的心理作为研究对象。对他们的心理素质进行培养与教育、训练与提高，使他们的心理品质与工作效率达到最好水平，这样才能提高办案质量与矫治成效。

概而言之，犯罪心理学就是要从上述这些人的心理现象的本质、作用及其发生与发展变化规律入手，采用客观的、科学的方法与技术手段来进行研究，以揭示其规律性。

2. 犯罪心理学的研究课题。

（1）绪论。主要探讨犯罪心理学的研究对象、任务、性质与方法等。

（2）心理论。揭示人的心理现象与本质。研究犯罪心理学的心理学基础知识与基本理论等。

（3）犯罪心理原因论。分析影响犯罪心理与行为形成的各种主客观因素，即主体内外因素及其相互作用；简要介绍国内外各种犯罪原因学说等。

（4）犯罪心理形成论。简要介绍犯罪心理形成的几种理论；犯罪人社会化过程中形成的个性缺陷；犯罪心理形成与发展变化规律等。

（5）犯罪心理类型论。研究各种不同类型犯罪的心理特点和行为特征，为采取不同的犯罪对策提供心理科学依据。

（6）犯罪心理对策论。研究侦查心理、审讯心理、犯罪心理预测、预防与矫治等。其目的是为了更好地预测与预防、揭露与打击、惩罚与矫治犯罪。

（三）犯罪心理学的学科性质

1. 犯罪心理学是一门既属于自然科学，又偏重于社会科学的综合性学科。人是自然属性与社会属性的统一体。犯罪是一种常见的社会现象，它是一定社会历史条件下阶级矛盾与其他社会矛盾的综合反映。某一个体的某种行为是否犯罪，是由一定社会的统治阶级通过法律形式来规定的。某一个体或群体的犯罪，往往是社会因素起着主要的作用，是消极的、不良的社会现实在犯罪人头脑中的反映。犯罪心理与社会现实的关系问题是属于社会科学研究的范畴，因此，犯罪心理学就具有明显的社会科学性质。同时，从犯罪心理与人脑的关系看，犯罪人的犯罪心理的形成、发展及犯罪行为的发生，都离不开一定的生理机制的作用，由此可见，犯罪心理学又具有一定的自然科学的性质。所以说，犯罪心理学是既属于自然科学、又偏重于社会科学的综合性学科。

2. 犯罪心理学是一门介于犯罪科学与心理科学之间的交叉学科。犯罪心理学既是犯罪学的分支学科，又是心理学的分支学科。它是运用心理学的理论与方法，研究犯罪科学的基本对象——犯罪人的心理与行为的一门学科。这就要求犯罪心理学，不但要研究人的心理活动的一般规律，而且要着重研究犯罪人心理活动的特殊形式、特殊规律与犯罪心理对策。犯罪心理学的研究既要借助心理科学的研究成果又要借助犯罪科学的研究结论，由此可见，犯罪心理学是一门介于犯罪科学与心理科学之间的交叉学科。

3. 犯罪心理学既是理论学科，又是应用学科。犯罪心理学担负着理论构建的艰巨任务，而其理论建设尚不成熟，它要研究犯罪心理形成的原因与发展变化的规律等一系列基本理论问题，从这一角度看，它是一门理论学科。同时，犯罪心理学还要研究犯罪心理的类型、犯罪心理的对策与预测预防等内容，从这方面来看，它又是一门实用性很强的应用学科。犯罪心理学的研究成果不但在犯罪人的心理鉴定、犯罪心理分析、犯罪心理测试、犯罪心理及行为矫治和犯罪的预测、预防等实际工作中具有重要作用，而且在公安司法人员的选拔、培训与心理素质的提高等方面也具有重要的应用价值。

4. 犯罪心理学是一门或然性学科。许多科学研究结论的正确性是相对的，它告诉人们在某种特定条件下可能性（概率）有多大，绝对准确的预测是难以做到的。犯罪心理学的研究结论也是如此。这是因为，影响犯罪人犯罪心理形成与犯罪行为发生、变化的因素是极其复杂多变的，即使是微小的差别，也可能使结果发生改变。因此，犯罪心理学研究的结论并不一定适用于每一个人，也不能对不同情境下的个体长久应验。例如，犯罪心理学研究表明，与不良团伙交往过的青少年比没有交往过的更容易犯罪，但不能说，凡是与不良团伙有过交往的青少年一定都会犯罪。因为犯罪心理的形成与犯罪行为的发生，会因人而异，因境而别。因此，犯罪心理学研究的结论，只是针对一般情况而言的。所以，犯罪心理学的研究结果与结论带有一定的或然性。它告诉人们，在某种情况下的心理与行为过程可能如此，而不是必然如此，不能把这些结论绝对化。但这绝不是否认犯罪心理学的研究结果的准确性和应用价值，犯罪心理学所揭示的一些带有规律性的研究成果，为预测、预防与控制犯罪提供了科学依据，其作用不可低估。

二、犯罪心理学的研究任务

犯罪心理学既要探讨理论问题，也要解决实际应用问题，它兼具这两方面的研究任务。

（一）犯罪心理学研究的理论任务

犯罪心理学是研究犯罪人心理的科学，它的首要任务就是探讨犯罪人的心理活动的特征与规律，要在理论方面科学地阐释人们长期以来尚未解决的有关犯罪心理的问题。具体地说，犯罪心理学所涉及的内容，就是犯罪心理学研究对象所规定的具体内容。它主要研究犯罪人的心理活动的特殊反映形式，即犯罪心理的本质及其产生的大脑的高级神经活动与机制；研究犯罪心理过程及其发生发展的规律，个性差异形成过程的规律与条件以及犯罪心理过程与个性差异的关系；研究犯罪人的犯罪行为与犯罪环境（客观）、犯罪心理（主观）之间的关系等。许多深层的原因和问题，都迫切要求犯罪心理学从理论上给予科学说明。随着心理科学的发展与进步，犯罪心理学研究的不断深入与进展，必然会发现与揭示出犯罪人心理活动的新规律，使犯罪心理学的内容更加丰富，理论体系更加完善。

犯罪心理学的研究为揭露与证实犯罪，预测、预防与矫治犯罪，提供了科学依据。同时，犯罪心理学研究的新发现、新成果、新规律，不但对犯罪心理学自身的发展与完善具有实际价值，而且对心理科学的发展与丰富也具有重要意义。

综合上述，我国犯罪心理学的基本任务，就是以马克思主义辩证唯物主义与历史唯物主义的理论为指导，运用心理学的原理与方法，研究犯罪人的心理、行为特征与规律，努力构建具有中国特色的犯罪心理学体系，为揭露、惩治与预防犯罪，制定犯罪心理对策与矫治措施提供科学依据，为维护社会稳定，保障改革开放与社会主义建设事业的顺利发展，建设社会主义和谐社会服务。

（二）犯罪心理学研究的实践任务

实践若不以理论为指南，就会变成盲目的实践；同样，理论若不以实践为基础，就会变成空洞的理论。犯罪心理学的理论来自实践，是实践活动本质与规律的总结与概括，它对具体的实际工作起着重要的指导作用。

1. 掌握犯罪心理学的基本理论，遵循犯罪心理的规律，能提高公安、司法工作的效率，以减少盲目性、增强预见性与提高自觉性。

（1）学习犯罪心理学的基本理论并掌握其基本规律，对提高广大公安司法人员的心理素质与业务能力具有重要意义。犯罪是一种社会现象，不同的时代、不同的条件下会有不同的特点。当前，犯罪出现了一些新特点与新动向，如智能化、隐蔽化、组织化和国际化等，这种新情况要求公安司法部门的工作也随之更加科学化、现代化。同时，要求公安司法人员不断地提高心理素质与业务能力，做到"魔高一尺，道高一丈"，能够科学地认识犯罪现象与犯罪人，掌握犯罪人的心理特征与心理规律，从而更好地把握当今犯罪形势发展的动向与趋势。

（2）学习犯罪心理学的基本理论并掌握其基本规律，对广大公安司法人员侦查破案、审讯、揭露与惩治犯罪，具有重要的指导作用。例如，公安机关在侦查破案中，运用心理痕迹分析技术和个体心理活动相对稳定性、典型性的特点等知识与理论，在案发现场勘查、案件调查与犯罪嫌疑人的形象刻画和心理分析等方面发挥作用，从而为缩小侦查范围与确定侦查方向提供了科学的依据，为有效制定侦破方案及措施提供了保证。在审讯过程中，掌握犯罪心理状态，根据不同犯罪嫌疑人的心理特点，有针对性地制定出审讯心理策略与讯问方法，能够减少工作的盲目性，增强预见性，收到良好的效果。在审讯工作中，预审人员与犯罪嫌疑人经常会发生审讯与反审讯的斗争，双方进行着激烈的心理较量。这要求预审人员，事先应了解与掌握犯罪嫌疑人的心理状态、个性特征及其发展变化规律，有针对性地制定出审讯方案，采取有效的心理对策与审讯方法，突破犯罪嫌疑人的心理防线，以便查清犯罪事实，从而提高审讯效率与质量。在监管与改造罪犯的监狱工作中，犯罪心理学的知识也同样具有实际的指导作用。监狱工作的主要任务，是通过教育、矫治罪犯，使他们重返社会后能够适应社会，成为对社会有用的人。为了达到这个目的，就要求我们既要了解犯罪群体的心理特点，又要掌握各种类型犯罪人的心理特点，使他们尽快发生良性转化，保证教育、矫治工作的顺利进行，维护社会的和谐与稳定。

（3）学习犯罪心理学的基本理论并掌握其基本规律，为治安防范工作提供科学依据。将犯罪心理形成的原因、过程及其活动规律，应用到犯罪的预测、预防与综合治理工作中去，从而为制定治安防范工作计划和科学决策提供了保障。例如，要防止与减少个体或群体犯罪发生，就必须减少与净化影响犯罪的不良环境因素，排除形成犯罪心理的外在条件与基础，消除诱发犯罪的消极因素，培养个体或群体的积极因素，预防犯罪心理的形成，尽可能防止犯罪行为的发生。另外，还要进行多学科的系统研究与开展全社会群防群治，根据犯罪人在犯罪心理形成前的异常表现和行为上出现的一系列不良征兆，采取积极有效的社会预防措施。由此可见，在治安防范工作中运用犯罪心理学理论，参与综合治理决策，对有效地控制与减少犯罪以及发挥综合治理的最大效能，具有重要的实践意义。

（4）学习犯罪心理学基本理论并掌握其基本规律，对家庭、学校和社会教育，具有不可或缺的指导作用。犯罪心理学的研究所揭示的规律一旦为人们所掌握，就可以及时地发现家庭、学校、社会教育上存在的缺陷与问题，从而在实践中不断改进、完善教育教养的方式方法，以便更好地保护社会成员，特别是青少年的健康成长，使他们远离犯罪。

2. 通过实践活动来验证和发展犯罪心理学理论，发现新规律，以便减少片面性和盲目性，增强系统性和完整性，提高科学性。这是犯罪心理学研究与发展的正确标准和必由之路。因为"判定认识或理论之是否真理，不是依主观上觉得如何而定，而是依客观上社会实践的结果如何而定。真理的标准只能是社会实践"[1]。诚然，犯罪心理学的理论对公安司法工作实践具有指导作用，这是指那些经过实践检验是正确的东西；而那些经过实践检验是错误的东西，不仅没有指导作用，还会对公安司法工作实践带来负面影响。只有经过教学、科研和实际工作人员的团结协作，在公安司法工作中反复实践，去粗取精，去伪存真，才能使犯罪心理学的理论更加科学，体系更加系统完善。这样，在工作实践中反复验证过的科学理论，才能指导公安司法工作，为侦查、审讯、揭露和惩治犯罪提供科学、客观、准确的心理科学依据，为提高公安司法工作质量与效率提供保证。

第二节　犯罪心理学的研究方法

一、犯罪心理学研究的方法论

方法论是在某一门学科上所采用的研究方式、方法的总和。科学的方法论，从根本上说，就是这门学科研究的指导思想和理论原则，它说明怎样去研究才能达到揭示研究对象的本质和规律的目的。

犯罪心理学研究的方法论是一个体系，这个体系是由马克思主义辩证唯物主义和现代系统科学理论以及具体的心理科学方法三个不同层次、相互联系的方法论构成的。

---

〔1〕《毛泽东选集》第 1 卷，人民出版社 1991 年版，第 284 页。

（一）辩证唯物主义原理是犯罪心理学的哲学方法论

在犯罪心理学研究中，必须坚持辩证唯物主义的哲学方法论，它是犯罪心理学研究中最普遍与最根本的方法。犯罪心理学的研究，只有坚持辩证唯物主义的方法论，才能正确地确定犯罪心理学的对象、任务与方法，才能真正掌握犯罪人的心理发生与发展的规律。其主要理论原则应包括以下几个方面：

1. 客观性与主观性相统一的理论原则。犯罪心理学研究中的客观性与主观性相统一的理论原则，是指在对犯罪心理与犯罪行为进行研究时，既要看到其产生是客观环境中消极不良因素在犯罪人头脑中的反映，又要看到这些消极不良因素之所以被犯罪人选择、吸收和反映，内化为犯罪心理，外化为犯罪行为，是犯罪人对不良的影响因素主观能动反映的结果。这就是为什么在大致相同的社会生活条件或背景下，有的人犯罪，而有的人却不犯罪，用这一理论原则便可以进行解释。

犯罪心理现象是一种客观存在的事实。所以，研究任何犯罪心理活动，都必须依据这一客观存在的事实，贯彻客观性的理论原则，切忌根据研究者的主观愿望或猜测来分析犯罪人的心理和行为。犯罪心理学研究，必须坚持客观性这一唯物主义的基本理论原则，并做到客观性与主观性相统一。

2. 内因与外因相统一的理论原则。辩证唯物主义认为，外因是变化的条件，内因是变化的根据，外因通过内因而起作用。内因一般地表现为决定的作用，在一定条件下，外因有时也能起决定的作用。犯罪这种社会现象的产生或者犯罪人心理的形成与犯罪行为的发生，都具有因果制约性。制约和决定犯罪的原因多种多样，各种构成因素之间的关系错综复杂，集中表现为内因与外因两大类，它们之间相互作用、相互统一、相辅相成。犯罪心理的形成与犯罪行为的发生，都有着必然性与因果关系。研究并揭示犯罪心理形成与犯罪行为发生的心理机制，从中寻找与发现导致犯罪的原因，这一理论原则为我们提供了科学的哲学依据。

3. 联系性与发展性相结合的理论原则。根据辩证唯物主义的观点，任何心理现象（包括犯罪心理现象）都是在极其复杂的具有普遍联系的关系中存在的，它与外部刺激、机体状态以及反应活动密切联系。外部刺激非常复杂，有机械的、物理的、化学的、生物的和社会的，种类繁多，强度不一，这些叫做刺激变量。机体状态有生理因素和心理因素，叫做机体变量。反应活动有行为、言语与不明显的生理变化，叫做反应变量。变量是在性质或数量上可以变化、操纵和测量的条件、现象或特征。对犯罪心理现象的研究，不仅要考虑引起犯罪心理现象的原因与条件，同时，也要考虑与之相联系的其他因素的影响，要在联系与关系中探究犯罪心理的真正规律。

犯罪心理学的联系性与发展性原则，是指研究犯罪心理现象不仅要在普遍的联系与复杂的关系中进行探究，而且要在发展中研究犯罪心理现象、行为特征及其形成条件，从而了解犯罪心理发生与发展的规律性。不仅如此，作为犯罪心理的物质承担者——犯罪人的大脑，也是历史的产物。这都要求研究者要坚持发展的原则，对犯罪心理要做全面的考察与研究，以掌握犯罪心理与行为的规律。例如，犯罪人较稳定的个性心理特征，由于长时间各种因素的作用，也可能发生变化。因此，这一原则对于研究者有重大指导意义。

4. 理论与实际相结合的理论原则。这是研究犯罪心理学必须坚持的最基本的理论原则。若要证实犯罪心理学的理论是否正确，就必须把它们运用到实际工作中去加以检验。犯罪心理学研究水平的提高，与人们深入实际总结经验，把感性认识上升到理性认识的水平是密不可分的。因此，贯彻这一理论原则，在研究中既要注意基本理论的研究，又要注意实际应用的研究，在实际应用中使理论进一步得到充实、完善与提高。只有坚持理论与应用相结合，坚持感性认识与理性认识相结合，坚持理论工作者与实际工作者密切合作，才能使我国犯罪心理学的研究取得长足的发展。

5. 社会性与自然性相统一的理论原则。犯罪心理学研究的社会性与自然性相统一理论原则，是指在犯罪心理学研究中，既要看到犯罪社会性的本质属性，又不能忽视犯罪人的自然属性。犯罪人之所以犯罪，主要是其社会性缺陷造成的；但影响犯罪心理的形成或支配犯罪行为的发生，又都有其一定的自然生理机制。应该正确地认识与分析二者之间的辩证统一关系，任何割裂二者关系，片面地、孤立地夸大某一方面作用的做法都是不对的。

（二）系统科学理论是犯罪心理学的一般科学方法论

社会科学与自然科学的研究与实践证明，系统论、信息论、控制论等理论观点和方法，对各门学科的发展都具有普遍的借鉴意义。这些现代的一般科学方法论，体现了辩证唯物论关于事物普遍联系的观点，进一步证实与丰富了唯物辩证法，因而，对犯罪心理学的研究具有重要价值。

运用这些现代科学方法进行犯罪心理学的研究与实践，就要从多层次、多维度、多方面、多角度进行分析，采取多种方法和途经进行系统、动态的实验与观察，从而得出科学的、全面的、正确的结论，并用以指导实践。

二、犯罪心理学研究的具体方法

（一）犯罪心理学研究的困难性与可行性

1. 犯罪心理的隐蔽性。犯罪心理与行为不仅复杂，而且具有很大的隐蔽性。犯罪人绝不会随便地暴露其犯罪心理活动，他们会极力掩盖其犯罪行为，这就给犯罪心理的研究带来了很大的困难。

2. 犯罪心理研究的滞后性。犯罪心理的研究，通常是在犯罪行为发生之后，通过对犯罪人的表现、交代以及大量证据材料作间接的归因分析与研究，才能得出规律性的认识与正确的结论。

3. 犯罪心理的可知性。研究者不能通过人为的方法，在自然情境下或在实验室中再现犯罪人的心理与行为，这确实增加了研究的困难性与艰巨性，但是，这并不说明犯罪心理是不可知的，研究是不可能的。实践与研究证明，犯罪心理是可以进行研究的：

（1）我国的公安司法人员在长期的工作实践中积累了丰富的经验，为我们认识犯罪心理提供了重要的资料。

（2）有的犯罪人在党和政府教育感召下，能够认识到自己的罪责，有真诚的悔罪表现，愿意袒露自己的真实心理。

（3）现代心理科学的研究成果，为揭示犯罪心理与行为规律提供了科学依据，诸多行之有效的研究理论、方法与技术，为研究犯罪心理与行为提供了有利的条件和可供借鉴的经验。

（二）犯罪心理学常用的具体研究方法

1. 观察法。观察法就是有目的、有计划地观察被试者在一定条件下的言行举止变化，作出详尽记录，然后进行分析处理，从而判断其心理活动的一种方法。它包括客观观察法与自我观察法两种方法。

客观观察法是指在被试者未经控制的自然状态下，观察者观察分析其言行表情，以判断其心理活动的方法。在进行客观观察时，观察者要有明确的观察目的，制订详细的观察计划，并认真做好观察记录。观察时要注意隐蔽性，以获得真实的观察效果。

自我观察法是指把自己的心理活动作为观察对象加以分析与研究的方法。如对于认罪态度好，确有悔改表现的罪犯，让他们自我观察心理活动的变化，用口头或书面报告的形式表述出来，这不失为犯罪心理学研究的一个辅助方法，但该方法存在着是否真实的问题。

观察法的优点是被观察者表现自然，所获得的材料比较真实客观，缺点是研究者处于被动地位，只能消极地等待有关现象的出现；同时，收集到的材料也很难做数量上的处理。因而，很难精确把握某种心理现象的真正原因。

2. 调查法。调查法就是以一定的问题，通过一定的方式向调查对象（违法犯罪人）提问，然后对有关的材料进行分析与研究，以了解其心理的方法。调查法包括：谈话法（口头问答）、问卷法（书面问答）、召开座谈会、访问和查阅案卷等。运用调查法要注意的是问题设计要准确、具体，避免产生歧义或暗示作用；在选择调查对象时，一定要遵循随机的原则，否则，调查结果会产生主观性、片面性。

3. 实验法。实验法就是研究者有目的地严格控制或创设某种条件与情境，促使某种心理活动的产生，从而探究心理活动的方法。对犯罪心理现象进行实验研究有其困难性，需要谨慎地按照科学方法进行，但只要我们进行严格控制，避免产生不良后果，排除主观倾向性影响，实验法也是可行的。实验法可分为现场实验、模拟实验和实验室实验等方法。

现场实验，即在特定的场所，适当控制某些条件，对被试产生的心理现象及其变化进行研究的方法。如犯罪心理学研究中，对青少年犯罪人进行心理转化的实验；对服刑人员利用"分类管教"，以研究罪犯心理和矫正效果的实验等。

模拟实验，即设立一种与真实情境相接近的模拟情境，观察被试者在这种情境中的心理反应。如为确定侦查方向，侦查员在现场进行的"犯罪模拟"实验。这种实验可以为侦查工作提供某种理论依据，但存在伦理的问题，应慎重进行。

实验室实验，即在实验室中，严格控制某些条件，借助仪器和设备研究被试者心理活动的方法。如用犯罪心理测试仪器（俗称"测谎仪"）对犯罪人的心理状态进行测试，根据其生理反应，探试其心理活动变化，为研究犯罪人供词的可靠性程度提供依据。这种方法有一定的科学性，但对实施者的要求较高（一定要经过专门训练），其结果也有一定的局限性。犯罪心理学许多研究课题，只能在一定范围内采用实验法。

4. 心理测验法。心理测验法就是运用某种测验仪器或量表，对犯罪人的智力水平、心理特征与个性差异进行测量的一种方法。例如，用智力测验法测量犯罪行为人的智商，用人格量表测量犯罪行为人的个性特征等。

5. 心理分析法。心理分析法就是根据心理与行为之间的联系，依据个体内外各种因素与心理形成之间的关系，通过外部的刺激情境与犯罪行为的表现及其结果，去分析犯罪人的心理状态和犯罪心理形成与发展变化规律的一种方法。通过分析可以发现与窥探犯罪人内心压抑的冲动与动机；也可以通过对犯罪现场遗留的物质痕迹进行心理痕迹（包括个性痕迹）分析，揭示犯罪人的行为表现及其个性特征，为侦破案件提供依据和方法。

6. 数理统计分析法。数理统计分析法就是在搜集与处理研究资料时，进行定量分析的一种方法。在犯罪人的犯罪心理形成与发展变化过程中，既有质的特点，又有量的特征。因此，在研究工作中，不仅要进行定性分析，而且要重视定量分析，正确处理二者的关系。

上面介绍的是几种主要的研究方法。此外，还有个案分析法、经验总结法、比较法和活动产品分析法等。由于犯罪心理现象复杂多变，各种方法的运用都有其优点与局限。因此，研究者应该根据研究课题的性质与自身条件，选择主要方法与辅助方法，取长补短，相互补充，以获取正确的结论。

第三节 犯罪心理学的发展概况

一、古代犯罪心理学思想与理论的产生

（一）中国早期的犯罪心理学思想

中国古代许多思想家有关犯罪心理、犯罪行为与犯罪对策的论述，比当时西方的研究要深刻得多，其中不少内容可作为我们今天研究现代犯罪心理学时的借鉴。犯罪是特定的社会历史现象。在我国，早期的犯罪心理学思想出现于奴隶社会，是奴隶社会的政治与经济的反映，是随着中国古代政治与经济的产生发展而产生发展的。

我国古代的思想家对犯罪心理有许多深刻的论述。春秋战国时期，孟子提出了"性善说"，他认为人皆有"恻隐""羞恶""辞让""是非"之心，人之所以作恶并非本性如此，而在于客观环境的影响。荀子提出了"性恶说"，否定孟子的观点。他认为人性就是"饥而欲食，寒而欲暖，劳而欲息"，"好利而恶害"，"目好色，耳好声，口好味，心好利，骨体肤理好愉佚"。（《荀子·性恶》）由此产生了"争夺""残贼""淫乱"，因而才产生犯罪行为。告子认为，人性无所谓善恶，人的善恶关键在于后天的引导。西汉的董仲舒又提出了"性三品之说"，他把人分为三类：第一类是情欲很少的"圣人之性"，这种人不教而善，不可能犯罪；第二类是情欲多的"斗筲之性"，这种人只能为恶，必然犯罪；第三类是大多数人具有的"中民之性"，这种人虽有情欲但可以为善也可以为恶，对他们要通过教化与刑罚的作用，方可为善，才不会萌生犯罪的欲念。朱熹的"性二气论"，把人性分为天命之性与气质之性，天命之性即仁、义、礼、智等先天之禀，是至善至美的；气质之性即人之知觉、感情、欲望等，是有善有恶的。上述这些观点与主张，由于受当时社会历史、哲学以及多方面因素的制约难免有偏谬之处，但这些认识注意到后天环境、教育因素与主观修养的作用，有一定积极意义。围绕犯罪心理形成的社会经济、人性与习俗等原因的种种说法和见解的争论，对我国犯罪心理学的研究与发展，具有重要的参考价值与借鉴意义。

另外，在我国古代的司法实践中，也包含着许多有关犯罪心理和司法心理的思想。如《周礼》提出了著名的"五听"，即"以五声听狱讼，求民情，一曰辞听，二曰色听，三曰气听，四曰耳听，五曰目听"（《周礼·秋官·小司寇》）。这是中国古代关于在讯问中，用察言观色的方法来判断犯罪人口供真实

性的最早论述。犯罪人在审判过程中心理状态随着审讯内容触发而产生的剧烈变化，在语言、表情、神态等方面就往往会有反常的表现。因此，"五听"这种审判方式揭示了一定的犯罪心理规律。五代的《疑狱集》和宋代的《折狱龟鉴》等古代案例汇编中收集的大量司法审讯的案例都包含着丰富的犯罪心理学思想。

（二）欧洲早期犯罪心理学思想

在西方，古希腊、古罗马的一些思想家，也对"人之所以作恶习"这个问题展开了探讨。古希腊唯物主义哲学家德谟克利特提出的"欲求说"认为，人之所以作恶是由于不能节制欲望。他说："由于贪得无厌，终于做出无可挽救的犯法行为来。"古希腊最伟大的思想家和哲学家柏拉图承认心理特点有其个别差异，他说："人的灵魂里有一个比较好的成分和一个比较坏的成分。"当好的控制坏的时，他就能控制自己的行为，不去作恶。相反，坏的成分居多时，就会作恶犯罪，他强调人性的自我控制。苏格拉底根据人的面色、头形来推断一个人的善恶，认为："凡面黑者，大都有为恶的倾向。"亚里士多德进一步发展了骨相学说，认为人的头部形象与人的心智有关，犯罪人头盖骨的形状与正常人不同。意大利人波尔达在其《骨相学新说》一书中，认为人的身体、性格与犯罪有因果关系。犯罪是犯罪人"变态的组织体"不可避免的趋势。18世纪，德国医生卡尔又创立了颅相学，他通过对人体（包括大脑）的解剖研究，提出：头颅不同区域与心理活动的不同方面存在着一定的联系。他把大脑解剖后将其不同的部位进行划分，提出大脑每一个区域都分管着人的某种行为。这表明他们已开始探讨某种生理因素与善恶行为的关系了。虽然有一些非科学的色彩，但是他们的研究成果却为犯罪心理学的产生与发展提供了知识积累。

二、近现代犯罪心理学的产生与发展

（一）西方近现代犯罪心理学的产生与发展

早在18世纪，欧洲把心理学知识运用到犯罪行为的研究已经兴起。科学、系统地研究犯罪心理学，是从19世纪下半叶开始的。由于资本主义迅速发展，社会矛盾日益尖锐与激化，犯罪现象也随之不断增多，青少年犯罪日趋严重，运用已有的理论和观点很难解释当时的这种犯罪状况，亟需从理论上揭示犯罪原因及其生理、心理和社会机制，找出预防与控制犯罪的新途径和新方法。这就孕育与促进了犯罪学科包括犯罪心理学的建立。从现有的资料来看，"犯罪心理学"一词最早出现在1790年德国学者铭希（Munch）所著的《犯罪心理学在刑事制度中的影响》一书中；1792年德国学者苏曼（Schaumann）出版了《犯罪心理学》一书；1872年德国的精神病学家埃宾（Krafft Ebing）出版了专著《犯罪心理学纲要》。他们的犯罪心理学研究虽不系统，但是对犯罪心理学的产生具有重要意义。为了适用刑法，以及判别供述的可靠性与保证量刑的正确，

1889 年奥地利犯罪学家格罗斯（Hans Gross）开始通过人格问题来研究犯罪心理学。1897 年，他出版了《犯罪心理学》一书。该书篇幅大，内容丰富，不仅论述了犯罪心理学的内容及其应用问题，而且还有两个附录，为推动当时的犯罪心理学研究与应用，起到了重要作用。这些书的出版，曾被认为是犯罪心理学诞生的标志。但实际上，这些书虽以"犯罪心理学"命名，但由于书中的内容大多是从精神病学或法学的角度进行研究的，所以严格地说，它们是法学、精神病学和犯罪心理学的掺杂体，对犯罪心理的研究也很肤浅。然而，这些早期的犯罪心理学著作，是作为理论学科的犯罪心理学的来源。

作为应用学科的犯罪心理学的研究，是从传统心理学工作者所进行的实验心理学研究开始的。例如，英国心理学家高尔顿（F. Galton）用智力测验的方法把违法犯罪人与一般人的智力进行对比，来解释人的偏差行为，但其研究结果的实用价值不大。美国心理学家荷尔（G. S. Hall）在其研究青年心理的著作《青春期》中，研究了青年心理与犯罪的关系，提出了处于青春期个体的特殊的心理特点。1909 年，希利（W . Healy）在芝加哥创立了第一所少年心理病态研究所，并出版了《心理冲突和行为不端》一书。这一阶段，传统心理学家并没有从学科上去研究犯罪与犯罪者，他们在犯罪心理学的发展谱系上反而处于旁系的地位。因此，从 19 世纪末到 20 世纪初，犯罪心理学还没有完全从犯罪学中分化出去，而是正处于形成时期。

20 世纪 20 年代，国际心理科学进入了繁荣时期。心理科学的繁荣与发展，使犯罪心理学真正从犯罪学中独立出来，开始了自己的历史。从此，犯罪心理学不仅对犯罪人的生理因素、心理因素与环境因素进行综合研究，而且扩展到对犯罪对策中有关心理问题的研究，诸如供述心理学、审判心理学、矫治心理学等学科应运而生，各种学说相继产生，形成了许多分支学派，犯罪心理学的学科体系逐渐形成并不断发展完善。

（二）我国近现代犯罪心理学的研究与发展概况

我国犯罪心理学的思想虽然源远流长，但犯罪心理学作为一门独立的学科出现，则是较晚的事情。20 世纪初，心理学与犯罪心理学才开始从西方陆续介绍到我国。在 20 世纪 20 年代至 40 年代，我国部分心理学者翻译与编著了一系列犯罪心理学专著。当时较有影响的译著有：意大利犯罪学家、精神病学家龙勃罗梭的《犯罪人论》（1929 年）；日本寺男精一的《犯罪心理学》（1933 年）；德国柏替的《法律心理学》（1939 年）。较有影响的编著有：孙雄的《变态行为》（1939 年）；林几的《犯罪心理学》（1937 年）。20 世纪初到新中国成立这个期间，这些学者的译著和编著工作，范围有限，规模不大，科学水平不高，影响较小。这时学术界还没有开始把犯罪心理学作为一门独立的学科进行构建。

新中国成立后的一段时间，社会稳定，人民安居乐业，是我国历史上犯罪率较低的时期。其后，由于历史、政治和制度等多方面原因与条件的制约和局限，我国应用心理学（包括犯罪心理学）有组织有领导的研究工作基本上没有开展。其间，有部分心理学者与法学工作者，对犯罪心理学进行了一些理论研究与资料的编译和积累工作。特别是广大公安司法人员，在与犯罪行为作斗争的实际工作中，积累了丰富的材料，总结了大量的经验，为其后犯罪心理学的形成与发展做出了重要贡献。

改革开放后，特别是党的十一届三中全会以来，应用心理学包括犯罪心理学，适应社会主义建设事业的需要，开始了有组织有领导地构建与发展。在党和国家的政策支持以及有关部门的关怀下，经过广大理论和实践工作者长期的努力，我国犯罪心理学的研究与应用取得了长足的发展，并出现了一批有一定理论水平和学术价值的成果。具体表现是：翻译与介绍了国外的犯罪心理学著作与研究文章；开始探索编写具有中国特色的犯罪心理学著作、教材，并撰写了许多有较高水平的学术论文；逐步形成了一支犯罪心理学研究队伍，成立了犯罪心理学研究的学术团体——中国心理学会法制心理专业委员会，各地也相继组建了专业委员会；公安司法院校与有关综合性大学法律系（科）把犯罪心理学作为专业必修课或基础理论课列入教学计划，有的院校还开始招收犯罪心理学方向的研究生，培养专业研究与实际应用的专门人才；开展了犯罪心理学的科普工作，举办了各种类型的学习班、讲习班，以便使犯罪心理学的研究成果迅速服务于社会实践。近年来，犯罪心理学的理论在公安司法实践领域得到了越来越多的应用，取得了一些令人瞩目的成果，使刑事侦查与罪犯矫正工作更加科学化。

党的十八大作出了"全面推进依法治国"的重大决策和战略部署，明确指出："法治是治国理政的基本方式。要推进科学立法、严格执法、公正司法、全民守法，坚持法律面前人人平等，保证有法必依、执法必严、违法必究。"这些科学论断是犯罪心理学研究的指导思想与根本方向。它对犯罪心理学研究起到了导向与支持作用，也对犯罪心理学理论与应用研究的水平和质量，提出了更高的要求与标准。应该看到，由于我国犯罪心理学建设尚处于初创和发展阶段，需要研究的问题还很多。随着社会的发展，犯罪态势的变化，学科的理论建设与诸多重要研究课题还有待于更广泛更深入地进行。有中国特色的犯罪心理学的学科建设，任重而道远。

同步练习

1. 什么是犯罪心理学？犯罪心理学的研究对象有哪些？

2. 简述犯罪心理学的研究任务。

3. 如何理解犯罪心理学研究的困难性与可行性？

4. 简述犯罪心理学研究的具体方法。

拓展阅读

包公智破纵火案

包拯在京都开封当了府尹，京都治安大为好转，百姓高兴，但地痞流氓们却怀恨在心，伺机捣乱。

一天晚上，有两个流氓在一条街上放起了火，疯狂的火浪向四周扩散，无数的火舌不住地盘旋上升，把京城的上空照得火红一片。

包公带领一班公差正在街上巡视，见此情景，马上分头召集百姓救火。

不一会儿，人们一个个挑着水桶来了。失火处有两个巷子，一个叫甜水巷，一个叫苦水巷。人群中忽然有人问：“挑甜水巷的水，还是挑苦水巷的水？”

另一个高叫道：“甜水巷的水甜，苦水巷的水苦，救火当然用苦水巷的水。”

人们正在慌乱之中，也顾不得细想，跟着那一问一答的人涌向苦水巷。顿时，巷子被人塞满了，哪里还能挑出什么水来？

包公对两个公差说：“把刚才一问一答的两个抓起来！”那两人被抓来后大喊冤枉。包公对人们说：“这两个就是放火犯！你们上当了。这里留下一半人挑苦水，另一半人到甜水巷去挑甜水救火！”

一会儿，人们分别从甜水巷、苦水巷挑来水，救灭了火，就涌到开封府去看包公审理纵火犯。那两人经不住包公三问，就露了马脚，最后不得不老实招供了纵火的事实。

押下犯人后，有人问包公说：“大人，您怎么在刚才救人时就已经知道他们是纵火犯呢？”包公答道：“救火是十万火急的事，怎么挑水还分什么甜水、苦水呢？可他们一问一答，居然就把慌乱之中的人们都引到了苦水巷，这不是有意要让火越烧越旺吗？所以，由此我断定他们的问话是事先编排好的。再说，这两个人很面熟，当时我一想，对了，他们的父兄曾被我判过刑，看来对我是怀恨在心，因此有破坏社会治安、与我过不去的动机。凭这两点，我断定他们是纵火犯。一审问下来，果真如此。这可叫做玩火自焚吧！”

旁听的人都觉得包公推断得合情合理。[1]

---

〔1〕　艾智编著：《包公智谋断案故事》，中国检察出版社 2006 年版，第 72～75 页。

模块二　心理论

犯罪心理学的心理学基础

学习目标与任务

通过本章学习了解并掌握心理学的定义，各种心理现象——感觉、知觉、记忆、想象、思维、注意等基本概念；了解情绪、情感的一般概念、分类，懂得如何控制不愉快的情绪情感的发生和发展；了解并掌握气质的概念、类型；了解性格的概念、性格与气质的关系。

案例导读

马某爵案

马某爵，某大学生化学学院学生。2004 年 2 月，因为打牌与同学发生口角，在大学宿舍连杀四个人后逃亡。3 月，在海南省三亚市落网。2004 年 6 月 17 日，马某爵被执行死刑。

想一想：马某爵从"天之骄子"沦为"杀人狂魔"，经历了怎样的心路历程？在他的成长历程中心理过程（认识过程、情感过程、意志过程）尤其是其个性有着怎样的特征？又发生了怎样的畸变？通过本章学习，参阅拓展阅读或查找更加详细的资料，结合马某爵的成长经历对其心理进行分析。

犯罪心理学是心理学的众多分支学科之一，其学科基础源于心理学的基本理论。心理学所揭示的规律，对犯罪心理的研究有着重要的指导作用。因此，为了更好地学习犯罪心理学，我们需要对普通心理学的基本理论作一个简要的介绍。

第一节 心理学概述

一、心理学的概念

随着科技的进步、社会的发展和物质生活的日益丰富，人们对精神生活的追求与关注越来越多，"心理"一词也日益贴近人们的日常生活。然而，由于心理学的科学知识在我国还不够普及，每当提到它，人们常常会产生一种神秘感，觉得它深奥难测，有的人甚至将之与占卜、算命一类的迷信活动联系起来，这说明心理学还未能被更多的人所了解。

"心理"一词，就汉语的字面上看，"心"是指"心思""心意"，古人把思想、感情也叫做"心"；"理"是指"条理""准则"。因此，从中文字面上来解释，心理学是关于心思、思想、感情等规律的学问。心理学（psychology）一词，是由希腊文的"Psyche"与"logos"组合而成。"Psyche"是"精神""灵魂"的意思；"logos"是"研究""解说"的意思，二词合起来，就是"对精神或灵魂的研究或解说"。但是究竟什么是灵魂，在几千年的历史发展进程中，不同时期、不同的学者有不同的看法，心理学本身的含义也一直处在变化之中。今天，我们普遍认可的定义是：心理学是研究人的行为和心理活动规律的科学。

二、心理现象及其关系

心理现象是心理活动的表现形式，也是心理学研究的主要内容。通常情况下，心理现象分为两类：心理过程和个性。认识过程（感觉、知觉、记忆、想象、思维）、情感过程、意志过程，统称为心理过程，是心理现象的动态表现形式。在心理过程中表现出来的有个人特点的、稳定的心理倾向与心理特征，如需要、兴趣、动机、理想、信念、能力、气质、性格等，属于个性，是心理现象的静态表现形式。个性是在不同的社会影响和教育下，通过心理过程反映现实而得到定型的结果。在人的发展过程中，先有心理过程，而后有个性，个性又制约着心理过程，使每个人的心理过程带上了个性的色彩。俄罗斯心理学家列维托夫认为，在心理过程与个性之间还存在一种过渡的状态，即心理状态，它是人在一定时间内心理活动的综合表现，在心理过程与个性之间起着沟通的桥梁作用，它既有暂时性又有稳固性。人类的所有心理过程都是在一定的心理状态背景下进行的，并且都表现为一定的心理状态。

这样，心理过程、个性和心理状态这三种表现形式，共同构成了心理现象的结构系统，如下图所示：

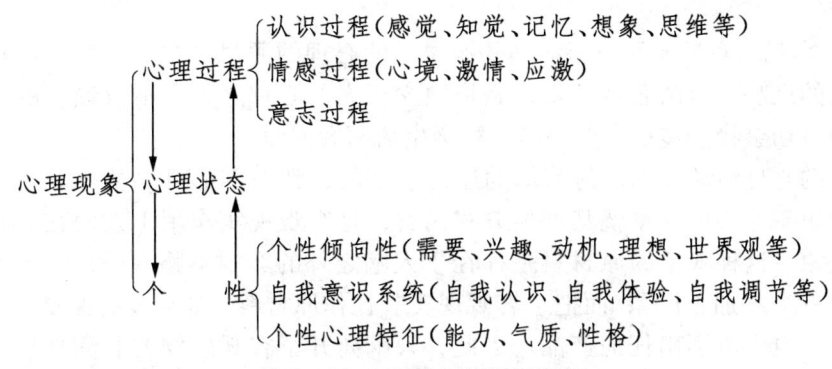

图2-1　心理现象结构示意图

三、心理的实质

人的心理究竟是一种什么性质的现象，即心理的本质是什么？关于这一问题，古今中外的思想家们争论了几千年，直到马克思主义哲学问世，同时随着科学尤其是神经科学的发展，人们对此才有了真正科学的认识和理解。

（一）心理是脑的机能，脑是心理活动的器官

正常发育的脑是心理产生、发展的物质基础，没有脑，心理便无从产生。脑是中枢神经系统的重要组成部分，人脑是以特殊方式组织起来的高度完善的物质，是物质发展的最高产物。

心理现象随着神经系统的产生而出现，又随着神经系统的不断发展、完善，由初级不断发展到高级。心理现象的产生和发展的过程，说明了心理是神经系统特别是大脑活动的结果。无机物和植物没有心理，没有神经系统的动物也没有心理。当动物有了神经系统，便有了心理的反映形式。无脊椎动物的神经系统非常简单，它们只能对事物的个别属性做出反映，产生感觉这种最简单、最初级的心理现象。到了脊椎动物，由于脑的出现，它们能对事物的整体加以认识，于是有了知觉的心理现象。灵长类动物，如猩猩、猴子，大脑有了高度的发展，它们能够认识事物的外部联系，这时就出现了思维的萌芽。只有到了人类，有了高度完善的大脑，才有了思维，有了意识，人的心理是心理发展的最高阶段。脑是心理的器官，早已为近代医学、生理解剖学的成果所证实。如今，这一论断对大家来说已是常识性的知识了。因此，心理是脑的机能，脑是心理的器官，这是辩证唯物主义关于心理实质的基本观点之一。

（二）人的心理是人脑对客观现实的主观能动的反映

心理是脑的机能，但人脑本身并不能单独产生人的心理。它只是反映外界的物质器官，或者说人脑提供了心理产生的可能性，而要把这种可能性变为现实性，必须依靠外界的客观现实。一个人如果不接触客观现实，心理活动便不

可能产生。

1. 客观现实是人的心理活动的源泉。就心理的源泉和内容而言，心理是客观现实的反映。所谓客观现实，是指独立于人的心理之外，不依赖人的心理而存在的一切事物。包括自然环境、社会生活两大方面。

人的心理活动，不论是简单的还是复杂的，其内容都可以从客观现实中找到它的源泉。心理现象就其产生方式而言，是客观现实作用于人而在人脑中形成的映象。这种映象的原材料是存在于人脑之外的客观事物。所以，有人把人脑比作一个"加工厂"，而把"客观现实"比作原材料。如果没有原材料，再好的加工厂也生产不出任何产品。因此，人脑离开了客观事物的刺激作用，也不能产生心理现象。没有丰富多彩的客观现实，心理便会成为无源之水、无本之木。

2. 社会生活实践对人的心理起制约作用。心理是对客观现实的反映。客观现实中的自然环境和社会生活，都会对心理产生影响，尤其是社会生活对人的心理活动影响更大。科学的心理学特别强调人的心理基础是人的社会实践，认为没有人的社会实践就没有人的心理。20世纪20年代，印度发现的两个狼孩（自幼让狼叼走养大的孩子），充分说明了这一点。他们虽然有健全的大脑，但是由于脱离了人类社会，在狼群中长大，所以他们只具有狼的习性而不具备人类的心理。因此，离开了人类的社会生活环境，即使具备了正常的人脑，也很难产生人的心理。

人类社会实践，不仅制约着心理活动的反映水平，而且也是维持人正常心理活动的前提，近年来进行的有关感觉剥夺的实验也证明了这一点。所以，心理是社会的产物，离开了社会实践和客观现实，人脑不会自发地产生心理。

3. 人的心理是客观现实的主观映象。人的心理，按其内容和源泉及发生方式来说是客观的。但如何对客观现实进行反映，是由一定的具体的人来进行的。所以，心理反映带有主体的特点，是一种主观的反映。每个人在过去实践中已经形成的知识经验、思想观念、年龄特点、立场态度和个性差异，都会影响他对客观现实的反映。无论在反映的选择性、准确性，还是在全面性、深刻性上都会表现出来。比如，同看一部电影或同读一本书，每个人接受的内容不同，体会、感受不同，评价也会有所不同。即使同一个人，在不同的场合、时间、地点和不同的状态下，对同一事物也会有不同的感受。因此，人的心理反映是客观和主观的统一，是客观现实的主观映象。

4. 人的心理对客观现实的反映是主观能动的。人脑对客观现实的反映不是消极、被动的，而是自觉、能动的，这就是人的心理的主观能动性。

主观能动性主要表现在两个方面：

（1）人能支配、调节自己的行为活动，从而适应社会的需要。人总是按照自身和社会的需要来反映客观世界，主动调节主观与客观的距离，实现个体与环境的平衡。

（2）人能够能动地反作用于现实，并以此来改造客观世界。通过人的心理活动不仅能认识事物的外部现象，还能对事物的本质和事物之间的关系作出深刻的反映，并运用这种认识来指导人的实践活动，改造客观现实，使之不断满足人们日益增长的物质和精神需要，这是人的主观能动性的最重要方面。

总之，心理是脑的机能，是客观现实的反映，客观现实是心理的源泉，人的心理又受社会实践活动及主体特点的制约；同时，人的心理是人脑对客观现实的主观能动的反映。

四、心理学发展简史

(一) 科学心理学的建立

心理学的发展历史是怎样的呢？用德国著名心理学家艾宾浩斯的话说：心理学有一个悠久的过去，但却只有一段短暂的历史。所以我们说心理学是一门古老而年轻的科学。

说它古老，是因为其历史源远流长。自古以来，人们对心理现象就有着浓厚的兴趣。在公元前 4 世纪时，古希腊著名的哲学家亚里士多德就写了一部唯心主义的心理学专著《灵魂论》。古代中外的思想家、哲学家，对心理现象的研究观点，错综复杂、莫衷一是。19 世纪以前心理学始终属于哲学的范畴，一切心理问题都是由哲学家加以研究和论述的，所用方法都是哲学思辨法，故又称为"思辨的心理学"。

19 世纪中叶，对心理现象的研究引进了实验的方法，取得了许多实验成果。特别是 1879 年德国心理学家冯特（Willnelm Wundt）在德国的莱比锡大学建立了世界上第一个心理学实验室，把心理现象纳入实验室进行研究。从此，心理学才彻底脱离了哲学的怀抱，成为一门独立的实验性科学。所以说，心理学走上真正科学的道路只有一百多年的历史，其历史很短暂，直到现在，这门科学仍有许多未知的领域，有待于研究和拓展。

(二) 心理学流派

19 世纪末 20 世纪初，由于心理现象是一种十分复杂的现象，这一阶段的人们很难对它作出全面的解释，经常从某个侧面去认识心理现象，因而形成了心理学的各种流派，呈现出学派纷争、此消彼长的局面。这一阶段的主要流派有：

1. 冯特和铁钦纳（E. B. Tichener）试图用研究化学的方法，通过实验分解出心理的基本元素，来分析人的心理结构。因此，这一学派被称为构造主义心理学。

2. 美国著名心理学家詹姆斯（William James）认为，心理学应该研究意识的功能和目的，而不是它的结构。因此，其心理学思想被称为机能主义心理学。

3. 美国心理学家华生（J. Watson）否认心理、意识，强调行为。他认为，只要找到了刺激和反映之间的关系，通过强化使二者之间建立起牢固的联系，那么，就可以预测、控制和改变人的行为。因此，这一学派被称为行为主义心理学。

4. 德国心理学家魏特墨（M. Wertheimer）等人认为，个体的任何经验和行为的本身都是不可分解的，每一种经验或活动都有它的整体形态。因而反对把心理活动分割成一个个元素，主张从整体上研究心理现象，建立了完形心理学派，或称为格式塔心理学派。

5. 奥地利精神病医生弗洛伊德（Sigmund Frund），在其治疗精神病的实践中，提出用精神分析的方法来寻找疾病的根源。他认为，人的行为源于本能和原始的冲动，特别是性冲动。由于受环境要求和社会的限制，这些本能的欲望、冲动被长期压抑在潜意识中，得不到满足，这是导致心理障碍的原因。如果把压抑在潜意识中的体验和情绪寻找出来，加以宣泄，就能获得治疗的效果。

20 世纪三四十年代，心理学迎来了繁荣发展的时代，心理学的研究也出现了日益整合的趋势。这一阶段的主要流派有：

1. 人本主义心理学。其代表人物是马斯洛（Abraham Maslow）和罗杰斯（Carl Rogers）。他们对行为主义和精神分析不满，被称为心理学的"第三势力"。人本主义着重于人格研究，注重人的独特性，认为人具有个人发展的潜能，只要有适当的环境，人就会努力去实现自我，不断完善自我。因此，人本主义重视个人的价值，提倡充分发挥人的潜能。

2. 认知心理学。它是在许多学者研究的基础上产生的，代表了现代心理学研究的趋势。认知心理学把人看成一个信息加工系统或信息加工器，融入了信息论、控制论、系统论和计算机科学等学科内容，以信息加工的观点，即从信息的输入、编码、转换、储存和提取等加工过程来研究人的认知活动的规律。

第二节　心理活动的生理基础

人脑是心理的器官，那么，它是怎样产生人的心理活动的呢？这就需要了解人的神经系统及其功能。

一、神经系统的结构及其功能

（一）神经元构造及其功能

1. 神经元的构造。神经元又称神经细胞，是神经系统的基本结构单位、功能单位和营养单位。它由细胞体、树突和轴突三部分组成。

细胞体大小不一，由细胞核、细胞膜和细胞浆组成。树突是从细胞体延伸出来的管状延伸物，它们常常在细胞体附近广泛分枝，扩大接受面积。轴突也是管状延伸物，它一般比树突细而长，周围有髓鞘，通常又称为神经纤维。神经纤维末端分布于其他组织中，并形成各种神经末梢。一个神经元轴突的末梢分枝与另一神经元的细胞体和细胞突起相接触的部分叫突触，借助突触，各神经元发生联系。

2. 神经元的功能。神经元具有接受刺激（信息）、传递信息和整合信息的功能。所谓接受刺激，就是把刺激的物理、化学能量转化为神经能，即神经冲动；传递信息就是沿着神经纤维传递神经冲动，或从感觉器官传递到神经中枢，或从神经中枢传递到效应器官；整合信息就是对信息进行分析和综合。

神经元分为感觉神经元（传入神经元）、运动神经元（传出神经元）和中间神经元（联络神经元）三种。感觉神经元搜集身体内、外的刺激，并将其传导至脊髓和大脑；运动神经元将脊髓和大脑发出的信息传递到肌肉和腺体；中间神经元介于两者之间，起综合、联络作用，是信息加工的主要场所。

（二）神经系统及其机能

人的神经系统分为周围神经系统和中枢神经系统两部分。

1. 周围神经系统。周围神经系统是联系感觉输入和运动输出的神经机构，它包括由脑神经和脊神经组成的躯体神经系统及自主神经系统。脑神经有 12 对，分布于头面部，主要支配头面部器官的感觉和运动。脊神经 31 对，分布于躯干和四肢，分管颈部以下身体相关部位的感觉和运动。自主神经系统由交感和副交感神经组成，分布于心脏、血液、胃肠平滑肌和腺体等内脏器官，调节和支配内脏器官的活动。

2. 中枢神经系统及其功能。人的中枢神经系统由脑和脊髓构成。脊髓是中枢神经系统的最低部位。它是周围神经和中枢神经的通路，也是躯体及内脏活动的低级反射中枢。脑包括脑干（延脑、脑桥和中脑）、小脑、间脑和大脑。中枢神经系统的结构与功能非常复杂，一般来说，部位越高，机能越完善。

其中，大脑是脑的高级部位，也是心理活动的主要器官，由左右两个半球组成。大脑占全部脑重的 2/3，表皮是灰质，称大脑皮层。呈沟回状，面积约 2000 平方厘米，厚 2 毫米至 3 毫米，由 6 层细胞组成，以沟回为界线，可把大脑皮层分为额叶、顶叶、枕叶和颞叶四个部分。大脑皮层的不同区域有不同的机能。大致可分为皮层感觉区、皮层运动区和皮层联合区三个机能区。大脑皮层依据执行功能的不同，又有不同的高级心理活动的中枢。大脑两半球由胼胝体连接起来。大脑两半球在解剖结构上基本是对称的，但其功能是不对称的，有一个优势半球。如习惯用右手的人，其言语中枢在左半球，左半球处理言语信息，控制逻辑推理、数学运算等活动，成为优势半球。右半球处理空间位置、形状及情感方面的信息，是非优势半球。

二、神经系统的反射机制

现代科学研究表明，人的一切心理活动按其产生方式来说都是脑的反射活动。

（一）反射与反射弧

1. 反射。反射是神经系统活动的基本方式，是有机体借助于神经系统对内外环境刺激的有规律的应答活动。

2. 反射弧。反射弧是实现反射活动的神经通路。它包括五个基本环节：感受器、传入神经、传出神经、中枢神经和效应器等。

（二）无条件反射和条件反射

反射活动多种多样，一般分为两大类：

1. 无条件反射。无条件反射是动物和人先天具有的、不学而会的反射。

2. 条件反射。条件反射是动物和人后天获得的、经过学习才会的反射。

俄国生理学家、心理学家巴甫洛夫用狗进行的有关条件反射的实验表明，条件反射形成的过程是大脑皮层上形成的暂时神经联系的过程。巴甫洛夫的条件反射实验，又称为经典条件反射。其后，斯金纳也进行了条件反射研究。该实验是对动物所进行的某种活动或操作的奖励，故称为操作条件反射或工具条件反射。

（三）第一信号系统和第二信号系统

以现实的具体的刺激物为信号刺激而形成的条件反射属于第一信号系统，如灯光、铃声等属于第一信号系统的刺激物，它是动物和人所共有的。以语言和词为信号刺激而形成的条件反射属于第二信号系统，它是人独有的。如"望梅止渴"属于第一信号系统的反射活动，而"谈虎色变"则属于第二信号系统的反射活动。

（四）动力定型

条件反射过程中，刺激形成了固定的顺序，反应也形成了固定的顺序。我们把大脑皮层对刺激的定型系统所形成的反应定型系统称为动力定型，简称动型。动力定型系统的形成，使大脑皮层活动自动化和容易化，动作和行为更加迅速、精确。人的生活习惯与技能、技巧等，也是动力定型的表现。

第三节　心理过程

一、认识过程

（一）感觉

1. 感觉的含义。感觉是客观事物作用于感官时，人脑对客观事物个别属性的反映。我们认识事物和现象时，总要用眼睛去看它的颜色、形状和大小，用耳朵去听它的声音，用鼻子去闻它的气味，用舌头去尝它的味道，用手去摸它的软硬、感知它的冷热等，这就产生了感觉。

感觉是人们认识世界的第一步，是人们从外部世界，同时也可以从身体内部获取信息的第一步。感觉虽然是最简单的心理过程，但其作用却是极其重要的，没有它，人将无法生存下去。对正常人来说，没有感觉的生活是不可忍受的。心理学家所做的各种感觉剥夺的实验表明，没有刺激，没有感觉，人不仅不能进行正常的认识活动，而且正常的心理机能也将遭到破坏。感觉刺激对我们的重要性，已远远超出了引发感觉的意义。

2. 感觉的种类。根据刺激的来源，可把感觉分为外部感觉和内部感觉。

外部感觉是由外部刺激作用于感觉器官所引起的感觉，包括视觉、听觉、味觉、嗅觉和肤觉（温觉、冷觉、触觉、痛觉等）。内部感觉是由来自身体内部的刺激所引起的感觉，包括运动觉、平衡觉和机体觉（又称内脏感觉，包括饥饱、渴、痛、排泄、性、心跳等感觉）。

3. 感觉阈限和感受性。感觉器官对适宜刺激的感觉能力叫做感受性。能引起感觉的最小刺激量叫做感觉阈限。感受性是用感觉阈限的大小来度量的，二者成反比，阈限越低，感受性越高；反之，阈限越高，则感受性越低。

（1）绝对感觉阈限和绝对感受性。并不是任何刺激都可以引起感觉，极微弱或者极强的刺激都不能引起感觉，感觉要在一定阈限的刺激作用下才能产生。刚刚能引起感觉的刺激物的最小刺激量叫做绝对感觉阈限的下限，还能引起这种感觉的刺激物的最大刺激量，叫绝对感觉阈限的上限。感觉器官觉察这种最小刺激量的能力叫绝对感受性。

（2）差别感觉阈限和差别感受性。刺激物的量度增大或减小到一定程度后，感受性会发生变化。刚刚能引起感觉差别的刺激物的最小变化量，叫差别阈限，这种能感受刺激变化的最小差别的能力，叫差别感受性。差别感受性因人而异，不同的人有不同的感受性，不同的感官部位的差别感受性都不同。如声音只有原刺激的 1/333 的差异就能辨别，而对咸味的感觉要有原刺激量的 1/5 的差别才能辨别。

4.感觉现象。客观事物作用于我们的感官所产生的感受，不受学习经验的影响。因此，一般来说，感觉是不变的。如石头是硬的，海绵是软的，水是凉的，火是热的。但是在一定背景的作用下，感觉则会发生变化。如月明星稀，月潜星现，欢乐日短，寂寞时长等，这都是一些感觉现象。

（1）感觉的适应。刺激物不断地作用于人的感觉器官而产生顺应的变化，使感觉阈限升高或降低，这是感觉的适应现象。如视觉的暗适应和光适应、嗅觉的适应、听觉的适应、触觉的适应等。

（2）感觉的对比。不同刺激作用于同一感觉器官，使感受性发生变化的现象叫感觉对比。两种感觉同时发生所形成的对比叫同时对比，如绿叶衬托下的红花显得更红了。两种感觉先后发生所形成的对比叫先后对比，如吃了糖再吃柑橘会觉得很酸。

（3）感觉的补偿。某种感觉的缺陷可以用其他感觉来弥补。如盲人眼睛看不见，但听觉、触觉却非常敏锐。

（4）联觉。联觉是指一种刺激产生多种感觉的心理现象，尤其在颜色中容易产生联觉。如色觉可以引起温度觉，红色会给人温暖的感觉，蓝色给人以清凉的感觉。颜色还会产生远近感、轻重感等。

（二）知觉

1.知觉的定义。知觉是人脑对客观事物整体和本质属性的反映。知觉的产生必须是以各种形式的感觉存在为前提，它是各种感官协同活动的结果，是在人的实践活动过程中逐渐发展起来的，并受人的知识经验和态度的制约。

2.知觉的特点。

（1）选择性。知觉的选择性是指人根据当前的需要，对外来刺激物有选择地作为知觉对象的反映过程。人不可能同时感知一切，只能有选择地优先感知较为清晰的事物，对其余则是"视而不见""充耳不闻"。被选择的刺激物就是知觉的对象，而同时作用于感官的其他刺激物就成了知觉对象的背景。知觉对象和背景之间的关系是相对而言的，它们在某些条件下可以不断发生转换。

知觉的选择性因人而异，决定知觉选择性同人的需要、经验和兴趣有关。同时，知觉选择性还受到对象和背景本身具有的结构特点的影响，如那些强度大的、对比性强的、具有活动性的刺激物容易成为知觉的对象。

（2）理解性。知觉的理解性是指人以知识经验为基础，对感知的事物加工处理，并用语词加以概括说明的反映过程。知觉的理解性依赖于人们过去的知识经验，知识经验越丰富，理解就越全面深刻。言语的指导作用也是影响知觉的理解作用的重要因素之一。

（3）整体性。知觉的整体性是指人根据自己的知识经验，把事物的各个部分、各种属性统合为一个整体的反映过程。知觉加工具有完型的倾向，即使在刺激物不完备的情况下，知觉仍可保持完整性，这是因为在把事物的各个部分合为一个整体的过程中，以往的知识经验常常能提供补充的作用。

（4）恒常性。恒常性是指人能在一定的范围内不随知觉条件的改变而改变，从而保持对客观事物相对稳定性的反映过程。知觉的恒常性保证人们在不同条件下，仍能按照事物的本来面目来知觉事物。事物的颜色、明度、大小和形状等都具有恒常性。

3. 知觉的种类。根据知觉对象的物理属性，可以把知觉分为以下四类：

（1）空间知觉。物体有形状、大小、距离、方位的特性，这些特性通过人的各种感官反映到大脑里，形成空间知觉。

（2）时间知觉。时间知觉就是时间的延续性和顺序性在人的头脑里的反映。人们知觉时间基本上有两种方法：一种是来自自身的生物节律，另一种是利用计时工具。

（3）运动知觉。运动知觉是通过视觉、动觉、平衡觉及听觉、触觉等相互作用对物体的空间位移产生的知觉。

（4）错觉。错觉是在特定条件下产生的对事物歪曲的知觉。这种歪曲的知觉，常常带有某种固定的倾向性，只要产生错觉的条件存在，通过主观努力是无法克服的。心理学研究中所发现的错觉现象多属于视错觉。

（三）记忆

1. 记忆及其过程。

（1）记忆。记忆是过去经历过的事物在头脑中的反映。人们感知过的事物、思考过的问题、体验过的情感、进行过的活动等，都能以经验的形式在头脑里保存下来，并在一定条件下重现出来。因此，经验是记忆的前提，没有经验就无从记忆。这里的经验是人类全部生活经验的总和，对于个体的经验则是他的全部成败的社会实践。所以，记忆对人来说十分重要，它是使人的心理在时间上得以接续的根本保证，是经验积累或心理发展的基本条件。

（2）记忆过程。记忆过程可以相对地区分为识记、保持、回忆或再认三个基本环节。识记是获得事物印象并成为经验的过程，它是记忆的第一步；保持是过去经历过的事物映象在头脑中得到巩固的过程；再认或回忆是检验记忆能否保持的重要指标，也是记忆的最终目的。再认是过去感知、识记过的事物，重新接触它时感到很熟悉，能够辨认出来的记忆过程。回忆又称再现或重现，是指过去感知、识记过的事物不在眼前时，能在头脑中重新呈现并加以确认的记忆过程。

遗忘是与识记过程相反的记忆过程。它是指对于识记过的内容，不能再认和重现，或错误地再认和重现。遗忘可能是永久的，也可能是暂时的。对遗忘原因的解释，有"衰退说"和"干扰说"两种假设。"衰退说"认为，遗忘是由于记忆的痕迹得不到强化而逐渐减弱、衰退以至消失的结果。"干扰说"认为，遗忘是由于在学习和回忆之间受到其他刺激干扰的结果，其最明显的证据是前摄抑制和倒摄抑制。前摄抑制是指先前学习过的材料对后继学习与记忆的干扰作用。倒摄抑制是指后学习的材料对识记和回忆先前学习材料的干扰作用。1885 年，德国心理学家艾宾浩斯对记忆进行的大量实验研究表明，遗忘的进程是先快后慢的。

2. 记忆的种类。根据记忆的内容不同，可把记忆分为形象记忆、情景记忆、语义记忆、情绪记忆和动作记忆等。形象记忆就是对感知过的事物形象的记忆；情景记忆就是对个人亲身经历的，发生在一定时间、地点的包含一定人物、情节的事件的记忆；语义记忆就是对各种有组织的知识的记忆，包括记住一些定义、公式、概念、符号、单词、规则等；情绪记忆就是对个人曾经体验过的情绪或情感的记忆；动作记忆就是对身体的运动状态和动作技能的记忆。

3. 表象。表象是与记忆密切相关的一种心理现象，它是过去感知过的客观事物在头脑中再现出来的形象。记忆表象是在知觉过程中获得的，它与知觉联系密切，但又与知觉映象不同。知觉映象是由事物本身直接引起的，而记忆表象常常是由其他的事物，特别是在有关词语的作用下引起的。因此，记忆表象具有直观性、暗淡性、片段性、散漫性和概括性等特点。

4. 记忆系统。认知心理学家用信息加工的观点来解释人类的记忆，把记忆看作是人脑对输入的信息进行编码、储存和提取的过程。根据信息从输入到提取所经过的时间间隔以及编码、储存和提取的方式的不同，将记忆分为瞬时记忆、短时记忆和长时记忆三个系统。

（1）瞬时记忆。瞬时记忆又叫感觉记忆或感觉登记，它是时间极为短暂的记忆。感觉记忆的特点是：信息的保存是形象的，外界刺激以感觉后象的形式存在于大脑中；保持的容量大，但时间很短，图像记忆保持时间为 0.25 秒至 1 秒，声象记忆的保持时间可以超过 1 秒，但一般不会长于 4 秒；在瞬时记忆中呈现的材料，如果没有注意就很快消失，如果受到注意就转入短时记忆。

（2）短时记忆。短时记忆的信息在头脑中储存的时间，比瞬时记忆的时间长一些，但一般不超过 1 分钟。短时记忆的特点是：短时记忆的容量有限，研究表明，短时记忆的容量大约是 7±2 个单位；短时记忆容易受干扰，任何形式的分心都会引起短时记忆的损失。短时记忆如果经过复述、运用或进一步加工，就会被输送到长时记忆中去。

（3）长时记忆。信息在记忆中的储存超过 1 分钟以上，直至数周、数月、数年，都叫长时记忆。长时记忆的特点是：信息的容量是无限的；长时记忆是以有组织的状态被储存起来的；在长时记忆中储存的信息只有再被提到短时记忆中，才能被人们意识到。

（四）想象

想象是人脑对原有的感知材料进行加工改造并形成新形象的过程。依其有无目的性和自觉性，想象可分为无意想象和有意想象。无意想象是没有预定目的，在某种刺激直接作用下产生的不自觉的想象，如梦、幻觉、走神等；有意想象是指有预定目的、自觉进行的想象，又可分为再造想象和创造想象。再造想象是根据语言的描述或图形示意，在头脑中形成新形象的过程；创造想象是不依据现成的描述而独立创造出新形象的过程。幻想是创造想象的特殊形式，它是和人的愿望相联系并指向未来的想象。幻想可分为科学幻想、理想和空想三种形式。

（五）思维

思维是对客观事物间接的、概括的反映。它是借助语言实现的、反映事物本质和内在联系的认识过程。思维具有间接性和概括性两个特性。思维的间接性表现在，思维不是直接地，而是借助原有的知识经验来理解和把握那些没有直接感知过的或根本不可能直接感知的客观事物，以及预测和预见事物的发展进程；思维的概括性表现在，思维反映的不是个别事物或其个别属性，而是一类事物的共同的本质特征及事物之间的内部联系。

思维的操作过程分为分析与综合、抽象与概括、比较与分类等。思维可以从不同的角度进行分类。根据思维过程中中介物的不同，可将思维分为动作思维、形象思维和抽象思维；根据探索目标的方向不同，可将思维分为辐合思维和发散思维；根据思维是否有创造性，可把思维分为再造思维和创造思维。

（六）注意

注意是心理活动对一定事物的指向和集中。指向是指心理活动的选择；集中是指心理活动离开某些事物的同时深入到另一事物的程度。注意本身并不是一种独立的心理过程，而是伴随心理过程的一种状态。各种心理过程只有在注意的参与下才能完成。注意对心理活动起着积极的组织与维持作用，使人能够及时地集中自己的心理活动，清晰地反映客观事物，更好地适应环境，改造世界。

根据注意有无目的性和意志努力的程度如何，可把注意分为有意注意、无意注意和有意后注意。有意注意是指有预定目的，需要一定意志努力的注意。它是人类特有的心理活动，是在人类社会实践活动的过程中发生和发展起来的；无意注意是指事先没有预定目的，也不需要意志努力的注意。无意注意的产生与外界刺激物的特点和人本身的状态有很大关系。强度大的、对比明显的、运动变化的、突然出现的、新异的刺激或符合自己的需要、兴趣的刺激容易引起无意注意。有意后注意是指事先有预定目的，又不需要意志努力的注意。有意后注意是注意的一种特殊形式，它是在有意注意基础上发展起来的、个体心理活动对有意义、有价值的事物的指向和集中。有意后注意既服从于当前的活动目的和任务，又不需要意志努力，因而对完成长期的、持续的任务特别有利。

二、情绪情感过程

（一）情绪情感的概念

情绪情感是客观事物是否符合人的需要、愿望与观点而产生的体验。情绪情感是人的主观活动，它是由客观事物激起的对客观事物的一种对待方式。

一般地说，情绪情感是伴随着认识过程而发生发展的，所谓"触景生情"就是这样。由于过去的经验，人在回忆或思维的时候，同样也伴随着一定的情感。所以，情绪情感是对客观事物的反映。但是，不是所有的客观事物都能引起人的情绪情感，情绪情感作为一种主观体验，它所反映的不是客观事物本身，而是具有一定需要的主客体之间的关系。在主客体之间的关系中，也不是任何事物都能引起人的情绪情感，只有那些与我们需要有关的客观事物才能引起情绪情感。可以说，客体能否引起人的情绪情感是以人的需要为中介的。凡是能满足人的需要、愿望与观点的客观事物，就使人产生愉快、喜爱等肯定的情绪情感体验；反之，凡是不符合人的需要、愿望与观点的客观事物，则使人产生烦闷、厌恶等否定的情绪情感体验。

（二）情绪和情感的区别

情绪和情感经常是交织在一起、密切联系的，但二者又有着显著的区别。主要表现在：

1. 情绪指的是感情的反映过程，即脑的活动过程，而情感则用来描述人的具有社会意义的感情。

2. 情绪是人和动物共有的，情感是人所特有的。

3. 情绪与生物需要是否得到满足相联系，情感与人的社会需要、精神需要是否得到满足相联系。

4. 情绪产生较早，而情感是在社会交往的实践中逐渐产生的。

5. 情绪带有本能性、情景性、不稳定性和易变性的特点，而情感带有持久而稳定、深刻而具体的特点。

（三）情绪的构成

情绪的构成包括三种层面，即认知层面的主观体验、生理层面的生理唤醒和表达层面的外部行为。当情绪产生时，这三个层面共同活动，构成一个情绪体验过程。

1. 主观体验。情绪的主观体验是人的一种自我觉察，即大脑的一种感受状态。情绪的主观体验反映了人内心世界的丰富多彩。

2. 生理唤醒。由于情绪的刺激作用，常伴随着有机体一系列的生理变化，呼吸、心跳、血压、皮肤电、脑电反应以及内分泌反应等均会发生变化。情绪状态伴随的生理唤醒，常常是不能随意控制的，这就使情绪研究在法律和司法实践上有了应用价值。生理唤醒的研究成果为犯罪心理测试仪（俗称"测谎仪"）的研制及使用提供了基础。

3. 外部行为。外部行为是情绪的表达形式即表情，包括面部表情、身段表情和言语表情。它是人们推测、判断情绪的外部指标。但由于人类心理的复杂性，有时人的外部行为会出现与主观体验不一致的现象。

（四）情绪和情感的种类

1. 情绪的种类。人的情绪多种多样，一般认为人类具有四种基本情绪：快乐、愤怒、恐惧和悲哀。按照情绪发生的强度和持续时间的长短等方面，可以把情绪分为三种基本形态：心境、激情和应激。

（1）心境。心境是具有感染性的、平稳而持久、强度较弱的情绪状态。心境感染性是指心境具有扩散的特点，它不是专门对某事物如此，而是对所有的事物都是如此。例如，人在高兴时，仿佛世界上万事万物都向你张开笑脸，而在悲伤的时候，仿佛世界上一切都是灰色的。心境持续的时间，短的只有几个小时，长的可达几周、几个月甚至更长时间。心境的形成、变化受人机体状况、客观环境的影响，社会生活条件对人的心境具有主要的影响作用。

（2）激情。激情是一种爆发性的、猛烈的、迅速的、短暂的情绪状态。大致有四种表现：暴怒、狂喜、恐惧、极度的悲伤与绝望。激情的产生是突然的、带爆发性的，它来得快，去得也快。如勃然大怒、暴跳如雷等，持续时间很短。激情的产生往往是由重大的、突如其来的事件或冲突引起。激情在特殊情况下，具有一定的积极意义，而在大多数情况下，激情起消极作用。因为人处于激情状态，认识范围变得狭窄，分析能力和自我控制能力降低，会因此丧失理智，甚至做出鲁莽行为。

（3）应激。应激是指人在意外突变情况下产生的高度紧张的情绪状态。当人遇到突如其来的、出乎意料的情景时，或目瞪口呆、不知所措，或急中生智、化险为夷，反映出人的不同的应激状态。应激状态是可以训练的，对于从事激烈、危险运动或职业的人来说，尤为重要。经过训练、培养，人能够具备灵活的应变能力，坚毅、果断、自制的意志力和高度的警惕性，如遇险境就可以临危不惧，当机立断，化险为夷，转危为安。

2. 情感的种类。

（1）道德感。道德感是由道德生活的需要和观点是否得到满足与实现而产生的内心体验。道德感从社会生活的各个方面表现出来，表现在对待国家、集体、人与人之间的关系和工作、事业、学习等各个方面，如爱国主义情感、国际主义情感、责任感、义务感、事业心、荣誉感、自尊心等。

（2）美感。美感是由审美的需要和观点是否得到满足而产生的情感体验。人总是按照审美的需要或观点来评价自然景物、艺术作品和社会行为的美丑。美感对人的精神文明和道德教育起着重要作用。自然景物的美，使人心旷神怡、眼界开阔。自然美是教育人认识世界，对现实生活产生美的需要的主要内容之一，可以使人更加热爱生活；艺术作品中所反映的喜、怒、哀、乐，能激起人们对人生意义和理想的追求。美感的评价具有一定的社会标准。

（3）理智感。理智感是人在智力活动过程中认识、探索或维护真理的需要、意愿能否得到满足而产生的情感体验。人在认识事物或研究问题时，对新的还未认识的东西，表现出的求知欲和好奇心，对不能理解或不能解决的问题，表现出的惊奇和疑虑，对正在研究的问题，表现出维护自己主张的热情和兴趣以及问题解决时表现出的激动和喜悦等，这些都属于理智感。理智感常与人在智力活动中产生的惊奇、喜悦等情绪情感相联系。它在认识过程中发展起来，又推动认识过程的进一步深入。

三、意志过程

（一）意志的概念

意志是指人们自觉地确定目的，并根据目的支配、调节自己的行为，克服困难以实现目的的心理过程。受意志控制和支配的行为称为意志行为，意志行为是有意识、有目的的行为，它是与克服困难相联系的行为，意志正是通过意志行为表现出来的。意志和行为关系密切，它对行为起着调节和控制作用，这种调控作用主要表现在发动和抑制两个方面。发动表现为推动人的行为以达到一定的目的；抑制表现为制止与预定目的相矛盾的愿望和行为。

（二）意志品质

1. 意志的自觉性。意志的自觉性是指一个人行为的目的明确，对行为的社会意义有深刻的认识，能自觉支配自己的行为以服从于活动目的的品质。具有意志自觉性的人既不会轻易接受外界压力的影响，也不会拒绝一切有益的意见。与自觉性相反的意志品质是易受暗示性和武断性的。

2. 意志的果断性。意志的果断性是指一个人善于明辨是非，迅速地、不失时机地采取行动的品质。与果断性相反的品质是优柔寡断和鲁莽草率。

3. 意志的坚韧性。意志的坚韧性是指一个人能坚持决定，以充沛的精力百折不挠地克服困难，以实现目的的品质。与坚韧性相反的品质是动摇和固执。

4. 意志的自制性。意志的自制性是指一个人善于管理、控制自己的情绪和约束自己的言行，又称自制力。与自制性相反的品质是任性和懦弱。

第四节　个性心理

一、个性概述

个性是指具有一定倾向性的心理特征的总和，又称人格。个性反映了一个人整体的心理面貌和行为模式，是由多层次、多侧面的心理特征组合而成的整体。心理学家对个性的认识并不完全统一，但一般认为个性大致由个性倾向性、自我意识和个性心理特征三个部分组成。个性倾向性是人活动的基本动力，是个性中最活跃的因素，是决定个体对事物的态度和行为的内部动力系统。其作用在于组织、引导和推动心理活动有目的、有选择地反映客观事物，包括需要、动机、兴趣、理想、信念和世界观等；自我意识是个性的调节控制系统，它是在个性社会化的过程中逐渐形成的，对人的个性起着调控作用；个性心理特征是一个人身上表现出来的稳定的典型的心理特点，它是个性结构中比较稳定的成分，主要包括能力、气质和性格等。各种个性心理因素之间相互影响，相互依存，其中一部分发生变化，另一部分也将发生变化。如果各种个性因素协调发展，人的行为就表现正常；如果各种因素关系失调，则会造成个性畸变，致使行为异常。

个性并非天生的，人的生理素质是个性的自然前提，人具有怎样的个性是在后天的环境、教育影响下逐渐形成的。个性形成后便具有相对的稳定性，所谓"江山易改，本性难移"，就形象地说明了这一特点。然而，个性也不是一成不变的，又具有可塑性。在客观环境与教育的影响下，在社会要求的作用下，通过实践，个性又会有所改变。可见，个性是稳定性与可塑性的统一。

二、需要

（一）需要及其作用

需要是指个体和社会生活中必需的事物在人们头脑中的反映。需要是对有机体内部不均衡状态的反映，表现为有机体对内外环境的欲求。

人的生理或心理状态经常会由于某种不足或过剩而失去原来的均衡状态，由此产生不快感而造成一种紧张状态，这时，个体产生追求安定以恢复平衡的要求，如"寒而欲暖，饥而欲饱"等，这便引起了人的需要。需要是个体行为和心理活动的内在动力和源泉，它在人的活动、心理过程和个性中起着积极作用：

1. 需要能激发人行动的积极性。人的各种需要驱使人朝着一定的方向、一定的目标去努力和追求。需要是个体活动积极性的动力之源，需要越强烈，由此引起的活动越有力，没有需要，也就没有人的一切活动。然而，需要不会因其获得满足而终止，需要具有永远的动力性。研究表明，有一些需要，如饮食、睡眠等，带有一定的周期性，在其满足后会重新出现；而有一些需要，如文学、艺术、知识等，则带有不断地发展性，通常是每一次需要满足后，都会在其基础上产生新的更高一层的需要。

2. 需要是人类心理活动的动力。其一，需要是个体认识活动的内部动力。人们认识过程中所产生的各种问题，是根据人的需要提出的，需要调节着个体认识过程的倾向；其二，需要又是人们情绪情感活动的中介条件。人们的情绪情感因需要的满足而快乐、喜悦，因需要的不能满足而沮丧、不满；其三，意志也由需要而引起。个人为了满足需要，就要努力克服困难，在此过程中也锻炼了意志。

3. 需要在个性中起重要作用，它是个性倾向性的基础。

（二）需要的种类

1. 自然需要和社会需要。按需要的产生和起源，可将需要分为自然需要和社会需要。自然需要是指由生理的不平衡状态引起的需要，它与有机体的生存和种族的延续有着密切联系，如饮食、休息、睡眠、运动和性等需要，又叫生理需要或生物需要。自然需要是人类和动物所共有的，但人的生理需要和动物的生理需要无论从满足的对象，还是从满足的方式上，都有着本质的不同，人的需要受社会生活条件的制约。社会需要是指与人的社会生活密切相关的需要，如学习、工作、劳动和交往等需要。社会需要是人所特有的，是后天通过学习得来的，所以又称获得性需要。它通常是从社会要求转化而来的，具有社会历史性。

2. 物质需要和精神需要。依照需要对象的性质，可把需要分为物质需要和精神需要。物质需要是指对衣、食、住、行等社会物质产品的需要。物质需要既包括生理需要，也包括社会需要。精神需要是指人们对社会精神生活及其产品的需要。如对知识的需要、审美的需要、交往的需要和道德的需要等，精神需要是人类所特有的。物质需要与精神需要之间有着密切的关系，对物质产品的需要不仅满足人的自然需要，而且还要满足人们的审美观点；为了满足精神需要，还得有一定的物质条件来保证。

（三）需要层次理论

需要层次理论是美国人本主义心理学家马斯洛（Abraham Harold Maslow）于1968年提出的。他认为人类的基本需要有五种：生理需要、安全需要、归属与爱的需要、尊重需要和自我实现的需要，人类的各种需要是按一定的层次组织起来的系统。他认为需要的满足是由低层向高层不断发展的。只有低层次的需要全部或部分满足以后，高一层次的需要才会出现；只有前面的所有需要相继得到满足后，才会出现自我实现的需要。自我实现是马斯洛的需要层次理论的核心，它是指最大限度地发挥和实现个人的潜能，充分发展自己的个性。

三、动机

（一）动机及其功能

动机是直接引起、推动和维持个体活动，并将之导向某一目标的内部动因。人们从事的各种活动，都是由动机引起的。人的动机是在需要的基础上产生的。除了需要之外，内驱力、诱因和情绪也都可以激发活动的动机。

动机主要具有以下功能：

1. 引发功能。人的各种活动都是由一定的动机引起的，没有动机也就没有活动。

2. 指向功能。动机指引着活动的方向，它引导人们的行为朝着特定的方向、预定的目标前进。

3. 激励功能。动机对活动的进行起着维持和强化作用，激励着行为的发展，强化活动以达到目的。

（二）动机的复杂性和可知性

1. 复杂性。个人动机与行为的关系错综复杂，它们不是一一对应的。其原因是：同一动机可以产生不同行为，同一行为也可以由不同动机引起；此外，人们口头或书面表达出来的动机与其内心存在的动机有时也不尽一致。

2. 可知性。尽管动机深藏于内，但它总要体现在人们的行为之中。因此，若能对人们的行为进行系统的观察与分析，还是可以推测其动机的。正所谓"路遥知马力，日久见人心"。

（三）动机的类型

1. 根据动机的起源，可分为自然性动机和社会性动机。自然性动机是由人的自然需要所引起的动机，如饥、渴、性等，又称原始动机；社会性动机是由人的社会需要所引起的动机，如成就、交往、威信和爱等，它是通过后天学习发展起来的，又称习得动机。

2. 根据动机持续作用的时间，可分为长远动机和短暂动机。长远动机一般来自对活动意义的深刻认识，因而持续时间较长，具有比较稳定的性质，不易受外界环境干扰，影响的范围广；短暂动机往往是由活动本身的直接兴趣所引起的，持续时间较短，易受个人情绪影响，不够稳定。

3. 根据动机的性质和社会价值，可分为正确动机和错误动机。正确动机又叫高尚动机，是从国家和人民的利益出发而产生的；错误动机则是从个人私利出发而产生的，往往会损害他人、危及社会，又称卑下或低级的动机。

四、气质

（一）气质的概念

气质是个人心理活动的稳定的动力特征。气质相当于我们俗称的脾气、秉性和性情等。所谓稳定性，是指具有某种气质的人，在内容完全不同的活动中，显示出同样性质的表现；所谓动力特征，是指心理过程（知、情、意）进行的强度、速度、稳定性、灵活性和指向性。

气质在人的情感和活动发生的速度和强度上有明显表现。如有的人情感发生迅速、容易爆发，有的人情感发生缓慢、表现沉静；有的人情感强烈，有的人情感微弱；有的人动作敏捷，有的人动作迟缓。这些气质特征在人出生的最初阶段就可以观察到。心理学的研究也证明，气质带有先天性的心理特点。气质特征多半是与生俱来的自然特征，主要是神经系统基本特征的表现，它是构成每个人心理独特性的最原始的成分。

（二）气质类型

对气质的研究古已有之，孔子曾把人分为"狂""狷""中行"三类。战国秦汉时的医学著作《黄帝内经》用阴阳五行对人进行分类，虽然没有直接提出气质一词，但其在大量观察基础上所进行的分类，就其内容的细致和丰富性来说，完全可以和西方的气质理论相媲美。

西方最早提出有关气质学说和类型划分的，是古希腊医生希波克拉底（Hippocrates）。公元前5世纪，他提出了"体液说"，认为人体内有四种体液：血液、黏液、黄胆汁、黑胆汁。他认为，这四种体液在人体内混合的比例不同决定了机体的状态。500年后，罗马医生盖伦（C. Galen）将人体内体液的混合比例用拉丁语命名为"temperamentum"，提出了气质"temperament"这一概念，并最后确定为四种气质类型：多血质（血液占优势）、黏液质（黏液占优势）、胆汁质（黄胆汁占优势）和抑郁质（黑胆汁占优势）。希波克拉底的"气质类型说"虽然缺乏科学的根据，但他们通过日常观察所概括出来的四种气质类型及其特征都有一定的代表性，因而气质类型的名称便流传下来，并得到普遍采用。继希氏之后的几千年，虽然又有一些学者提出了"体型说""血型说"和"激素说"等不同的气质理论，用解剖学、化学、物理和内分泌的理论来解释气质，但这些理论都没能对气质做出科学的解释。真正对此做出比较科学解释的是巴甫洛夫。

巴甫洛夫运用动物条件反射实验的方法，建立了高级神经活动学说。他发现神经系统的兴奋和抑制过程具有强度、平衡性和灵活性三个基本特性。这三种特征在个体身上存在着差异与不同的组合，于是就会出现多种神经活动的类型。巴甫洛夫根据大量的实验与观察，确定了四种显著的高级神经活动类型：

1. 强而不平衡的类型：兴奋占优势。这是一种易兴奋、易怒而难于控制的类型，又称"兴奋型"或"不可遏制型"。

2. 强、平衡而灵活的类型：兴奋与抑制过程都较强，并且两者容易转换。爱动而且行动迅速，适应环境变化快，又称活泼型。

3. 强、平衡而不灵活的类型：条件反射容易形成而难于改变，是一种庄重、行动迟缓而有惰性的类型，也叫安静型。

4. 弱型：由于兴奋与抑制的力量都很弱，接受不了强刺激，但有较高的感受性，是一种胆小而神经质的类型，又称抑制型。

上述四种神经活动类型恰好与气质类型相当：兴奋型相当于胆汁质，活泼型相当于多血质，安静型相当于黏液质，抑制型相当于抑郁质。

（三）气质类型的外在表现

1. 胆汁质：精力充沛。情绪发生快而强，言语动作急速而难于自制，内心外露，率直、热情、易怒、急躁、果断等。

2. 多血质：活泼好动，富于生气。情绪发生快而多变，表情丰富，思维言语动作敏捷，乐观、亲切、浮躁、轻率等。

3. 黏液质：沉着冷静。情绪发生慢而弱，思维言语动作迟缓，内心少外露，坚忍、执拗、淡漠等。

4. 抑郁质：柔弱易倦。情绪发生慢而强，易感而富于自我体验，多愁善感，言语动作细小无力，胆小、忸怩、孤僻等。

关于气质类型，必须做以下说明：首先，在人们的生活中，虽然我们可以遇到以上四种气质类型的典型代表人物，但真正属于这四种气质类型的人只是少数，大多数人属于混合型或中间型。其次，随着年龄的增加，气质也会有所变化。青少年时期，很多人表现出多血质、胆汁质的特征；到中年后，阅历渐深，更多人表现出多血质、黏液质的特征；到了老年，则表现出黏液质和抑郁质的特征。最后，男女气质差异不能一概而论，但就大体而言，男性多表现为胆汁质和多血质的特征，女性则多表现出抑郁质和黏液质的特征。

（四）气质的作用

气质虽不能决定一个人的社会价值和成就高低，但是，在人的一切实践领域却不能不考虑气质这一因素。

1. 气质类型无好坏之分。气质仅使人的行为带有某种动力特征，而就动力特征而言无所谓好坏。任何一种气质类型，在一种情况下，可能具有积极意义，而在另一种情况下，则可能具有消极意义。如多血质的人，虽然活泼、灵敏，但有时也失于轻浮，注意力不稳定，情感易变，做事马虎，不踏实等；抑郁质的人做事细心，观察敏锐，善于观察别人不易察觉的小事，但多愁善感，有时感情陷得较深，不能自拔。总之，不同气质类型，各有优缺点。

2. 气质类型不能决定人的成才与成就。气质类型只影响人们智力活动的方式，并不能决定人们智力发展的水平和成就。任何气质的人都能被培养成才，这已为大量的生活事例所证实。

3. 不同气质的人，工作效率是有差异的。现实生活中，由于不同性质的工作对人的要求有所不同，因此，存在着不同气质类型对工作的适应性的问题。在选择职业或选择人员时，要考虑到气质类型所起的作用。一般地说，要求持久、细致的工作对于黏液质和抑郁质的人较为合适；要求迅速灵活反应的工作对于多血质和胆汁质的人较为合适。而一些特殊的职业（如宇航员、飞行员、侦察员等）对气质特征有特定的要求，必须经过心理测试，进行严格的选拔和训练。

4. 气质影响身心健康。根据临床的经验，两种极端不平衡类型的人（胆汁质、抑郁质），由于情绪的兴奋性太强或太弱，适应环境的能力较差，容易导致身心疾病。对于这两类人应该给予特殊的关照，尽量避免引起其情绪大起大落的变化。

五、性格

（一）性格的概念

性格是人对现实比较稳固的态度和行为方式方面的个性心理特征。人的个性差异首先表现在性格上，恩格斯说："人物的性格不仅表现在他做什么，而且表现在他怎样做。"[1] "做什么"，说明一个人追求什么，拒绝什么，反映了人的活动动机或对现实的态度；"怎样做"，说明一个人如何去追求要得到的东西，反映了人的行为方式。如果一个人对现实的一种态度，在类似的情境下不断出现，并渐趋巩固，形成了习惯化的行为方式，那么，这种较稳固的对现实的态度和习惯化的行为方式所表现出来的心理特征就是性格。

性格不是天生的，它是在后天的教育以及环境的影响下，在社会化的过程中逐渐形成的。可以说，性格是人生经历的一种反映，是其生活历史的记录。因此，人们常说：性格决定命运。性格不同于气质，它受社会历史文化的影响，有明显的社会道德评价意义，直接反映了一个人的道德风貌。所以，气质更多地体现了个性的生物属性，而性格更多地体现了人的社会属性。

---

〔1〕《马克思恩格斯选集》第 4 卷，人民出版社 1972 年版，第 344 页。

（二）性格与气质的关系

性格与气质的关系十分密切，二者相互渗透，彼此制约。

1. 气质形成了性格的表现形式，使性格特征涂上了独特的色彩。有些性格特征，在各种气质的人身上都可能形成。但气质赋予每个个体的全部活动以一定的外貌。例如，同样是勤劳的性格，胆汁质的人在工作中多表现为精力充沛、情绪饱满的特点；而黏液质的人则表现为踏实肯干、操作精细的特点。

2. 气质影响性格形成和发展的速度与方向。如胆汁质的人比黏液质的人更容易作出草率的决定，黏液质、抑郁质的人比多血质、胆汁质的人更容易养成自制力的品质。

3. 气质在性格的影响下，可以被改造。性格坚强的人，可以调控其气质的消极方面，发展其积极的一面，使之符合社会实践的要求。因此可以说，气质是形成性格的基础，气质特点在性格上打下了烙印，性格可以掩盖气质的特点。

（三）性格特征

性格具有多种多样的特征。根据人对现实的态度和行为方式，可以把性格特征分为以下四个方面：

1. 性格的态度特征。人对现实的态度是多种多样的，基本上可分为对社会、对集体、对他人、对自己以及对工作的态度等方面的性格特征。如忠于祖国、热爱集体、关心他人、乐于助人、善于交际、温文尔雅、公正、诚实等，以及与之相反的没有民族气节、孤僻、自私自利、奸诈狡猾、蛮横粗暴、不负责任、狂妄自大、自卑胆怯等。性格的态度特征是性格的核心，而且对社会、集体的态度是最为重要的态度，它决定了性格的其他特征。

2. 性格的意志特征。一个人的行为方式反映了性格的意志特征，如自制力、坚定性、果断性、纪律性、勇敢等，以及与之相反的任性、优柔寡断、鲁莽、怯懦等。

3. 性格的情绪特征。一个人的情绪反应快慢、表现的强弱和保持时间的久暂等方面，显示了性格的情绪特征。如一个人经常是快乐愉悦的、抑郁低沉的或者是安乐宁静的等。有的人容易激动，但能用意志力量加以控制，这也表现了性格的意志特征。

4. 性格的理智特征。人的智力活动中也表现了性格特征。我们把观察的敏锐度、记忆的速度和广度、思维的灵活性和深度、注意的集中和分散等作为智能的特点。如有的人在观察时偏于精细，有的人则粗枝大叶，这就是性格的理智特征；再如有的人思维开阔，有的人则喜欢钻牛角尖等，这反映了思维方式上的特点，同时也表现了性格的理智特征。

综上所述，各种性格特征不是孤立的，而是相互联系的，构成一个统一的不可分割的整体。每个人不仅有不同的性格特征，而且这些性格特征的结构在个体间也是有差异的。因此，在观察人的性格时，必须从性格结构的各个方面作具体分析，才能对性格有一个全面准确的认识和鉴别。另外，人的性格形成后，具有一定的稳定性，但又是可以改变的。一方面，客观环境是性格改造的强大外在力量；另一方面，主观上的自我修养、自我教育、自我调节及坚持不懈的主观努力是性格改造的决定因素。

同步练习

1. 什么是心理学？心理现象的基本结构有哪些？
2. 心理过程包括哪些心理现象，各自的定义如何？
3. 什么是情绪情感，二者有什么区别？情绪情感的种类有哪些？
4. 什么是意志，意志品质有哪些？
5. 什么是个性，它由哪几部分组成？
6. 什么是需要，需要的种类有哪些？
7. 简述马斯洛的需要层次理论。
8. 什么是动机，动机的功能有哪些？
9. 什么是气质，其类型有哪些？如何理解气质在人的实践活动中的作用？
10. 什么是性格，性格与气质的关系如何？

拓展阅读

不是因为贫困

李玫瑾

……

导致他杀人的不是因为贫困而引起的自尊问题

最初我对马某爵的犯罪动机也有错误的判断，也把他归到穷人的自卑上，即由自卑的敏感引发的。但是当我知道他杀害的4个同学当中有3个也是贫困生后，我就觉得用贫困为理由解释不通。

马某爵说，我跟邵某某很好，邵还说我的为人不好。我们那么多年住在一起，我把邵当作朋友。想不到他们这样说我的为人。我很绝望，我在云南大学一个朋友也没有，我在学校那么落魄，都是他们这样在同学面前说我。我在云大这么失败，都是他们造成的。他们在外面宣传我的生活习惯，那么古怪。我把他当朋友，他这么说我，我就恨他们。

他与交往最密切的有贫困背景的同学都相处不好，这个问题显然不是因为他的贫困状态导致的。

最后一名受害人龚某过生日没请马某爵，别人用此事教育马某爵："就是因为你人品不好，所以龚某过生日都没叫你。"由此，马才杀害龚。

所以我认为，导致他杀人的，不是因贫困而引起的自尊问题，马某爵自己也讲了，是他做人的失败。

媒体所做的归因是错误的

很多媒体都报道了马某爵说自己做人失败这段话，他最后还说是因为穷，标题几乎都是马某爵的杀人动机，或马某爵的杀人原因。

这个归因是错误的，实际上他做人失败是指他与人交往的失败，而不是贫困导致的失败，但是媒体更多地关注他的贫困背景。

我们与人交往，偶尔和某人不好，这没有关系，如果和大家交往都不好，是不是应该考虑一下自身的问题？而马某爵从不考虑。

他讲道："他们都觉得我很怪，把我的生活习惯、生活方式、隐私都说给别人听，我感觉完全暴露在别人眼里。"可是马某爵这个事发生之后，记者在调查中，发现没有人说他有什么怪怪的生活方式，只是说他比较内向不太和人交往，有时候比较急。后来警察问他为什么这样说，他说可能是因为我比较穷。贫穷是一般的社会现象，不能说明个人的行为，马某爵的这个归因也只是他个人认识，并不代表真正客观的结论。

通缉马某爵期间，一位负责追缉的高级警官曾谈道：这个案件的犯罪动机很值得研究。根据当时掌握的情况，他既不为财，又很冷静，没有冲动的迹象；从行为方式看，思维逻辑也完全正常。

他的家庭背景基本正常，不属于那种存在明显问题，容易造就"问题少年"的家庭。所以他的犯罪动机及相关的心理问题越来越令人质疑。

于是人们又想到了环境，马某爵的贫困现状显而易见，由贫困导致自卑，由自卑导致自尊，当脆弱的自尊受到伤害时，人们当然会疯狂的报复，这是一条很明显的思路。随着马某爵的落网，随着他自己的供述，人们更加认为，他的动机源于与同学打牌时发生的一点"小摩擦"。但是，有关马某爵的材料不断公布。他的犯罪心理中最重要的决定性内容，也在逐渐浮出水面。

他在精神上一直是孤独的

马某爵智商很高，偏重于理科，他喜欢学习有难度的科目。这意味着，他和某些学理科的大学生一样，对于人生的复杂性、社会的复杂性认识不足，他们往往把人世间复杂的关系当作一种简单的、无情感反应的关系处理。

比如，他杀人后居然打开电脑上网，然后睡觉，直到第二天上午，没有害怕与恐惧，没有罪恶感与内疚，之后还做了第二起、第三起，直至第四起。

他是个非常情绪化的人。我在问卷中问，你的脾气？他答，多愁善感。我问，你对别人对你的态度是否比较敏感？这个题我设定了5个级别的答案。他选择的是比较敏感。我还问，在上学的时候，在全班同学面前发言是否很紧张？他答，非常紧张。

从他的日记，从他在逃亡期间的录音带内容到他被抓捕后写给家人的信中都可看出，他是一个内心情感体验细腻，情绪反应相当强烈的人；但是他在外表上又是一个相当压抑的人，不擅长通过言语表达情感。我问他，你心里有事是否愿意找知心朋友说？他答，说不清楚。实际上，他是不知道该说还是不该说。这种心理活动内外的不协调，是造成他行为问题的重要原因。

有一次，他的父亲与母亲在凌晨吵架，15岁的他在日记中记录了这一事件："……我真是太气愤了，真想一刀杀了他，他平时都是十分气人的，何况现在呢……我真恨，恨，但我很理智，我控制住杀人的念头，我想无论如何我都很想考上宾中地区班，考上重点大学，迎来新生活，现在毕竟是家事，与我无关。"

从他对父亲的态度中，不难发现导致他现在杀害同学的心理背景。他对吵架极为敏感与愤怒，很容易引起他的杀人冲动。

春节不回家，马某爵对此的解释是："因为回家没有人跟我玩，也没有其他的事可做，在昆明还有一台电脑玩玩，春节是一个人过的，寒假期间也没有出去打工和找工作，直到邵某某他们回来才有人与我交流。"

显然，他不回家并不仅仅是贫困的问题。他认为：即使回家也孤独，不如在学校玩电脑。在他中学的日记扉页上摘抄了一句巴尔扎克的话："在各种孤独中间，人最怕精神上的孤独。"

事实上，他在精神上一直是孤独的。因为他总不愿与人交流，不愿说出自己真实的感受。从他许多文字或独白留言来看，他即使表述，仍是遮掩的、矛盾的。马某爵的这种言不由衷还表现在最近他写给父亲等亲人的一封信中，一方面他拒绝家属请律师，另一方面他又提到，有辩护，他的情况会判无期或减刑的。

他过度以自我为中心

马某爵的这种以自我为中心，应该是成长过程中逐渐形成的。他在家中排行最小，除父母的疼爱外还有两位姐姐的疼爱。加上他学习出色，自小就在家中备受宠爱。我在问卷中问他，小的时候是否经常被人欺负？另外一个问题是，小的时候是否经常欺负别人？他对第一个问题的回答是，从没有；对第二个问题的回答则是，每月一两次。

从这里看出，他是个不吃亏的、基本上在顺境中长大的孩子。我还问了一个问题，你是不是做事比较任意，想起来就做？他回答，比较同意。这种家庭背景，使他在一种自然的情境下造就了以自我为中心的思维方式，从他被捕后的各种叙述中我们所听到的都是他自己的感受，当他被抓获，谈到犯罪动机时，仍在一直强调：我打牌没有作弊，是邵某某在冤枉我。然而对于同学的责怪，对于与同学的争执，他至今仍没有一点反省与自责。

正如一项心理学研究中多次指出的，许多心理上存在严重疾病的人，一个最突出的表现就是谈论任何事情时都以"我"为主题词，"我"的出现频率极高。他们从不会站在别人的角度换位思考。这种性格缺陷是许多犯罪人所共有的心理特征。

争吵积累产生仇恨的膨胀

我在心理问卷中问他，你与同学的小摩擦多吗？是每天都有？每周都有？还是每个月都有？他回答，一个月要有一两次。至于什么原因他没有说，可见他和同学的摩擦频率还是比较高的。

当与同学为小事争吵积累下来时，就会在他内心产生仇恨的膨胀。这种膨胀被一次激烈的争吵所引爆，在缺乏正确引导，缺乏解决人际冲突的技巧教育时，他就以自己的方式去解决！实际上这种方式，在他 15 岁的日记中就已有记载，"对付恶人，要用狠的手段，要彻底处理掉……"人的心理发展是连续的，也是一致的，于是，以杀人的方式解决生活中的人际冲突也就顺理成章。

穷，只有在比较的情况下才会痛苦，马某爵在比较的过程中发现，不仅仅他的贫穷不如人家，更重要的是他的心理素质不如人家。

他性格内向并不是缺陷，真正决定他缺陷的是他以自我为中心。举一个最典型的例子，当他被抓住之后，他要求看看他的通缉令，看的时候他说，没想到我还值 20 万。显然，在这个时候，他仍然在想，他值 20 万。他不知道通缉令是为谁发的，我们是为那 4 个冤屈的大学生发的。

这个案子从头到尾应该说是个悲剧，如果换一种情境，换一种背景，或者社会对他作出了某种干预，可能就不会发生。

他的人生观是他冷漠的原因

为什么马某爵多愁善感又冷漠生命？当你了解马某爵真正的内心世界，就会发现有一种必然的联系，即他对人生和生命的疑问。这种疑问从他中学时代就已出现，从那时起直至他杀人那一天，都没有人真正地给他一个解答。

马某爵的大姐在他上中学的时候，就发现这个弟弟心理上有些问题，她问过，但是弟弟没有说。后来马某爵在逃亡期间给姐姐的录音中谈到这个问题。

"姐：现在我对你讲一次真心话，我这个人最大的问题就是出在我觉得人生的意义到底是为了什么？100 年后，早死迟死都是一样的，在这个问题上我老是钻牛角尖，自己跟自己过不去，想这个问题想不通。王菲有一首歌，歌词是：'一百年前你不是你，我不是我，一百年后没有你也没有我'。其实，在这次事情以后，此时此刻我明白了，我错了。其实人生的意义在于人间有真情。真的，我现在有些后悔了。以前是钻牛角尖……"

所以马某爵对人生意义的看法，是最终导致他如此冷漠地杀害4条生命的本质原因，这是马某爵犯罪的一个很核心的问题。

直到他逃亡，直到他面临通缉与死亡，他才领悟到生命的意义与价值，领悟到人生不仅仅是属于自己的，还有亲人彼此间的牵挂。

他把钱放在第三位

在云南，我问马某爵对人生意义的看法。他回答，应该成就一番事业。我问，你活着什么东西最重要？他说，第一是快乐，第二是亲情，第三是钱。你看，他把钱放在第三位，这又从一个角度证明贫困不是他的主要犯罪动机，这个时候，他已经认识到亲情的重要了。

他只知获取情感不懂付出

既然马某爵情感丰富，他为什么会没有情感体验呢？因为他更多的是获取别人的情感，这个可能和他的家庭背景有关。爸爸妈妈非常爱他，他自己也承认，父亲一个指头都没动过他。他还有一些亲戚，都对他非常好，他感受了很多人对他的好，可是他对别人没有做什么，他也没有形成为别人付出的意识和感受。

到了学校之后，他还在敏感地体察别人给了他多少。他总是接受别人的情感，也能记住别人的情感，但他从来没想反过来为别人去做什么，这个心理特点是符合他的家庭背景的。

他现在已经知道自己错了

我认为他现在已经知道自己错了，开始有情感反应，知道恐惧了。但是杀人的时候他却连杀三天，第三天还杀了两个人，而且一直睡在那个房间。那个时候他对生命没有一点感觉。

我在问卷中问他，你对你的杀人行为后悔吗？他说，被抓之后尽量不去想后悔，尽量不去想作案的事。他在逃避。

我问，逃亡一生和杀害4个人，二者你认为选择哪个更值得？他回答，我以前没有想过，逃亡的时候想过，觉得自己傻，可以选择吵架就算了，没有必要杀人。

从这点看，他在逃亡期间已经觉得自己错了。只不过他这个认识来得太晚，他必须为自己的行为付出代价。

他的心理大部分是健康的

我问，谁是你最崇拜的人？他回答，周星驰。这也看出马某爵的思维方式比较简单。通过测试来看，他的心理大部分是健康的，情绪各方面也都正常，只是有些敏感多疑，在公共场合表达是他的弱项。所以现在归结起来，如果有一个很好的环境，一个很好的心理指导，或者如果他大姐在他身边，他可能不会犯罪。

我们的教育有一定的缺陷

我认为这个案件可以揭示出我们家庭教育和学校教育当中的缺陷。我在问卷中问他的成功体验。他回答，物理竞赛一等奖，和别人打篮球，考上云南大学。我问他个人的爱好有哪些，他说是理科、工科。

教育的缺陷在于，我们的教育是不均衡的，只偏重于智力教育，忽视了一个人的其他方面，比如人格教育、情商教育、人生教育，还有道德的、法律的、是非的等方面的教育。

年轻人需要实用的人生知识

我在对他做了心理测试和分析以后，真想把这个事情告诉所有和他有同样背景的大学生，一定要好好想想，你活着是什么意义，生命究竟是什么。我想告诉有相似人生疑惑的、有相同情绪冲动的、活着但不明白人生意义的人们，人生容不得夺命的过错，你夺去了别人的生命，这个过错是无法挽回的。人生观的问题不仅仅是个人的认识问题，还能决定我们人生的很多大事，（不正确的人生观）甚至会给社会带来灾难。

我现在很希望把对马某爵心理研究的真相告诉社会，而不要误导，如果把这个问题归到贫困上，不仅仅是对于这个问题的不公平，也是对受害人的不公平，而且可能会给社会带来一个负面效应。[1]

---

〔1〕　整理自蔡平："不是因为贫困"，载《中国青年报》2004年4月14日，第9版。

模块三　原因论

第三章

犯罪心理形成的原因

学习目标与任务

了解影响犯罪心理形成的主体因素与主体外因素，尤其了解微观环境因素对犯罪心理形成的影响；简要了解国外有关犯罪原因的各种学说。

案例导读

药某鑫案

2010 年 10 月，某音乐学院大三学生药某鑫，在深夜驱车回家的路上，将一名女子张某撞倒在地，下车后他看到对方试图在记录他的车牌号，就用随身携带的水果刀将张某刺死。2011 年 6 月，药某鑫被执行死刑。药某鑫被判处死刑后，他的父亲在微博中说，我平时管教孩子过于严厉，令孩子在犯错之后害怕面对，不懂处理，最终酿成大罪。

想一想：在药某鑫的成长过程中存在着怎样的不良的家庭教养模式？查找相关资料，结合拓展阅读，分析这种不良的家庭教养模式对其犯罪心理形成产生了怎样的影响？这个犯罪案例给我们带来了怎样的警示？

影响犯罪心理形成的因素多种多样，它们构成了一个极为复杂的系统。简言之，主要包括主观和客观两大方面，即影响犯罪心理形成的主体因素和主体外因素，这是本章要讨论的主要内容。此外，本章还将简要介绍国内外学者有关犯罪原因研究的各种理论成果。

第一节　影响犯罪心理形成的主体因素

主体因素是指犯罪人犯罪心理赖以形成的自身因素，具体包括生理因素、心理因素和行为因素。

一、生理因素

生理因素是人的心理产生的物质基础。它包括年龄、性别、神经类型以及异常的生物学因素。犯罪心理与犯罪人的生理因素虽然没有必然联系，但它却必须通过具有不同生理特点的个体行为表现出来。因此，犯罪心理的形成在一定程度上也受生理因素的影响，主要包括以下几方面：

（一）年龄因素

发展心理学的研究表明，人的身心发展水平受其年龄的制约。不同年龄阶段的人，心理成熟程度和心理特点有较大的差异，其行为也表现出不同的特点。年龄对犯罪心理的影响主要表现在，不同年龄的人在刑事犯罪中所占的比例、犯罪类型、犯罪手段和方式等方面有所不同。

1. 犯罪率高低与年龄相关。一般把与犯罪行为相关的年龄划为青少年、中年和老年等几个阶段。世界各国的统计资料均表明，犯罪高发年龄，大都处于青少年时期。这与青少年这一特殊年龄阶段的身心特点密切相关。青少年的生理、心理都处于一个急剧发展变化的时期，身心充满矛盾，兴奋性强而控制力差，情绪情感不稳定；同时青少年生活阅历浅，认知能力有限，对人对事缺乏正确的辨别与判断能力。这些身心特点使他们的认识容易片面、偏激，有的人会受到其他不良因素的影响而误入歧途，从而导致犯罪。成年期，阅历渐深，身心发展已趋稳定，自控能力较强，处理各种问题的能力增强，因此，犯罪率相对较低。这一时期的犯罪，或是青少年时期犯罪的延续（如累犯、惯犯），或是与职务相关的犯罪。

儿童期与老年期是犯罪发生率最低的两个阶段。儿童期由于身心发育尚不充分，又处于成人严格保护之下，与外界接触较少，犯罪的概率很小。近年来，青少年的犯罪有向低龄化发展的趋势，这是应该引起家庭、学校和社会高度关注的问题。到了老年期，由于进入衰老阶段，身心功能退化，绝大多数人追求平安、稳定的生活，一般不易形成犯罪心理，犯罪现象较少。但随着社会老龄化趋势的发展，老年犯罪率也会有所增长。

2. 犯罪类型、犯罪手段的选择与年龄相关。不同的年龄阶段会有各自不同的行为特征，犯罪类型与犯罪手段的选择也必然表现出不同的特点。青少年阶段精力旺盛，体力充沛，容易冲动，自控力差。因此，青少年的犯罪手法比较简单、直接，易发生抢劫、伤害、杀人、强奸等暴力型犯罪，财产型犯罪也较多。而中年人的犯罪手法比较隐蔽，犯罪目的非常明确，一般多选择贪污、受贿、贩毒等智能型的犯罪。

（二）性别因素

性别不同，在生理特征、心理特征及社会角色等方面都有较大的差异，这对犯罪心理的形成会产生一定的影响。具体表现为：

1. 性别差异对犯罪率的影响。男性与女性在总人口中所占比例差别不大，但从犯罪数量上看，男性犯罪率远远高于女性。

2. 性别差异对犯罪类型和犯罪手段的影响。在犯罪类型上，男性和女性有所不同。女性一般多选择性犯罪、财产型犯罪；而男性犯罪类型涉及广泛。在犯罪手段的选择上，男女也有差异。女性体能较弱，但预谋性强，所以犯罪手段较隐蔽，多选择诈骗、贪污、扒窃等非暴力性犯罪；而男性的体能较强，多采用直接公开的暴力手段进行犯罪。

3. 性别差异对犯罪主动性的影响。女性的生理特性及社会角色，决定了她们不仅在体能上弱于男性，而且在心理上也弱于男性，胆量较小，依附性强，这就使女性犯罪的主动性、攻击性皆弱于男性。而男性的主动性和攻击性则较为明显。在男女共同参与的犯罪中，男性多担任主要角色，犯罪更具主动性，而女性则多处于次要地位，具有依附性。

（三）神经类型因素

神经类型即高级神经活动类型。巴甫洛夫把人的高级神经活动分为四种类型，即兴奋型、活泼型、安静型、抑制型。不同的人神经类型有很大差异，犯罪心理的形成与犯罪行为的实施会受到个体神经类型的影响。如兴奋型的人，神经活动平衡性差，冲动性强，易选择抢劫、杀人、强奸等暴力型犯罪；活泼型的人容易选择诈骗、盗窃等犯罪方式；而安静型、抑制型的人多选择贪污、走私、网络犯罪等智能型的犯罪。

（四）异常的生物学因素

人的身心是统一的，生理因素异常必然带来心理活动的偏差。由遗传性疾病导致的精神疾病、癫痫、人格障碍等，会使人的生理、心理出现异常，对犯罪心理的形成会产生一定的影响。如酗酒成性的父母会对胎儿产生影响，胎儿出生后产生身心异常，具有犯罪的易感性。

染色体异常、精神发育不全、脑损伤等常常导致低能、弱智、性格变异，使人体的分析、判断和理解力降低，情绪冲动，自控力差，缺乏理智，易受外界诱因影响而形成犯罪心理。吸毒和酗酒还会使人因陷入精神的麻醉状态而实施犯罪，如出现寻衅滋事、攻击行为及交通肇事等。内分泌和物质代谢的异常，会引起心理活动的变化，尤其是情绪情感的变化，对犯罪心理的形成有较大的影响。有研究表明，性激素分泌异常会影响其情绪情感状态，是导致犯罪心理形成的重要诱因。甲状腺异常分泌，会造成情绪的高激惹性，导致冲动性暴力行为的发生。另外，身体残疾者因生理缺陷，也会导致心理上的微妙变化，易形成猜忌、孤僻、偏执的性格特点，更有甚者会产生报复的犯罪心理。

二、心理因素

心理因素是指犯罪主体原有的，在犯罪心理形成之前就存在于心理结构中的消极因素。这些消极因素与犯罪心理的形成有着密切的联系，它们的存在使行为人更容易接受外界不良因素的影响，加速犯罪心理的形成。这些因素大致包括以下几个方面：

（一）认识方面的因素

人们在认识过程中形成的对客观事物错误、歪曲的认识，会对犯罪心理的形成产生一定的影响。主要表现为：

1. 认识能力低下。分不清什么是真、善、美，什么是假、恶、丑，看问题片面、肤浅，对道德、法律规范一无所知，任意妄为，易导致犯罪。

2. 认识内容错误。形成了诸如"人为财死，鸟为食亡""一切向钱看""不劳而获光荣""人不为己，天诛地灭"等错误的人生观、价值观，会使行为人无视道德、法律的存在，导致物欲型犯罪心理的形成。

3. 认识方式偏激，思维片面、狭窄。认识问题喜欢钻"牛角尖"，不能一分为二地分析问题，往往以偏概全。这样，容易夸大社会的阴暗面，激化人际矛盾，行为易走极端，产生报复的犯罪心理。

（二）不良的情绪情感因素

不良的情绪情感最容易导致人们行为的偏差。一些消极的情绪情感特征与犯罪心理的形成有着直接的关系，具体表现在：

1. 高级情感缺乏，一味追求低级情感的满足。缺乏道德感、理智感和美感，没有责任心、义务感，只关注直接的感官享受，容易导致犯罪心理的形成。

2. 悲观消沉、不满、妒忌等消极情绪的积累，会导致人格的扭曲，最终以实施犯罪为途径得以宣泄。

3. 处于激情状态的不良情绪，无法自制，尤其是青少年，易导致激情犯罪。

（三）不良的意志品质

人的意志对行为起着调节、控制作用，犯罪行为与不良的意志品质有着密切关系。这些消极的意志品质主要表现为自制力差，抵挡不住外界不良因素的诱惑；意志的自觉性、主动性不够，丧失自我判断能力，容易盲从而犯罪；意志薄弱，犯罪成癖，犯罪心理容易经过强化形成稳固的动力定型。这种人大多是累犯、惯犯，矫治起来十分困难。

（四）不良的个性因素

个性对犯罪心理的形成影响极大。主要表现在：

1. 个性的倾向性，又称动机系统，主要影响人们对生活态度与目标的选择。个性倾向性出现偏差，需要、兴趣低下，价值观、世界观错误，会直接导致犯罪心理的形成。

2. 个性心理特征，包括能力、气质、性格等心理因素存在缺陷，如气质中的不良因素，性格中存在的消极的、不良的、反社会的因素以及犯罪技能和智能的形成，都会对犯罪心理的形成产生极为关键的影响，有一些不良的人格特征还是违法犯罪的直接心理原因。

3. 自我调控能力低下，往往无法控制犯罪需求、欲望而导致犯罪行为的发生。

（五）人格障碍

人格障碍，又称病态人格、变态人格、精神病态、人格异常等。所谓人格障碍，是指儿童期或青少年期发展起来的严重人格缺陷或病理人格改变，或者人格在总体上不适应的一类心理疾病。其直接表现就是心理与行为异常，犯罪的易感性强。若遇外界不良诱因，极易导致犯罪。详细阐述请参见第十章变态心理与犯罪的有关内容。

三、行为因素

犯罪行为与犯罪心理之间存在相互影响、相互作用的关系。犯罪心理对犯罪行为的产生起支配作用，犯罪行为的实施又反作用于犯罪心理，使之得到不断强化。

1. 错误的活动内容。错误的活动内容是指行为人从事、参与的活动不符合社会要求，为社会所禁止、打击。例如，阅读内容不健康的书刊，观看黄色影视作品；寻衅滋事，扰乱公共秩序；加入非法组织，参与帮派、迷信活动等。这些错误的活动充斥着大量为道德、法律所禁止的不良刺激，甚至是违法犯罪的内容，对人的心理会产生不良的影响，易产生大量不良心理刺激，进而导致犯罪心理的形成与强化。

2. 采取不良的行为方式。不良行为方式是指行为人为了迅速、方便地达到某种目的而采取的为道德、法律所不容的，不恰当甚至反社会的行为方式，包括赌博、欺骗、诬陷、诽谤、报复、恃强凌弱等。当这些不良的行为方式迅速满足了行为人的不良需求时，就会使其产生投机取巧的心态和心理认同感，如遇类似情境就会再次采取同样的行为方式。长此以往，不良心理便会得到强化、巩固，进而形成恶习，逐渐从量的积累达到质的变化，引发犯罪心理的形成。

3. 养成不良的行为习惯。行为习惯是长期养成并巩固的、自动化的行为方式，它使人的行为不受意识控制，形成惯性。良好的习惯使人终身受益，不良的习惯则会贻害无穷。许多犯罪行为的产生，与犯罪人从小形成的不良行为习惯有很大的关系，如撒谎成瘾、自由散漫、小偷小摸、游手好闲、好吃懒做等。这些不良的行为习惯，会使不良的心理得到强化，形成动力定型，如遇不良诱因，会迅速形成犯罪心理，发生犯罪行为。

4. 模仿与学习不良的行为模式。行为模式是指社会生活中那些被人们当作典范或榜样来仿效的行为方式。社会上存在着大量不良的行为模式，如青少年帮派中"为朋友两肋插刀"的"江湖义气"，一些"大款"一掷千金追求享乐的生活方式，不良团伙的暗语、行话，以及影视作品中低级下流的行为方式等，最容易成为认知水平低下的青少年的模仿对象。在对不良行为的模仿过程中，模仿者会对不良行为产生心理认同，导致犯罪心理及行为的发生。青少年中因模仿与学习这些不良的行为模式而导致犯罪的不在少数。

第二节　影响犯罪心理形成的主体外因素

人的心理是对客观现实的反映。因此，犯罪心理也是主体受到来自主体外的各种不良客观环境因素影响的必然结果。影响犯罪心理形成的主体外的客观环境因素，主要包括社会环境因素、自然环境因素和现场环境因素三大类。

一、社会环境因素

社会环境因素可以分为宏观环境因素和微观环境因素。

（一）宏观环境因素

宏观环境因素是指个体生活的整个社会环境因素，包括社会政治、经济、文化、法律、精神、风气和社会控制因素等，也称社会大环境因素。其中，对犯罪心理影响较大的，主要包括以下几个方面：

1. 社会经济因素对犯罪心理的影响。社会的经济因素是指社会经济制度、经济政策、生产力发展水平、商品经济发展状况和社会分配制度等。这些因素中的消极成分会给人的心理带来负面作用与影响，对个体犯罪心理的形成，乃至犯罪的性质、类型，产生较大的影响。古代哲学家管仲就曾朴素地论述了犯罪心理的产生与经济的关系。他说："仓廪实而知礼节，衣食足而知荣辱。"考察古今中外的大量犯罪现象，可以看出经济因素对犯罪心理的影响。

（1）经济体制改革的负面影响。我国目前正处在经济社会发展的转型期，这是一场伟大的社会变革，它极大地促进了社会的进步、经济的发展、生产力水平的提高，但也给人们带来了一些消极影响。旧的体制被打破，新的体制尚未完全形成，经济领域的一些监管体系不够健全，法律制度还不够完善，这会激起一部分人的投机和侥幸心理，对经济犯罪心理的形成，产生较大影响。经济领域的犯罪种类不断增多，犯罪金额也不断加大，带来了巨大的经济损失。

（2）商品经济的消极作用。市场经济条件下，商品经济的观念不断被强化。商品经济本身崇尚竞争，过分强调金钱的价值，追求利益最大化。在市场规则还不够健全、法律制度还不够完善的情况下，容易诱发拜金主义并恶性刺激人们产生不当竞争、不当消费的心理；容易使人们追求物质享受，从而淡漠道德，不顾法律规范的约束，实施经济犯罪活动；商品经济的自发性、自主性，使每个经营者具有自主权，成为独立或相对独立的经济实体，大大弱化了社会的监管控制力度，也为犯罪心理的产生提供了空间与机遇；商品经济的竞争激烈，会使一些处于劣势的企业倒闭破产，引发失业问题，造成一些人的经济贫困并滋生犯罪心理，导致生存型犯罪；同时，由于竞争增强，人们的心理压力加大，会产生各种心理障碍乃至精神疾病，诱发犯罪心理与行为的产生。

（3）社会经济发展状况不平衡的影响。在我国，社会经济发展还不均衡，沿海与内陆、东部与西部、城市与农村的经济发展存在着很大的差距。西部的广大农村、老少边远地区，拥有大量的贫困人口，由于经济发展落后，在用正常手段无法满足其生活需要的情况下，面对着"外面世界"强烈的物质诱惑，有些"居心不良"的人选择了以犯罪的方式来迅速摆脱贫困。例如，我国目前的贩毒人员中，很多人来自贫困的农村，他们有的就把贩卖毒品当成迅速致富的手段。另外，社会的贫富差距加大，容易导致一部分人的心理失衡，憎恨社会，产生犯罪合理化的错误认识。

2. 社会政治因素对犯罪心理的影响。社会政治因素包括社会制度、社会变革、社会稳定程度、阶级矛盾和战争等。这些因素容易引发政治性的反社会的犯罪心理，主要表现在以下两个方面：

（1）政治体制改革过程中产生的各种矛盾。随着经济体制改革的顺利进行，我国的政治体制改革也在稳步推进。政治体制改革意味着社会利益的变化和政治权利的再分配，它是一个十分复杂的工程，涉及面广，承担的风险大，必然会产生诸多的社会矛盾。①新旧体制交替的过程中，社会生活秩序经历着深刻的变化，旧的秩序已经打破，而新的秩序尚未完全建立，社会控制弱化。这种状况容易使社会生活出现失序状态，导致社会对犯罪的控制机能失效，助长人们投机、冒险的心理，容易使社会的教育功能减弱，造成一些人尤其是青少年，由于受到更多的社会消极因素的影响，而走上犯罪道路。同时，也会给一些对社会心怀敌意的人提供对抗社会与法律的机会。②政治体制改革必然会引起政治权利的再分配，可能会使部分人的既得利益受损，导致心理失衡，个别人甚至会对政府产生不满，从而产生极端的反社会心理。

（2）现行政治制度存在的弊病与问题。现行政治制度存在的弊病与问题，对犯罪心理形成造成了较大影响，主要表现在两个方面：①权力过于集中而监管力度不够，容易造成官员的官僚主义，导致政治腐败。个别官员利用手中的权力进行权钱交易、贪污受贿。不仅如此，还常常会造成社会黑恶势力、走私猖獗和假冒伪劣商品盛行，社会经济治安环境混乱，社会道德风气败坏。这些腐败现象都会极大地刺激犯罪心理与行为的产生。②权力运用过程中的公开化、透明度不够。国家的方针、政策得不到有效落实，决策暗箱操作，造成社会分配不均，公民权益得不到保障。有的人会遭到不公正甚至是灾难性的对待，造成局部或个别的矛盾激化。这都可能引起民众的不满和对立，丧失对政府的信任感，增加了社会的不安定因素。

3. 社会文化因素对犯罪心理的影响。文化是人类文明的结晶，是人类在社会实践过程中所获得的物质和精神财富的总和。它包括文学、艺术、教育、宗教、哲学、传统习俗和民族心理等。社会文化对人起着教化的作用。

社会文化环境中消极因素对犯罪心理的形成有着重要影响。

（1）中国传统文化中的糟粕，对犯罪心理的形成产生影响。传统的封建意识、宗法思想、帮会意识、封建家长制等，都会对人特别是青少年产生不良的影响。我国犯罪团伙中得以维系的核心支持力量就是封建的帮会意识、宗法思想，如"哥们义气""为朋友两肋插刀"等思想，是帮伙成员胡作非为的心理支持力量。

（2）亚文化的影响。亚文化，又称"副文化""小群体文化，"它是因社会或自然因素形成的、在某些方面有别于主流文化的地区文化或群体文化。社会越复杂，亚文化越盛行。亚文化中存在着诸多消极因素，有些观念和做法本来就与社会的道德、法律相背离。近年来，一些商家、媒体在经济利益的驱使下，大肆宣传亚文化，致使亚文化盛行而主流文化的影响减弱，造成人的价值观、人生观混乱，亚文化中消极因素影响过大，增加了产生犯罪心理的可能性。

（3）中西文化交流所带来的西方腐朽文化的影响。改革开放后，我们在引进西方先进文化的同时，西方落后、腐朽的文化也乘虚而入，如拜金主义、享乐主义、极端个人主义和个人英雄主义等观念。受这些腐朽观念的影响，一些人把个人的利益看得高于一切，当个人利益与国家、集体利益发生冲突时，便会置国家利益、法律规范于不顾，肆意妄为。

4. 社会风气对犯罪心理的影响。社会风气是指一定时期内流行的风尚和习气，它是一定社会政治、经济、文化和道德状况的综合反映，具体表现为人们的爱好、行为习惯和礼仪等。社会风气对人的心理与行为的影响是潜移默化的。

良好的社会风气，会给人的学习、生活和工作营造一个优越的社会环境；不良的社会风气，会对犯罪心理的产生起到催化和促进作用。主要表现在：

（1）不良社会风气与违法犯罪行为经常是错综复杂地交织到一起的，犯罪人往往会利用不良的风气来掩盖他们的犯罪事实。

（2）社会风气不良，腐朽的价值观盛行，会使人对社会现实产生怀疑，动摇传统的道德观念，导致心理免疫力降低。

（3）社会风气不良，如官僚腐败、贫富不均、一夜暴富等现象的存在，社会治安状况不佳，会使一些人滋生反社会情绪，产生犯罪合理化认识，罪责感降低，犯罪心理加强。

（4）社会风气不良，容易使民众对犯罪现象的心理承受能力和容忍度增强。遇到犯罪现象，人们常常采取"事不关己，高高挂起"的态度，躲着、绕着，不敢与犯罪现象作斗争，这就更刺激了一些人犯罪欲望的产生，使他们胆大妄为，犯罪心理与行为得到不断强化。

5. 法制因素对犯罪心理的影响。法制因素是指国家法律制度的各种构成要素。它包括立法、执法和守法三个方面。犯罪是违法行为，法制因素对犯罪心理的影响十分直接。主要表现在：

（1）法律内容的完善程度会对犯罪心理的形成产生影响。法律是一定社会阶段的产物，因此，法律的内容不可能十全十美，涵盖一切，总会存在缺陷和漏洞，这无疑会给一些犯罪分子提供可乘之机。

（2）法律执行过程中的诸多不利因素会对犯罪心理产生影响。在执法过程中，存在着有法不依、执法不严、违法不究甚至徇私舞弊、滥用法律的现象，这一方面会造成老百姓对法律的公正性失去信心，另一方面会造成刑罚惩罚作用的降低，社会的控制力量减弱，使犯罪心理得到强化。

（3）人们守法意识欠缺，特别是在经济活动中，一些人心存侥幸，利用法律制度的缺陷和漏洞，肆无忌惮地触犯法律。

（二）微观环境因素

微观环境因素是指一个人日常生活经常接触的具体生活环境因素，包括家庭、学校、朋友、群体、工作和生活环境等因素，也称小社会环境因素。微观环境因素对人的影响比宏观环境更为直接、更为密切，发挥作用的力量更大。微观环境中不良因素对犯罪心理的影响，表现在以下几个方面：

1. 家庭环境对犯罪心理的影响。家庭是社会的细胞，是社会生活的最基本单位。家庭承担着抚养、教育等多项任务，人的社会化过程首先是从家庭开始的。因此，家庭教育模式、家庭生活环境、家庭成员的行为方式等因素，对人的健康成长关系极大。其中的不良因素对犯罪心理的形成产生直接的影响。

（1）不良的家庭教育模式对犯罪心理的影响。人的社会化离不开家庭，家庭是人接受教育的第一课堂。人们常说，父母是孩子的第一任老师，如果父母的教育方式正确，孩子会顺利完成其社会化过程，成为符合社会要求的成员；反之，如果父母对子女的教育方法不当，将会对其成长带来不利影响。

通过对守法少年与违法少年家庭教育方式的比较研究，人们发现：少年犯罪人的家庭教育，存在着许多问题。我们通常把家庭的不良教育模式归纳为以下三种：

溺爱型。这是目前中国存在的一种普遍的教育模式。主要表现在：①家长对孩子提出的要求百依百顺，一概予以满足。但这并不能唤起孩子对别人的爱心与体贴，反而养成了他们以自我为中心的唯我独尊的性格特点。他们缺乏责任心、义务感、同情心；性格偏执、骄横、任性，心胸狭窄、脾气暴躁，不懂得忍让。进入社会后，容易出现人际交往障碍，难以适应充满竞争的社会环境，抵御挫折的能力差。在不良环境影响下形成的不良个性，容易导致犯罪心理的形成。②护短纵容，这是溺爱的另一种表现。父母总认为，自己孩子做的一切都是对的，当孩子出现问题时，常常把责任推向他人或社会，对其不良行为听之任之，百般护短。这样做的结果是使孩子有恃无恐，从小便养成违反校规校纪、打架斗殴、恃强凌弱等恶习，严重的还会导致违法犯罪。

简单粗暴型。最明显的表现是，父母对孩子动辄训斥、打骂、体罚，没有说服教育，更没有情感交流。究其原因：一是封建家长制作风的延续；二是"望子成龙"或"望女成凤"心切。他们往往把孩子当成了自己的私有财产，意识不到打骂、训斥带来的严重危害。其结果是，一方面孩子的心灵受到创伤，自尊心受挫，亲情淡漠。在家庭中缺乏亲情关心的情况下，只能到外面寻求温暖，极易受到坏人引诱走上犯罪道路；另一方面孩子会因此模仿父母的行为，相信暴力是解决问题的最好方法，进而以暴抗暴。在司法实践中，青少年弑父弑母的案例时有发生，就充分说明了这一问题。国外也有研究表明，父母对子女体罚虐待，是一般的青少年犯罪的先兆因素，更是暴力犯罪的先兆因素。[1]

放纵型。这种教育方式最突出的表现是父母不履行教育义务，对孩子的不良行为不闻不问，听之任之。这样会使孩子对社会规范正确与否缺乏应有的了解，行为不受约束，养成为所欲为的恶习，甚至走上违法犯罪的道路。

以上三种不良的教育模式，对青少年犯罪心理的形成影响都很大。我国目前存在最多、最典型的不良教育模式是生活上的盲目溺爱、学习上的过分严厉

---

〔1〕 ［英］Ronald Blackburn：《犯罪行为心理学——理论、研究和实践》，吴宗宪等译，中国轻工业出版社 2000 年版，第 145 页。

和教育方法上的简单粗暴，这种不良的教育模式对青少年的心理与行为都产生着极其有害的影响。

（2）家庭破裂对犯罪心理的影响。家庭破裂可分为家庭结构破裂和心理破裂两种。

家庭结构破裂是指父母离婚、分居，或是一方或双方死亡等。家庭结构破裂导致孩子生活在残缺不全的家庭环境中，心理会产生一种缺失感，对人格的健康成长易造成不利的影响。心理学的研究表明，人在乳幼期，特别需要与母亲建立依恋关系以保持情绪的稳定，培养安全感。愈早缺少母亲的照顾，情绪就愈难稳定，难以养成圆满的人格。而进入少年期，则特别需要父亲的影响，以奠定其社会性的基础。若这一阶段失去父亲，也难以养成其健全人格，而且会表现出更强的暴力性和更低的道德发展水平。若在青年期失去父亲，则会因为缺乏监管，不利于其社会性的发展。

心理破裂是指家庭结构虽然完整，但家庭成员的心理疏离，父母关系恶化，感情冷淡，经常争吵、冷战甚至发生家庭暴力。在这种家庭氛围中，孩子难以得到父母的关爱，容易养成自卑、恐惧、冷漠和过于敏感等不良个性。家庭成员心理破裂，家庭生活不和谐，给孩子带来的心灵创伤比家庭结构破裂更大，是导致青少年走上违法犯罪道路的一个重要因素。

（3）父母越轨对犯罪心理的影响。许多青少年的犯罪与父母的越轨有很大关系。父母是孩子的第一任老师，父母的一言一行，对孩子都会产生潜移默化的影响。研究表明，犯罪人有犯罪父母的可能性要大于守法者。[1] 对这种现象，人们已经提供了几项可能的解释：第一种解释认为，这种联系反映了父母和儿童共有的遗传因素。但这种解释只适合于持续性犯罪行为，而不太适合于短暂性的少年犯罪；第二种解释认为，这种联系涉及父母对反社会行为的塑造；第三种解释认为，越轨父母不能提供规范行为和亲社会行为的榜样。总之，父母行为的不检点或经常违法，会给孩子带来危害，刺激其对不良行为的模仿和犯罪心理的形成。

2. 学校教育对犯罪心理的影响。学校是有组织、有计划、有目的地向个体传授社会规范、知识与技能的机构，是人们社会化的重要场所，学校教育对青少年身心的健康成长至关重要。但由于学校处于社会大环境之中，必然会受到社会上各种不良和消极因素的影响，学校教育本身也会存在不尽人意的地方，这些都会对青少年犯罪心理的形成产生影响。主要表现在：

---

〔1〕 ［英］Ronald Blackburn：《犯罪行为心理学——理论、研究和实践》，吴宗宪等译，中国轻工业出版社 2000 年版，第 147 页。

（1）教育观念的偏差。学校教育离不开教育观念的指导。近年来，虽然国家大力提倡素质教育，但考试招生制度没有进行彻底的改革，一些学校的教学依然紧紧围绕着高考的指挥棒转，教育观念没有得到根本性改变。有的学校在这种错误观念的指导下，素质教育得不到落实，教育功能大大减弱。只重智育，以成绩好坏评定学生，而忽略思想教育，学生的许多心理和行为问题得不到及时的纠正和解决，增加了犯罪心理形成的可能性。有关媒体时有报道的"优等生"犯罪的现象就说明了这一问题。

（2）教学实施过程中的偏科现象。我们的教育方针是要培养德、智、体、美全面发展的社会主义现代化建设的合格人才。但由于社会大环境的影响，学校普遍存在着片面追求升学率，急功近利的现象，教学过程中偏科严重。具体表现在：①忽视了青少年的心理健康教育，不重视对他们进行世界观、人生观、道德观念和法律意识的培养。这样会造成青少年缺乏社会责任感、义务感等高尚的情感，免疫力低下，容易受不良环境因素的影响而犯罪。②教育内容上，一味重视与高考有关的科目，而忽视德育、体育及艺术教育。因此，学生学习内容偏窄，人文素质偏低，头脑中只有个人的成功和出人头地，严重助长了他们的个人主义倾向。③性道德教育滞后，使一些青少年由于缺乏正确的性知识和性道德观念，在懵懂之中，稀里糊涂地走上犯罪道路。

（3）教育态度和方法的错误。①受社会大环境的影响，个别教师的教育态度不够端正。具体表现为：对学生有偏见，不能一视同仁。对成绩优秀或家庭背景好的学生表现出特殊的偏爱，而对所谓"双差生"或无特殊背景的学生百般歧视。这会导致一部分学生厌恶老师与学校，乃至滋生对社会的仇视心理。②教学方法上也存在着错误与不足，主要表现为：其一，只教书，不育人。老师与学生缺少沟通，正面的教育引导不够。只管教书，而不引导他们如何做人；即便是老师的教学技巧再好，学生的考分再高，也很难培养学生具有正确的人生观、价值观以及立足于社会的责任心和义务感。其二，教育方法常以惩罚代替说服教育。对学生出现的行为偏差往往采取体罚训斥、经济处罚或"向家长告状"等方法，缺少耐心细致的思想工作。这样，既无法弄清问题产生的根本原因，又严重地挫伤学生的自尊心，使他们产生自卑感、抵触情绪，对学校和老师的教育产生逆反心理，导致学习兴趣丧失，成绩下降，逃学、辍学等现象严重，极易结交不良的伙伴而导致违法犯罪行为的发生。

国外学者有关少年犯罪的研究表明，学校与少年犯罪的关系，主要取决于少年对学校的依恋程度，取决于学习能力和学习成绩。有些少年犯罪，往往成为发泄由不愉快的学习经历而导致的沮丧情绪的一种手段。所以，对于青少年犯罪，学校存在着不可推卸的责任。

3. 不良同伴交往对犯罪心理的影响。发展心理学的研究表明，从十一二岁开始，青少年的自主性和独立性逐渐增强。他们开始摆脱对成人的依赖，伙伴交往的倾向性明显，重视同伴的友谊，愿意在同伴中寻求心理支持。青少年伙伴之间的相互影响日益加强，这种影响表现在：一是与同伴联系频繁；二是以同伴为榜样而相互模仿。因此，青少年期同伴的影响非常大，有时会胜过父母和教师的影响。

青少年时期如果陷入不良的伙伴交往，往往会加速其犯罪心理的形成。有关青少年犯罪方式的研究显示，青少年犯罪中团伙犯罪较多，团伙成员大多是一些学习成绩较差、品行不好、父母离异、失去家庭温暖、缺乏老师关爱的不良少年。他们在家里和学校处于孤立无援的境地，找不到自信与安慰，于是便会选择年龄相当、志趣相投、同病相怜的不良伙伴为交往对象。这些身心尚未成熟的青少年，聚集在一起极易形成错误的思想观念，产生不良的物质需求，再加上认知能力低下、辨别能力差，常会在不良伙伴的影响下或在别有用心的人的教唆下，走上犯罪道路。

4. 职业因素对犯罪心理的影响。青年人离开学校步入社会后，大多数都会拥有一定的职业；也有少部分人由于种种原因就业失败，没有或失去工作，处于待业或失业状态。就业与失业对犯罪心理形成的影响不同。

（1）职业环境与职业性质。成年人参加工作后，工作环境是其活动的主要场所，环境的好坏对其心理会产生重大的影响。对犯罪心理形成影响较大的不良工作环境，主要是：①单纯追求经济效益，而忽视思想政治教育的环境。单位的领导不重视员工的思想教育，或者使思想教育流于形式，不了解或不关心员工的思想状况和实际生活困难，作风武断等，容易造成人际关系紧张和思想作风的散漫，容易对犯罪心理的形成产生影响；②风气不正的环境。如领导的贪污腐化，作风不正，会导致上行下效，增加员工形成犯罪心理的概率。人际关系混乱，冲突不断，容易使矛盾激化而导致犯罪行为的发生；③管理混乱的环境。工作单位的规章制度不健全，监管力度不够，制度形同虚设，必然会使个别人感到有机可乘，滋生犯罪心理。

职业的性质对犯罪心理形成也有一定的影响。司法实践表明，一些类型的犯罪与职权职位有特殊的关系：①某些职业为犯罪提供了有利的条件、机会或技术手段。如财会人员私自涂改账目，贪污、挪用公款；银行工作人员利用工作之便监守自盗；从事计算机工作的人员利用专业技术实施盗窃或其他犯罪活动等。②职位、权力也会对犯罪心理产生影响。一些素质不高的领导干部滥用手中的权力，大肆侵吞国家或他人的财产，进行权钱交易，从事贪污、受贿等犯罪活动；或狂妄自大，好大喜功，不按客观规律办事，造成营私舞弊、失职、渎职等犯罪。可见，这些犯罪心理的形成与职业性质、职位权力的影响密不可分。

（2）失业对犯罪心理的影响。失业人口的存在，是十分突出的社会问题。调查显示，失业者比就业者更易形成犯罪心理。近年来大量无业人员犯罪的案例也说明了这一问题。失业对犯罪心理的影响主要表现在：①失业带来的经济压力会引发犯罪行为的产生。失业者失去了生活所需的基本来源，给个体造成很大的压力，为维持温饱或立足城市会导致财产型犯罪的发生。②失业容易产生压抑、焦虑、冷漠等情绪，使挫折感加强，进而产生攻击、报复他人或社会的心理或行为。③大量青年失业者的存在，会给社会治安带来巨大的隐患。失业青年若不能进入正常的社会组织，他们的思想、行为就会处于不稳定或失控状态，必然会更多地接受社会消极因素的影响，增加犯罪的机遇和可能性。

5. 社区环境因素对犯罪心理的影响。社区环境是人们生活的具体环境，如社区的地理位置、邻里关系、社会风气、成员生活状况及周边环境等，都会对人的心理产生影响。社区环境对犯罪心理的影响表现在：

（1）社区中消极因素对犯罪心理的影响。社区中消极因素的存在，会对人尤其是青少年的犯罪心理的形成，产生潜移默化的影响，比如，有的社区邻里关系恶化，经常打架斗殴；有的社区赌博成风，造假、制假、走私、诈骗等活动泛滥，涉毒犯罪屡禁不止等。这些消极因素乃至犯罪活动会给青少年提供一个不良的模仿样式。

（2）社区治安状况对犯罪心理的影响。不论是城市还是农村，人们生活的社区如果监管不力，管理混乱，治安状况差，就会为犯罪人提供更多的机会，促使其产生犯罪心理。特别是位于城乡集合处的"三不管"地带，常常会出现发案率高而破案率低的现象。

二、自然环境因素

自然环境因素是指与犯罪人实施犯罪活动密切相关的时空因素，包括地理环境、季节、时间和自然灾害等因素。犯罪行为总是发生在一定的自然环境中，特定的自然环境对犯罪心理的形成有一定的影响。

（一）地理环境因素

地理环境主要包括地理位置、地形和地区环境等。不同的地理环境，为犯罪动机的产生、犯罪手段和方式的选择，提供了外在的诱因。如我国沿海地区走私犯罪较多，西南地区近年来的毒品犯罪猖獗，城乡偏僻的街区小巷多发生卖淫嫖娼、抢劫犯罪，繁华闹市常发生扒窃犯罪等。有学者认为，像建筑设计、土地使用、空间布局等因素，与抢劫、盗窃、恶意破坏等犯罪也具有一定的联系。犯罪人可以凭借地理环境因素，为其犯罪心理壮胆，同时又提高了犯罪的成功率。

（二）季节因素

在一年四季不同的气候条件中，人们会形成不同的活动规律。心理学的研究也表明，不同季节的气候条件会对人的心理产生影响，同样，犯罪心理的形成也离不开季节因素的影响。调查显示，性犯罪有明显的季节性。如春夏之际，尤其是夏季，人们户外活动较多，女性衣着单薄，容易诱发性犯罪心理的产生。也有学者指出，夏季气候炎热，会使人血液扩张，能量代谢降低，使人心情烦躁，自我控制力降低，因此导致暴力犯罪以及过失犯罪的增加。

（三）时间因素

时间对犯罪心理的形成也会有一定的影响，不同类型的犯罪人会选择不同的时间作案。时间因素对犯罪心理的影响表现在：

1. 一般而言，夜晚的犯罪率高于白天。究其原因：一是由于有夜色的掩护，犯罪行为不易被发现，即便被发现，逃脱的可能性也较大；二是因为夜晚是人们休息的时间，防范性差，抵抗力弱。所以，夜间易发生盗窃、抢劫、杀人、强奸等案件。而扒窃多发生在上下班的高峰期。

2. 节假日人员流动加大，交往增多，易导致犯罪案件的高发。尤其是春节期间，由于人们疏于防患和对犯罪现象容忍度加大，也易导致盗窃、抢劫（夺）等犯罪行为的发生。

（四）自然灾害因素

自然灾害如地震、海啸、洪水、泥石流等发生后，会使人民的生命财产遭到破坏，造成社会秩序的暂时混乱以及人们心理的紧张、恐慌和焦虑等。一些品行不良的人，容易产生机遇型的犯罪心理，实施盗窃、抢劫及强奸等犯罪。

三、犯罪现场情境因素

犯罪现场情境因素是指犯罪行为发生时的具体情境因素，包括被害人、现场其他人、现场条件和气氛等因素。这些因素与犯罪动机的最终形成、发展及其转化有着极为密切的关系。

（一）被害人因素

被害人是犯罪行为侵害的具体对象，它是指遭到犯罪侵害并因此受到损害的个人、单位或者国家。就个体被害人而言，在犯罪过程中犯罪人与被害人在心理上互相对立又互相影响。如犯罪过程中，被害人的消极反应或不良的应激状态，容易招致被害程度的加深；犯罪行为发生后，被害人的懦弱、不报案等消极行为容易招致重复被害；被害人的某些特点对犯罪动机起着诱发、强化的作用。如言行轻佻、穿着暴露、行为不端的女性，易激发犯罪人产生性侵害动机；财物外露、疏于防范的人，会诱发犯罪人产生抢劫、杀人等犯罪动机；携带巨款而又保护措施不力者易诱发犯罪人产生抢劫的犯罪动机；人际关系发生纠纷时，言语刻薄者易激起对方的报复心理，进而产生攻击行为等。

（二）现场其他人因素

现场其他人是指犯罪现场除犯罪人和被害人之外的人，包括同案犯和目击者。这些人的存在对犯罪人的犯罪心理具有很大的影响。

1. 目击者的不同态度会对犯罪心理的形成起到强化或削弱作用。如果犯罪现场的目击者、围观人员敢于谴责或制止犯罪行为，给被害人以帮助，犯罪心理就可能因此减弱或终止；如果现场目击者胆小、懦弱，就会强化犯罪人的犯罪动机。

2. 有同案犯在场，会使犯罪人的犯罪心理和行为得以强化。如群体犯罪，由于责任扩散及从众心理的影响，犯罪人的犯罪行为会变得有恃无恐、变本加厉，往往造成十分严重的后果。

（三）现场的条件和气氛

现场条件是指有利于犯罪人作案成功的时空环境。犯罪人选择犯罪现场必须满足两个条件：①能达到预期的犯罪目的；②能顺利逃脱以躲避法律的惩处。因此，犯罪现场的条件对犯罪心理的形成影响很大。犯罪人会对作案的现场环境进行精心的观察和选择，一旦认为条件具备，就会产生犯罪动机并立即付诸实施。例如，扒窃犯罪多发生在人多拥挤的公共场所，入室盗窃多发生在白天上班或夜间人们熟睡之时等。另外有一些特殊的环境因素，如财物疏于看管、保护设施不严等，容易诱发临时起意的机遇型犯罪。

现场气氛主要是指影响犯罪心理状态发生变化的精神环境。犯罪是受刑法打击的行为，犯罪行为发生时，犯罪人的情绪一般都处于紧张状态，心理压力很大。现场气氛必定会给犯罪人带来心理压力，导致犯罪心理及行为的变化，或束手就擒，或夺路而逃，或实施伤害、杀人行为，导致更严重的犯罪。现场气氛处于何种状态才有利于阻止与惩罚犯罪，保护被害者，目前研究得较少，犯罪心理学研究者应给予其应有的关注。

第三节　国外有关犯罪原因的各种学说简介

国外对犯罪原因探讨颇多，不同的学者从不同的方面、不同的角度对犯罪的原因进行了探讨。有的强调生物学因素，有的强调社会学因素，有的二者兼而有之，也有的强调心理学因素，形成了不同学派和理论。这里我们简要介绍一下这些学派的主要理论，以便对犯罪原因的各家学说有一个大概的了解。

一、生物学的犯罪原因论

这一学派认为，生物学因素是导致犯罪的原因。他们从人的形态特征和生理特性上，来寻找犯罪原因，主要包括以下几种学说：

（一）"遗传说"

这一理论认为，犯罪心理的形成与遗传因素有密切关系，又称犯罪遗传决定论。意大利犯罪学家龙勃罗梭（C. Lombroso）是这一学说的早期代表人物。他通过对犯罪者解剖特征的研究，创建了"犯罪人类学"理论，其理论核心是"天生犯罪者"说。这一理论认为，犯罪人的解剖生理特征是其犯罪心理产生的生理基础，罪犯人之所以产生犯罪心理，主要是由他先天的生理特点所致。他在 1876 年出版的《犯罪人论》中指出，犯罪是隔代遗传的结果。这一理论后来受到了人们的质疑和批判，龙氏晚年对其"天生犯罪者"说进行了修改。"遗传说"有以下几方面的研究：

1. 家族史研究。从家庭的历史入手进行研究，认为犯罪行为与遗传因素密切相关。一些学者，如美国的戈达德（Herry Herbert Goddard）对卡利卡克（Kallikak）家族的研究和达格代尔（Richard Dugdale）对朱克（Juke）家族的研究，发现其家族成员中的犯罪者、越轨者较多，因此，得出犯罪与遗传有关的结论。

2. 双胞胎与领养子女研究。对双胞胎的研究是基于这样的假设，如果遗传基因导致犯罪行为，那么双胞胎在社会行为的表现上应该极为相似。犯罪生物学学者对此进行了研究。如这一学派代表人物之一的法国精神病学家兰格（Johannes Lange）对双胞胎进行的研究发现，双胞胎中一人犯罪，另一人也可能成为犯罪人，尤其是同卵双胞胎的相关性更大，因为同卵双胞胎具有完全一样的遗传基因。后续的研究印证了这一结论，因此认为犯罪与遗传基因相关。

另外，人们还试图通过对收养子女与其亲生父母和养父母行为相似性的研究，来确定遗传因素和环境因素对收养子女的影响情况。丹麦学者哈钦斯（Barry Hulchings）和梅德尼克（Sarnoff Mednick）的研究发现，当生父母有犯罪记录时，被收养者的犯罪倾向也加大，当被收养者的生父母及养父母皆有犯罪记录时，其犯罪的可能性更大大增加。因此，他们认为生物遗传和环境都可能对犯罪产生实质性的影响。由此可见，对收养子女的研究突出了遗传与环境的互动影响，尤其是那些具有反社会人格的个体，如果在不良的环境中成长，如生活在父母一方或双方有犯罪记录的家庭中，将更容易引发犯罪行为。

3. 性染色体研究。该学说认为，人之所以犯罪与犯罪人的性染色体异常有关。遗传生物学的研究认定，人类有 23 对染色体。其中第 1 至 22 对为体染色体，决定身体的一般性状，第 23 对为性染色体，决定性别。若染色体为 XX 为女性，若为 XY 为男性。研究发现，有的男性染色体出现异常（即 XYY、XXY 两种情况）时，便易出现心理异常。具有 XYY 性染色体的男性（有学者将之称为"超男性"），一般具有身材高大、性情暴躁的特征，易出现暴力性犯罪行为；具有 XXY 性染色体的男性，则智商较低，易受人教唆而犯罪。

（二）"体型说"

该学说从人的体格类型探讨犯罪行为的成因，其代表人物是法国精神病学家克雷奇默尔（Ernest Kretschmer）和美国学者谢尔顿（William Sheldon）。他们认为，犯罪与体型有密切关系。

克雷奇默尔认为，人的体格有四类，各具有性格，会实施不同类型的犯罪：①肥胖型，外向、温和、善交际，这类人较少犯罪，即使犯罪也多为欺诈型犯罪。②瘦长型，内向、多愁善感，这种人多犯欺诈、盗窃罪，且累犯较多。③健壮型，也称斗士型，粗暴、强壮，具有爆发性，这种人多实施财产犯罪与暴力犯罪。④障碍型，身体发展不正常、性格内向，这种人多犯性犯罪等。

哈佛大学学者谢尔顿也对体型与犯罪的关系进行了研究，他将胚胎学和发生机理学移植于体格类型学，把人的体型分为三类：①外胚叶体型，即瘦弱型，内向、敏感。②内胚叶体型，即肥胖型，外向、宽容。③中胚叶体型，即健壮型，肌肉发达、活跃、独断，行为具有攻击性，这类人容易犯罪。

（三）"生化因素说"

该学说认为，犯罪与人体内的生物因素有一定的联系。如有学者指出，体内含糖量过高与犯罪有关。这些生物化学因素一般包括内分泌、荷尔蒙和体内的某些物质含量等。研究表明，女性内分泌控制的经期综合征与犯罪有密切关系，暴力犯罪中的男性荷尔蒙的含量明显高于其他类型的犯罪人；低血糖，易引发暴力犯罪行为；人体内缺钾也会导致情绪不稳定，易发怒，导致暴力犯罪。

除此之外，生物学派的犯罪原因论，还包括"血型说""脑电图异常说"和"大脑功能失调说"等。

二、社会学的犯罪原因论

犯罪是一种社会现象。西方学者非常重视犯罪现象与社会因素的密切联系，主要包括以下几种学说：

（一）"社会失范论"

社会失范论，又称压力论、紧张理论，代表人物是美国著名社会学家默顿（Robert k. Merton）。该理论认为，犯罪行为是由于人们难以通过合法手段获得社会地位和物质财富而产生的紧张、挫折情绪导致的。在《社会结构和反常状态》一书中，默顿指出，产生紧张、压力的潜在根源是目标与手段的相互作用。整个社会把财富、权利和成功作为一致追求的目标，而社会所提供的达到这些目标的合法手段却并非人人平等，而是依据个人所处的社会和经济地位来定。因此，以目标为主体的行为体系，只重视个人目标的完成，却忽视了手段的合法性。从组织结构上说，这是一种失范状态。所谓失范，是指手段与目标之间的分离，失范意味着人们认为相对而言自己是受到剥夺的。这种观点，可以解释为什么在西方富裕社会中犯罪率却居高不下的奇怪现象。

（二）"标签理论"

标签理论又称标定理论，是西方社会心理学家解释犯罪原因，特别是解释青少年犯罪原因的一种理论。主要代表人物是美国学者贝克尔（Houwards. Becker）、莱莫特（Edwin M. Lemert）。该理论认为，个人变为犯罪人的主要原因在于社会给他们公开贴上了犯罪人或"少年犯罪人"的标签，他们将贴标签看作是犯罪的原因。这是因为：①贴标签是法定犯罪定义产生的原因。②贴标签是个体犯罪行为的原因。当一个人被贴上标签，被当作犯罪人去对待时，他就会真正以犯罪人的身份去行动。因此贴标签反而会刺激、加强或促成其行为的恶性转化。

（三）"文化冲突论"

文化冲突论理论认为，犯罪是不同社会集团的不同文化规范之间冲突的结果。其主要代表人物是美国的塞林（Thorstein Sellin）。他在 1938 年出版的《文化冲突与犯罪》一书中指出，社会用来维护成员一致的重要手段——法律，不过是西方社会中传统的中等阶层文化价值观念和行为准则的体现。其他文化如少数民族文化、外来移民文化，与中等阶层的文化必然存在规范间的冲突，冲突的表现形式之一就是犯罪。他还认为，除了不同民族之间存在文化冲突外，不同阶层、不同团体之间以及不同时期、不同地区的文化之间都存在着冲突，所有这些都可能会与法律规范产生冲突，导致犯罪行为的发生。

（四）"亚文化群理论"

亚文化群理论认为，社会文化除了主流文化之外，还存在许多亚文化群，如民族群、宗教群、种族群、地理区域群等，它们不同于主流文化，有的甚至与主流文化格格不入。亚文化的存在必然会与主流文化产生冲突，使受亚文化影响的人行为上出现偏差。这一理论主要包括科恩（Albert. Cohen）的少年亚文化群理论，以及克罗沃德（Richard Cloward）、奥林（Lloyd Ohlin）的不同机会论与米勒（Walter Miller）的低阶层文化论。例如，科恩认为，下层阶级的文化赞同及时享乐的价值观，对一部分在学校遭到失败的青少年影响很大，他们会否定甚至嘲笑传统的价值观，通过不同的交往与接触，接受这些价值观念，从而走上违法犯罪的道路。又如米勒认为，犯罪是个体遵从低阶层文化（Lower Class Cuture）对环境自然反应的结果。低阶层文化中有一些核心信念（Focal Concers），包括惹麻烦、强硬、聪明、兴奋、命运和自主等，本身就含有犯罪的要素，因而处于低阶层的人会经常冒犯法律，犯罪行为就是这些低阶层的价值观和态度的具体体现。

三、心理学的犯罪原因论

这一理论流派认为，犯罪心理来源于人的心理本能，即心理原动力。一般包括以下几种观点：

（一）"侵犯性说"

侵犯性说认为，侵犯性是一种本能，是一种具有生物保护意义的本能。研究者通过对动物的习性研究得出，动物就是通过这种世代相传的侵犯本能来保护后代，维护生存的。人由动物演化而来，虽然在长期演化的过程中，这种侵犯性已逐渐处于隐蔽与减弱状态，但不可能完全消失。一旦遇到激烈的斗争和冲突，侵犯便不可避免。

（二）"利欲说"

利欲说认为，人求得生存的欲望是犯罪心理产生的原动力。人类生存发展的欲望，表现为复杂的利欲心。这种利欲的内容是以人的根本需要为基础，并结合当时的社会需要而形成的。当人们无法用正当的手段满足利欲而又不能有效地克制时，就会寻求不正当的补偿性行为，即犯罪行为。因此，利欲心就成为犯罪心理的原动力。

（三）"性冲动说"

性冲动说认为，性冲动是犯罪心理产生的原动力，它具有破坏的力量，会引发各种犯罪行为。代表人物是精神分析理论的创始人弗洛伊德。他认为，人的性本能"力必多"是个体一切行为的原动力，它遵循快乐原则，使人适应环境，趋利避害。侵犯是性本能的一部分，后来他又提出了人格结构理论及生本能和死本能的概念，认为死本能代表着恨与破坏的力量，以侵犯的形式表现出来。

（四）"权欲说"

权欲说的代表人物，是奥地利精神病学家和个体心理分析理论的创始人阿德勒（Alfed Adler）。这种理论认为，人具有保护自己、追求优越的本能，即权利欲。当这种欲望得不到满足时，就会形成自卑感，而此时追求优越感的补偿作用也会同时出现。人们在追求优越感的过程中所产生的自卑感及其补偿作用人人都存在，只不过正常人和犯罪人追求优越感的方法有所不同而已。阿德勒认为，那些受过良好教育、身体健全、社会经济条件好的人，采取了符合社会要求的、适度的补偿行为来克服自卑感，获得优越感和心理满足；而那些受过错误教育或身体有缺陷、社会经济地位低的人，则有可能采取违背社会要求、过度的补偿行为来克服自卑感，获得优越感和心理满足。犯罪就是行为人为了克服自卑感而进行过度补偿的结果。

（五）"挫折——攻击理论"

挫折——攻击理论认为，当个人动机、行为受到挫折时，攻击与侵犯就成为一种最原始、最普遍的反应。挫折是个体为满足某种需要或为了实现某种欲望的尝试和努力遭到失败时而产生的情绪状态。其代表人物是美国心理学家多拉德（J. Dollard）和米勒（N. E. Miller），他们认为，一个人的动机遭受挫折时，为了缓解内心的紧张，保持心理平衡，必然要通过发起侵犯攻击行为来宣泄内心的不满。发生攻击行为之前，必定先有挫折；所受挫折越大，攻击的强度就越大；反之，所受挫折越小，攻击的强度就越小；犯罪的原因是由于挫折增大的结果。经济、教育和职业方面的地位低下、智力差、青春期容貌和身体的缺陷、人种、私生子、离婚者等都可能是产生挫折或使挫折增大的原因。

四、精神病学的犯罪原因论

这一学派的理论认为，人的犯罪是由于精神上的缺陷所致。所谓的精神缺陷，主要是指有精神病、病态人格、智力缺陷以及其他由中毒（酒精、兴奋剂、麻醉剂等）所引起的精神障碍等。

（一）"病态人格"

病态人格又称反社会人格。研究者认为，反社会人格的显著特点是缺乏社会道德，反社会性强。因此，反社会人格与犯罪行为的发生关系密切。在难以改造的累犯、惯犯中，绝大多数都具有反社会人格。根据罗宾斯（Robins）等人所做的一项流行病学调查，在美国的男性中，病态人格的盛行率为 3.4% ~ 4.9%，女性则少于 0.7%。在监狱中属于反社会人格者，根据估计约有 10% ~ 30%。德国精神病学家施奈德（Kurt Schneider）认为，与犯罪有关联的反社会人格有以下几种：[1]

1. 情绪高昂型：思想不着边际，情绪爽快，活泼而不负责任，大胆而不可依赖。据报累犯中 30% 属于此类，且多为诈骗或盗窃等财产犯罪。

2. 狂信型：思想固执，为了实现自己的理想和信念，可以不顾身家性命，自我情感、权力欲强，这种类型多为政治犯。

3. 自我显示型：虚荣心过强，言过其实，容易使人上当，易犯诈骗罪。

4. 心情易变型：以时发时退的抑郁性发作为特征。情绪不易控制，有抑郁、意志沮丧的倾向，缺乏安定性，多见于放火、伤害和盗窃犯罪等。

5. 爆发型：对刺激的反应不均衡，常因小的刺激而爆发激情，导致激情犯罪，多见于伤害、放火、毁坏和妨碍公务等暴力犯罪。

6. 无情型：又称"悖德狂"，表现为缺乏同情心、良心和罪责感，是最危

---

〔1〕　参见杨士隆：《犯罪心理学》，教育科学出版社 2002 年版，第 91 ~ 92 页。

险的犯罪类型。职业犯及惯犯几乎全属这一类型。

7. 缺乏意志型：意志缺乏持续性和独立性，易受他人或环境影响，易为他人左右。这种类型犯罪，在一般罪犯及少年犯中均普遍存在。

（二）"低能说"

低能说的创始人是美国的戈达德（Henry Herbert Goddard），他通过对被收容少年的智力测验研究，认为犯罪的主要原因是智力低下。虽然后来的研究否定了这一结论，但应当看到智力低与犯罪也有一定的关系。

五、学习理论的原因论

学习理论认为，犯罪心理和犯罪行为是通过后天学习形成的。主要包括塔尔德的"模仿说"、萨瑟兰的"不同接触说"、班杜拉的"社会学习理论"等。我们将在本书第四章"犯罪心理的形成与发展"中进行介绍。

六、多元性犯罪原因论

这种理论认为，犯罪心理与行为并不源于单一的因素，而是多种因素综合作用的结果。早在西方犯罪学产生初期，就有学者反对"一元论"的"犯罪原因说"。例如，意大利犯罪学家菲利（Enrico Ferri）提出了犯罪原因的"三元论"观点。他认为，犯罪行为的产生是自然因素、社会因素和个人因素相互作用的结果。还有学者把犯罪原因，分为个人原因和社会原因。

美国犯罪学家格卢克（Glueck）夫妇经过研究，把少年犯罪原因归纳为五种：①中胚叶型体质。②气质上表现为冲动性、攻击性和破坏性，无法处理过多的精力。③情感和态度上表现为敌对性、反对性、怨恨性及疑虑性，而且顽固易怒，喜欢冒险，不顺从权威。④心理上，对问题力图直截了当地解决，缺乏计划，情绪不稳定，受暗示性和自我中心性影响显著，易自卑。⑤社会文化方面，多在父母不适当的管教下长大，家庭道德水平低，无文化气氛。

美国当代犯罪学家克拉伦斯·雷·杰弗利（Clarence Ray Jeffery）于 1989 年出版了《犯罪学：科际整合的探讨》一书，主张研究犯罪现象，必须采用科际整合观点，运用与犯罪问题相关的学科予以整合研究，其基本观点认为，犯罪行为是由社会学、心理学和生物学因素相互作用引起的。

同步练习

1. 简述影响犯罪心理形成的主体因素。
2. 简述影响犯罪心理形成的宏观环境因素和微观环境因素。
3. 家庭环境对犯罪心理的影响表现在哪些方面？
4. 职业因素对犯罪心理的影响表现在哪些方面？
5. 生物学的犯罪原因论包括哪些学说？

6. 社会学的犯罪原因论包括哪些学说？

7. 心理学的犯罪原因论包括哪些学说？

8. 精神病学的犯罪原因论包括哪些学说？

拓展阅读

央视柴静《专访药某鑫案双方父母》视频[1]。

---

〔1〕 "专访药某鑫案双方父母"，载 CCTV 节目官网 http：//tv. cctv. com/2012/12/15/VIDE135558439 1103290. shtml，2017 年 3 月 10 日访问。

模块四　形成论

犯罪心理的形成与发展

学习目标与任务

　　简要了解有关犯罪心理形成与发展的几种理论；掌握犯罪者不良个性的形成及犯罪动机的形成过程；掌握犯罪心理形成的一般模式及其发展变化的规律。

案例导读

16 岁少年弑母伤父案

　　2007 年 6 月某日 0 时 30 分，涛涛（化名）因沉溺于网络与父母发生口角，在杀害母亲、砍伤父亲后潜逃。在被警方抓获后，这个不满 16 周岁的少年竟冷漠地表示"我两年前就已经有杀他们的念头了"。以下是其简要的生活轨迹：涛涛 1991 年 11 月出生于河南，其父母一直在广州打工。后来父母从老家把他接来，在广州上了一年的打工子弟小学，只读了一年就退学了。五年级辍学后便帮其父母经营烧烤档。三年卖烧烤身边没有一个朋友，性格也变得越来越内向。唯一的娱乐方式就是上网，被捕后涛涛自述：来广州之后，亲情在他心中已经慢慢死掉了。至于为何要杀父母，他给出的原因有两条：一条是因为父母常年呵斥他，"他们很烦，经常骂我，用很恶毒的词语"，常常让进入青春期的涛涛觉得很没有面子和自尊；而另一条理由是，"父母每天都会管束干涉我的行为，让我觉得被人束缚着，如果不杀死他们，我就无法向前发展"。随着与父母矛盾的激化，涛涛实施了谋划两年的杀害父母的计划。这是被捕后记者与涛涛的对话：

　　记者：还记得当时是怎样动手的吗？

　　涛：动完手后，根本记不起了。我怎么也记不清了，感觉是不是一场梦呢？

　　记者：你觉得你的（作案）计划都实现了吗？

涛：觉得心下得不够狠，中间出了一点意外，没有将计划做得完全。

记者：这个计划是什么时候开始的，为什么会选择在昨天动手呢？

涛：以前有过一两次机会下手，主要寻找单独跟爸爸或者妈妈在一起的时候。有一次也是已经在妈妈背后举起了木棍，但当时还有一些感情，没有狠心下手，毕竟是自己的亲生父母。

记者：那这次为什么就下得了手呢？

涛：这次没有想那么多，举起木棍时什么也没有想，整个过程中大脑一片空白。

记者：你那么恨他们吗？以至于非杀不可吗？

涛：不杀了他们，心里的枷锁解不开。

记者：你还会想起你的妈妈吗？如果她在这里，有什么要对她说的吗？

涛：该说的已经都说完了，再没有什么可以说的了。

记者：你盼望你父亲回来看你吗？

涛：不希望，和他一点感情都没有。[1]

想一想：通过本章的学习，结合拓展阅读，分析一下，涛涛的犯罪心理是怎样形成的？其犯罪动机的形成包含着哪些因素？经历了怎样的阶段？

前面已经了解了对犯罪心理形成产生影响的各种因素，那么犯罪心理究竟是怎样形成、发展和变化的，又是怎样外化为犯罪行为的？本章主要从犯罪人不良个性、犯罪动机的形成及犯罪心理的发展变化等心理因素着手，探讨犯罪心理形成与变化的规律。

第一节　有关犯罪心理形成与发展的几种理论

关于犯罪心理的形成与发展的研究，由于出发点与研究目的不同，形成了许多不同的理论，本节简要介绍几种比较著名的理论。

一、"行为主义"理论

行为主义是美国心理学家华生（J. B. Watson）在巴甫洛夫条件反射学说的基础上创立的。他主张心理学应该屏弃意识、意象等太多主观的东西，只研究所观察到的并能客观地加以测量的刺激和反应。因此，华生建立了"刺激——

---

〔1〕 "16 岁少年弑母伤父案"，载搜狐新闻 http：//news. sohu. com/20070615/n250587206. shtml，2015 年 10 月 12 日访问。

反应"模式：R＝F（S），形成了关于行为获得的理论。他认为，行为是可以通过学习和训练加以控制的，只要确定了刺激和反应（即 S－R）之间的关系，就可以通过控制环境而任意地塑造人的心理和行为。他曾有一句名言：给我一打健康的婴儿，并在我自己设定的特殊环境中养育他们，那么我愿意担保，可以随便挑选其中一个婴儿，把他们训练成我所选定的任何类型的特殊人物，如医生、律师、艺术家、商人或乞丐、小偷，而不管他的才能、嗜好、倾向、能力、天资和他们父母的职业及种族如何。可见，华生特别强调环境对人行为的影响，是典型的"环境决定论"。

根据这一理论，犯罪心理和行为的形成与发展，是人在不良的环境中不断学习、训练的结果。行为主义强调环境的影响，有其合理的一面，但这一理论过分夸大了环境的作用，而忽视了人的主观能动性，也有它的不足之处。这一理论后来也得到了不断的改良与补充。

"新行为主义"者斯金纳（B. Skinner）通过对动物习性行为的研究，提出了"操作条件反射"或"工具条件反射"学说。他认为，人类行为有"前因后果"关系，即前一个行为的后果，是后一种行为的激励因子并决定以后的行为，这就是他所谓的"强化作用"。他把强化看成塑造行为和保持行为强度的关键。根据"新行为主义"理论的观点，犯罪心理的形成及犯罪行为的实施也是一种操作条件反射的建立过程，即人在某种内驱力支配下实施犯罪行为，而犯罪行为的结果会对原有的犯罪心理起到强化作用，使其更加巩固恶化，进而推动其实施更为严重的犯罪行为。

二、社会学习理论

社会学习理论试图用行为主义解释人们的社会行为，它强调犯罪行为是后天学习得来的，犯罪行为与其他行为一样，是社会模仿、观察和学习的结果。其主要代表人物有塔尔德、萨瑟兰、伯吉斯、艾克斯和班杜拉等人。

（一）塔尔德的"模仿说"

法国社会学家、犯罪学家塔尔德（Jean Gabriel Tarde）提出"模仿说"。他认为，所有社会生活的重要行为与现象均因模仿而引起，犯罪行为也是模仿的结果。在他看来，犯罪人首先是生理和心理正常的人，他们生活在存在大量犯罪的环境中，因偶然的原因，使他们有意无意地进行犯罪性模仿，学会了犯罪的行为方式，进而发生犯罪行为。1890 年，塔尔德提出了三条模仿法则：①距离法则。人与人交往愈密切，模仿性越强。②上至下法则。模仿从上而下，一般低劣者模仿优越者，下层人物模仿上层人物，青年模仿长者等。③插入法则。当犯罪行为的模仿风气流行时，一种风气可以取代另一种风气，一般是新的行为方式取代旧的行为方式。犯罪与其他社会现象都按这三种方式反复地发生。

（二）萨瑟兰的"不同接触"理论

美国学者萨瑟兰（Edwin Hardin SutherLand）早在其1930年出版的代表作《犯罪学原理》中，就提出了"不同接触"理论，至1947年完成了整个理论架构。其主要观点是：犯罪行为是学习而来的，犯罪在任何一个社会里，都是对犯罪价值观学习的一种结果；犯罪行为是在与他人交往的过程中，经由相互学习而发生的，亲近的社会伙伴对犯罪行为的影响最大。犯罪行为的学习还包括犯罪技巧、动机以及犯罪合理化的态度等。此外萨瑟兰还认为，假如一个人形成了犯罪比不犯罪有利的观念，他将自然而然地成为犯罪者；不同交往可能在出现频率、持续时间、优先性与强度方面有所不同。

（三）伯吉斯与艾克斯的"不同接触——强化"理论

1966年美国学者伯吉斯（R. L. Burgess）与艾克斯（R. L. Akess）对萨瑟兰的理论提出了修改意见，形成了"不同接触——强化"理论。

这一理论认为，犯罪行为是按照操作条件反射原理习得的，而且在形成过程中受到各种因素的强化，但强化主要发生在那些具有强化个人行为作用的团体中；它强调犯罪人的直接经验和其他犯罪人的影响对犯罪行为的强化作用；同时，该理论也认为，当某一刺激引起犯罪行为时，该项刺激与实施犯罪行为的反应联想就是一种强化，而犯罪行为的发生频率在将来就会增强。这里的刺激即所谓的强化物，通常包括金钱、性的需要、物质拥有以及社会态度、社会地位、社会注意等。

（四）班杜拉的"社会学习"理论

班杜拉（Albert Bandura）是"社会学习"理论的创始人。他认为攻击行为不是天生的，而是后天通过学习得来的。学习的途径包括：凭直接经验学习、生物因素和观察学习。凭直接经验学习是指攻击行为可以通过行为人自己尝试犯罪或错误行为结果的直接经验而形成。生物因素是指攻击行为受神经生理机制的影响，这种影响包括攻击性的反应形态、感知和受影响的速度等。观察学习是社会学习理论的重要组成部分，它指的是行为人通过对他人行为与强化结果的观察获得新的行为反应，或对已有行为加以修正。大多数观察学习发生在以下三种社会联系中：家庭成员的影响；人们所处的亚文化及与这种亚文化的重复接触；以及大众传媒所提供的具有影响的范例。如影视传播中的暴力镜头。班杜拉认为，个人与环境究竟如何相互作用才导致行为的变化，依赖于个人的认知因素。环境、个人和行为三个因素相互影响、彼此关联，他反对将行为看成是简单的"环境决定论"。

三、"人格结构"理论

"人格结构"是弗洛伊德（S. Freud）精神分析理论的一个组成部分。弗洛伊德认为，人格包括三个层次：本我（Id）、自我（Ego）和超我（Super-ego）。

（一）本我

本我是人格中与生俱来的最原始的潜意识部分，它是人格形成的基础，自我和超我都是从本我中分化出来的。本我由先天的本能、基本的欲望与需求组成，以原始的性冲动和破坏冲动为主，这些冲动是推动个人行为的原始动力。它完全无视外在世界，不能忍受内外刺激所形成的紧张状态。为了缓解紧张状态，本我便会立即寻求满足欲求的对象，以释放和发泄原始的冲动。因此，本我不受社会规范的约束，它遵循快乐原则，盲目地追求满足与快乐。

（二）自我

个体出生后，必须与周围的现实世界相接触、交往，在这个过程中，受本我驱使的行为，就常常要受到社会环境的约束与限制。为了缓解紧张，个体必须适应环境，以适当的方式满足需要，这样自我就从本我中分化出来。它的活动受现实原则支配，是现实化了的本我。自我是人格结构中最主要的部分，它处在本我与超我之间，处于中介地位。它的主要功能有：获得基本需要的满足以维持个体的生存与发展；调节本我的原始冲动以符合环境的条件；抑制不为超我所接受的本能冲动；调节和解决本我与超我之间的冲突。

（三）超我

超我即道德化的自我，由自我分裂而来，由良心和自我理想组成。良心负责对违反道德标准的行为进行惩罚，而自我理想则是教育的产物，它以人的现实原则为标准，确定道德行为的标准。超我遵循道德原则，它的任务是监督、限制本我不容于社会的原始冲动，指导自我以适合于规范的目标代替较低的现实目标，促使个人向理想努力，以达到完善的人格。

弗洛伊德认为，在正常情况下，人格结构的三个组成部分处于相对平衡的状态，个体得以适应环境与现实。当这种平衡状态被打破时，个体往往会产生焦虑，导致人格异常及产生偏差行为。用弗洛伊德的观点来分析，犯罪行为的发生就是人格结构失衡的表现。当一个人"自我"的现实原则失控，"超我"的道德原则不举，而只按"本我"的快乐原则行事时，必然会导致这样或那样的犯罪行为的发生。

第二节 犯罪人不良个性的形成

我们知道，人的心理极其复杂，主要包括心理过程和个性（人格）两大部分。这两部分中，个性对人的行为有着极为重要的影响，它体现了人与人的差异性，构成了人们行为的特有模式。在人的成长过程中，为什么有的人成为守法者，而有的人却触犯法律，成了罪犯？原因多种多样，但个性因素的影响非常关键。许多司法实践证明，人之所以犯罪，在绝大多数情况下是由于个性发生了畸变而造成的。下面从犯罪人社会化过程中形成的不良的个性入手，探讨犯罪心理与行为形成与发展的过程。

一、个人社会化和犯罪人的不良个性

（一）个人社会化

从出生时的自然人到成长为一个符合社会要求的社会人，是不断接受社会教化的过程，这个过程就是个人社会化。个人社会化是指在特定的社会与文化环境中，个体通过同他人交往、接受社会文化影响、学习掌握社会行为规范和价值观念，形成适应于该社会与文化的人格，掌握该社会公认的行为方式，逐渐成为一名社会成员的过程。

个体的社会化是一个过程。婴儿出生时只是一个具有生物属性的自然人，但自从他离开了母体之后，就开始与他人、社会建立某种联系，这便不可避免地要与人进行交往，受到方方面面的社会因素（如社会文化、家庭、学校）的影响。个体通过学习生活与生产的基本知识和技能，学习道德、法律等各种社会规范，树立生活目标，确定人生理想，塑造自我，完善人格，最终使自己成为一个合格的社会成员。

传统观点认为，社会化过程到成人期即告结束，而现代观点则主张，社会化将伴随人的一生，是终生社会化。按社会化发展阶段可划分为：儿童及青少年期的早期社会化；成人期的继续社会化。如果社会化过程中发生缺陷或错误，还需要进行再社会化。可见人的社会化过程不是一蹴而就的，而是一个渐进的过程。人生的不同发展阶段都有不同的社会化内容，这个过程也是一个人的个性形成与发展的过程。

社会化可以说是个体进入社会的合格证，而这个合格证并不是所有的人都能取得的。如果在个体的成长过程中，过多地受到不良社会环境的影响和主体消极因素的作用，往往会导致社会化的缺失，从而形成不良的个性心理品质。

（二）犯罪人不良的个性

个性是在遗传与环境的相互作用下逐渐形成的，遗传素质是个性得以发展的物质前提，而人的本质是他的社会属性，社会教化即社会化是其个性形成的关键因素，个性是社会化的具体表现。

如前所述，个性是一个系统，它并不是由单一特征所构成，而是由多种心理特征和品质有机组成的统一体。

个性结构一般包括以下三个系统：

1. 个性的动力（也称个性倾向性）系统。它包括需要、兴趣、动机、道

德、信念和世界观等，在个性结构中占优势地位，居最高层次，也是个性的核心。个性动力系统，是个性结构中最活跃的因素，它是一个人进行活动的基本动力。个性动力系统中的各个成分，主要是在后天的社会化过程中形成的，集中反映了个体的社会性。

2. 心理特征系统。它包括能力、气质、性格三种成分。这些心理特征形成较早，并在不同程度上受到生理因素影响，该系统集中反映了人的心理面貌。

3. 自我调节系统。这是以自我意识为核心的个性调控系统，包括自我观察、自我分析、自我评价、自尊心、自信心、自我控制等。自我意识是意识发展的最高阶段，是社会影响的产物，是个性发展水平的标志。该系统的主要作用是对个性的各个成分进行调控，以保证人格的完整、统一与和谐。

社会化过程的缺陷，导致了个体不良个性的形成。一般而言，犯罪人都具有不良的个性品质。这些不良个性会对社会生活中的消极因素进行有选择地能动地反映。内外消极因素共同作用，会使个性的消极品质迅速积累，在一定诱因的影响下，以"渐变"或"突变"的形式，导致犯罪心理的最终形成。可见，在犯罪心理形成的过程中，不良的个性品质起着非常重要的推动作用，是犯罪心理形成的重要基础。

二、犯罪人不良个性形成的机制

社会化涉及社会和个体两个方面。从社会角度看，社会化即社会对个体进行教化的过程；从个体的角度看，社会化是个体通过与社会成员或环境的互动，培养完善的个性品质，成为合格的社会成员的过程。这个过程也是个体内化的过程。所谓内化，是指个体经由言语、模仿、学习、实践等中介，将客观现实转化为主观映象，逐渐形成思想意识的过程。在这个过程中，不同的年龄阶段，其社会化水平不同。随着年龄的增长、知识经验的增加、自我意识的增强以及心理发展水平的提高，社会化的外在机制会逐渐被内在强化机制所取代，社会化的水平不断提高，个性也得以不断发展。

我们研究犯罪人不良个性的形成，就应该了解个体内化的机制。

（一）认知的选择与加工

个体的内化是个体通过感知、记忆、想象、思维等认知活动对外部信息有选择地进行加工的过程。人在反映外部事物时，并不是消极被动地接受，而是能动地进行反映，在反映的对象和采取的态度上都会有选择性。从某种意义上说，认知加工的过程是对外界信息筛选的过程，不同的人表现各不相同。正因为如此，我们可以看到，同样的消极影响，同样的外界不良刺激，绝大多数人不受其影响，少数人却因受到影响而违法犯罪。犯罪人不良个性品质的形成，就是个体在一定的不良心理（如认知、情感缺陷等）的基础上，有选择地感知外界消极因素，并在头脑中反复地进行思维加工，将大量消极的客观因素转化为个体主观因素的过程，从而导致不良个性品质不断巩固，犯罪心理不断强化。

（二）模仿学习

模仿学习机制是指个体有意无意地效仿他人的言行、举止，使之成为自己言行模式的过程。模仿是普遍存在的一种社会现象，它是一种最简单的学习方式。人的许多社会行为都是通过模仿学习形成的，模仿学习对个体社会化有着重要作用。这种简单的学习方式，最容易为青少年所掌握，对青少年行为的影响尤为明显。研究表明，大多数犯罪人不良个性品质的形成，都与其青少年时期对不良的交往伙伴和榜样的模仿学习有关。

在对犯罪行为的模仿学习中，榜样的威信、可接近性、感染力与吸引力很重要。越是有威信、容易接近、地位高的榜样，越容易被模仿；同时，模仿学习也和模仿者本人的愿望、观点和实际利益有关。越能满足个人愿望，越能为个人带来利益的行为，越容易被模仿。此外，这种学习活动还会导致更深一层的教唆学习，使模仿者从被动的模仿变为主动的学习，榜样由无意的展示变为有意的教唆，因而使行为具有更大的危害性。

（三）角色扮演

社会角色是指与个体社会地位、身份相一致的行为方式及相应的心理状态。它是社会对处于特定地位个体的行为期待，是社会群体得以形成的基础。个体在社会中总是按照一定的社会期待和自我期许来调整自己的行为，扮演一定的社会角色。角色的扮演也是学习的过程，对人的个性形成有着重大影响。犯罪者的不良个性就是不良的群体内，通过角色学习和群体成员的互动逐渐形成的。这种角色扮演，常常是个体为了满足内心的不良需求、冲动而实施的效仿不良榜样的行为。在强烈欲求的支配下，个体自我控制能力降低，无力克服内心冲动或自我抑制力量减弱。角色扮演一旦付诸实施，尝试进行违法犯罪行为，获得犯罪体验，强化犯罪需要，就会加速不良个性向犯罪心理的转化，犯罪行为就会进入欲罢不能的状态。

（四）自我强化

以上三种内化机制引发的活动，都是在满足个体和群体的需求、期望的条件下进行的，必然会获得自我或群体的肯定与奖赏。因此，犯罪人就会在很大程度上体验到内心的满足和愉悦，并进行不断地尝试。因此，犯罪的主观恶意和犯罪行为的社会危害也会越来越严重。

三、犯罪人社会化过程中的个性缺陷

由于早期或继续社会化过程中出现的缺陷或错误，导致了个性的缺陷，这被学者们称为个性的"不完全社会化"。个性的不完全社会化，会使人对社会的行为规范无法适应，正常的个性心理品质无法形成，对犯罪心理和行为的形成产生极大的影响。主要表现在以下几个方面：

（一）社会认知的偏差

社会认知是个体对他人、群体以及自己的心理状态、行为动机和意向作出推测与判断的过程，又称社会知觉。由于社会认知受到认知者的经验、动机与兴趣、当时情况及情绪的影响，因此，人们对社会行为进行推测与判断时，往往会发生认知偏差。

社会认知偏差对个性有很大的影响，主要表现在：

1. 社会认知偏差会使个体对社会、他人、自我乃至人生产生一系列消极的看法和态度。比如，青少年对发生在其周围的政治、经济问题，家庭、生活问题（如生活水平、经济来源、成员的人际关系状况等）以及关系到切身利益的升学、就业、婚姻等问题较为敏感。对这些问题如果评价客观正确，青少年便会顺利完成社会化，成为合格的社会成员；如果做出主观、片面甚至错误的评价，则会使他们产生痛苦、失望、悲观厌世的消极情绪，甚至形成冷漠人生、憎恨社会的意识倾向，养成其反社会的人格。

2. 社会认知偏差会使人在纷繁复杂的社会现实面前失去明辨能力，造成思想混乱，认识偏激，对抗社会。

（二）价值观蜕变

价值观是人对客观事物的需求所表现出的评价，包括兴趣、动机、理想、信念等因素。它在个性结构中居主导地位，是心理和行为的内心定向系统。

价值观是人生观的核心，人们对人生基本问题的价值取向和对具体事物的态度与看法，皆取决于价值观。

那些个性社会化不完全的人，价值观往往出现蜕变。主要表现在：

1. 价值取向以自我为中心，自私自利。功利主义和个人主义严重，轻视公共利益、他人利益，甚至无视社会准则，行为不受约束，为所欲为。因此，常常与他人、社会处于严重对立状态。

2. 兴趣低级。没有远大的理想和抱负，也没有对个人事业和成就的追求，其兴趣常集中在来自于不良伙伴的低级兴趣，有的会因此沉溺在庸俗的活动中消磨时光。

3. 不良需要畸形发展。对物质金钱和低级享乐（如性欲、酗酒、赌博、吸毒等）刻意追求，常常陷入其中不能自拔，为了满足不良需求，他们会不顾一切。

（三）道德、法律观念的缺失

道德与法律是现代社会的两大规范系统。行为的道德调控带有主动性、自觉性，而行为的法律调控则具有强制性、威慑性。对道德和法律规范的认识与遵守是人的社会化的重要内容。

道德观念是人们对道德活动中发生的各种关系及处理这些关系的行为准则的反映，包括道德认识、道德情感、道德意志和道德行为四种要素。个体社会化的过程，也是道德观念逐步形成、确立的过程。有了良好的道德观念，人们就能主动、自觉地根据道德规范，激发有益于社会的行为，制止危害社会的行为。道德观念偏差或错误，会导致个性缺陷，常常是违法犯罪的先导，而且偷、抢、扒、拿等不道德行为本身就是违法犯罪行为。

犯罪人的道德观念必然存在缺陷，主要表现在：①道德认识错误。在社会化的过程中形成了错误的是非善恶观念、错误的道德评价及道德理想。②道德情感缺失。缺少爱国主义、集体主义情感以及正义感、荣誉感、责任感、事业心和同情心。③道德意志力差，无法抵挡外界不良因素的诱惑。④形成了不良的道德行为习惯。

法律观念是人们对法制活动中所产生的各种关系及处理诸关系的行为准则的反映。它包括法律认识、评价态度及依法调控自我行为的能力三个方面要素。违法犯罪人之所以敢于公然对抗法律，与法律观念的欠缺有直接关系，主要表现为：①法律认识欠缺。有的人犯罪，是由于对法律一无所知或一知半解造成的。这些人头脑中的法律观念极少，行为的辨别能力极差，因无知而导致的犯罪现象时有发生。②评价态度的偏差。这种情况或因法律知识贫乏而导致，或因对法律的性质、意义的理解的差错而导致。③行为控制能力的低下。有的人犯罪不是出于对法律的无知或者对法律性质意义的理解有误，而是明知故犯。其中一大部分人犯罪行为的产生，是由于意志力薄弱而导致的行为控制能力低下造成的，但也有极少数的人，是为了报复社会而知法犯法。

（四）自我意识的畸形发展

自我意识是个体对自己存在状态的认知，包括对自己生理状态、心理状态、人际关系及社会角色的认知，亦称自我（或自我概念）。

人生之初，尚无自我意识。儿童在其社会化的过程中，逐渐开始对自己有一定的认识，区分自己与别人的不同。从使用第一人称"我"开始，标志着儿童自我意识的真正产生。随着个体社会化进程的不断深入，自我意识也不断发展，到青春期时发展迅猛，到成年期时自我意识基本确立。如果个体社会化进行顺利，个体形成了正确的自我意识，就能形成正确的生活态度，并适当地调节、控制自己的行为。否则，如果社会化不完全或存在缺陷，个体形成不良的、错误的自我意识，最终将形成不良的个性。

许多犯罪人的自我意识存在缺陷和错误，呈现出畸形的发展状态。主要表现在：

1. 自我认识的盲目性、极端性。他们往往不能对自我进行正确认识，有时觉得自己低人一等，对正常的学习、生活与工作信心不足，陷入自卑，严重者会形成扭曲的自尊；有时又对自己盲目乐观，过高地评价自我，认为自己无所不能，极度地自负。这种自我认识的失衡发展，容易使他们养成以自我为中心的个性，一味追求个人的利益和自由。极度消沉时，容易"破罐子破摔"；自我膨胀时，容易铤而走险；欲求受阻时，会产生攻击行为。

2. 自我体验的消极性。由于极端的自私自利，犯罪人的自我体验情绪化色彩很浓，他们缺乏对他人的同情心、爱心，缺乏对社会应有的责任心、义务感，易出现道德沦丧等情形。因此，稍遇挫折，就会产生消极情绪或激情状态，任意放纵自己的行为，攻击他人与社会。

3. 自我调控能力低下。这与自我认识错误和自我体验的情绪化有很大关系。因为自控能力弱，犯罪人抵御不了外界的不良刺激，也控制不了内心的不良需求，不良行为就会不断出现，个性也将不断恶化。这些个性的不良因素，是其违法犯罪的心理基础。

第三节　犯罪动机的形成

犯罪动机是犯罪行为的驱动力量。在引发犯罪行为的诸多心理因素中，犯罪动机与犯罪行为距离最近，它直接作用于犯罪行为，并与各种不良心理因素相互影响，将心理诸要素指向犯罪行为，最终推动了犯罪行为的产生。可以说，犯罪动机是犯罪心理产生的标志。了解犯罪动机的形成与发展，对了解犯罪心理的发生及发展变化有着重要的作用。

一、动机与犯罪动机概述

（一）动机

动机是直接推动个体活动以达到一定目的的内在动力。人的一切活动都是由动机引起的，并指向一定的目的。由于动机是一种来自内部的刺激，因此，我们无法观察到，而只能从人的外部行为来推断其行为背后的动机。动机作为行为过程的一个中介变量，在行为产生之前就存在，并以内隐的方式支配着行为的方向和强度。

动机的产生受来自主体内外两种因素的影响。一般而言，个体的某种需要是动机产生的心理基础，而外部环境则作为诱因，引导个体趋向于特定的目标。下面具体分析动机产生的条件：

1. 需要。需要是动机产生的力量和源泉。需要一经产生，就意味着人的内心平衡状态被打破，个体便需要采取某种行动以恢复平衡。所以，在需要的基础上，动机便产生了。

2. 诱因。诱因即外在环境刺激，包括目标、强化物等行为诱因。它引导个体趋向于一定的目标，除了个体内部的需要外，外在的环境刺激也会作为行为的推动力量，成为动机产生的诱因。

3. 个性。一般情况下，需要和诱因相互作用会导致动机的产生。但人的行为动机，不是简单地由需要和诱因或二者的相互作用就能决定的。有时内心有需求、外界的诱因也存在，却未必会导致行为的产生，这就涉及个人不同的个性心理因素。在动机产生的过程中，个性心理因素起着重要的调控作用。

（二）犯罪动机

1. 犯罪动机。犯罪动机是直接推动和促使犯罪人实施犯罪行为，以满足某种需要的内心起因。

2. 犯罪动机的复杂性。犯罪行为是十分复杂的，犯罪动机更呈现出错综复杂的特点：①故意犯罪一定有犯罪动机，无缘无故的犯罪是不存在的。但动机的表现又不尽相同，有的犯罪动机明确，一看便知，容易了解；有的犯罪动机复杂，很难在短时间内掌握；而在有的犯罪中，许多动机交织在一起，缺乏明显的犯罪动机。②过失犯罪的动机具有特殊性。尽管过失犯罪人的犯罪没有主观的故意，但其行为背后也有其行为动机，或积极或消极。一般情况下，消极动机居多。但不论如何，一个犯罪行为发生后，我们首先要通过行为分析其犯罪动机。可见，弄清犯罪动机的真相，对全面理解和揭示犯罪心理和行为的形成具有重要作用。

3. 犯罪动机形成的条件。犯罪动机形成的基本条件主要表现在以下几方面：

（1）犯罪人的不当需要是犯罪动机产生的基础。许多犯罪人犯罪动机的形成与其不当的需要结构有着密切的联系。这些不当的需要，是在其社会化的过程中，受到各种内外因素的影响而形成的。

犯罪人的不当需要也有不同的状况。有的需要具有"畸形的""不良的""反社会的"的性质，这部分需要直接导致了动机的违法性；有的需要虽然合理但受现实客观条件的限制，如不劳而获；有的需要其主体的出发点是合理的，但对其不良结果缺少考虑，如好心做坏事，青少年因好奇心驱使而误入歧途等。因此，对犯罪者的不当需要也应客观地分析。

（2）犯罪人的不良个性心理因素在犯罪动机的形成中起着重要促进作用。犯罪人因社会化缺陷形成的不良的个性品质，构成了犯罪者不良的心理倾向和行为模式。在需要向动机转化的过程中，不良个性起着消极的调控作用，即将不当需要迅速转化为犯罪动机，对犯罪动机的形成起着促进作用。具体表现为：

①社会化过程中形成的错误的理想、信念、价值观、世界观和道德法律意识的缺陷等不良的个性倾向，是不当需要产生的前提条件。②自我意识即自我调节系统的缺陷，促使需要向动机的转化简单、迅速。③不良的情绪情感本身就具有犯罪动机的作用，会直接导致犯罪行为的产生。如由暴怒、绝望、妒忌等情绪引发的激情犯罪动机，在强烈的兴趣、好奇心驱使下产生的犯罪动机等，均属此类。

（3）情境刺激是犯罪动机产生不可缺少的条件。情境是指人、事、物等特定的外界环境。情境因素为犯罪人确定犯罪目标提供了客观条件，有利于犯罪的情境刺激，使犯罪动机的产生具有了更多的可能性。

二、犯罪动机的形成过程

犯罪动机从其产生、发展到结束、消失，一般经过四个阶段：

（一）意向阶段

意向阶段，又称萌发阶段。在这一阶段，犯罪人由于内部或外部消极因素的作用，内心躁动，初步萌发了犯罪动机。但这时，动机刚刚萌发、孕育，还处于意向状态，尚不能被主体明确、清晰地意识到。这一阶段的动机具有内隐性和模糊性。

（二）明确阶段

这是犯罪动机的产生阶段。在这一阶段，在各种消极心理因素的作用下，犯罪人从多种角度对犯罪动机进行权衡、选择，动机开始变得清晰、明确，犯罪动机从萌发阶段的前意识层面上升到意识层面，犯罪目的得以确立。

（三）决意阶段

在这一阶段，犯罪动机斗争激烈，犯罪人在作案与不作案，何时何地作案以及采取何种方式作案等问题上进行反复的选择、确认，最后犯罪意志得以坚定，犯罪动机得以巩固、定型，此时犯罪行为"一触即发"。

（四）消失阶段

在这一阶段，犯罪动机或由于犯罪行为既遂而消失，或由于犯罪行为受阻未遂而暂时放弃、蛰伏，成为新的犯罪动机的萌发点。

三、犯罪动机斗争

（一）动机斗争类型

人的需要多种多样，由此产生的动机也是如此。有时多种动机并存，但由于某种条件的限制，不能同时满足，必须对这些动机进行取舍，这时人的内心会产生矛盾和紧张，这就是动机斗争，或称动机冲突。动机斗争的情况非常复杂，从形式上可分为：

1. 双趋冲突。它是指个体在活动中同时受到强度相同的两个目标的吸引，但这两个目标又不能同时实现，只能选择其一，这时产生的矛盾心理状态称为双趋冲突，又称"趋近——趋近"式冲突。比如，犯罪人面对扒窃和抢劫两个对他具有同样吸引力的作案目标，能引发强度相同的动机，其内心会感到难以割舍，产生一种"鱼与熊掌不可兼得"的矛盾心境。这种冲突比较容易解决，主、客体的因素如果出现变化，都会改变某一目标的吸引力，或者改变与目标之间的心理距离，行为人会暂时放弃一个目标，使冲突得到解决。

2. 双避冲突。它是指个体遭遇到两个具有同样威胁性的目标，都想躲避，但迫于形势，必须接受其中的一个目标，才能躲避另一个目标，这时，个体产生的左右为难的心理状态称为双避冲突，又称"回避——回避"式冲突。如处于团伙中的犯罪人，不想参与作案，又怕受到团伙首领的惩罚，这会使他处于进退维谷的境地。"回避——回避"式冲突，往往不容易解决，个体常常采取消极行为来摆脱这类冲突。

3. 趋避冲突。它是指某一目标对个体既有吸引力又有威胁，个体同时会产生既爱之又恶之、既趋之又避之的矛盾心理状态，又称"趋近——回避"式冲突。这种冲突，在犯罪过程中表现得比较激烈。如犯罪人既想作案又害怕受到法律的制裁，陷入患得患失的心理状态。

（二）不同犯罪阶段的动机斗争

由于犯罪行为是危害社会、侵犯他人的行为，因此，犯罪人的犯罪活动面临着来自他人和社会的巨大反抗和打击。所以，犯罪动机斗争比一般的动机斗争更为激烈，选择更为困难。如果按犯罪动机的内容来划分，可分为选择性动机斗争和对立性动机斗争。犯罪行为的不同阶段，犯罪动机的表现不同，一般情况是：

1. 犯罪准备阶段，选择性动机斗争明显。一般表现为"双趋冲突"或"双避冲突"。因为在犯罪准备阶段，多种犯罪目标并存，或多种非法需要并存。受主、客观条件的限制，为了犯罪成功，犯罪人必须对同时存在的各种动机进行比较分析、权衡利弊，区分轻重缓急，经过动机斗争，最后做出较满意的选择。经过选择的动机就占据主导、支配地位，而其他动机则被暂时抑制，居于次要、服从地位。

2. 犯罪决意阶段，对立性动机斗争突出。在犯罪决意阶段，由于主客观条件随时都可能产生变化，而且在犯罪行为实施之前，犯罪人也会面临着更大的心理压力。犯罪人往往会产生更为激烈的动机斗争，即趋避式的动机冲突。此时，犯罪人既想通过实施犯罪满足个人的需要，同时又害怕受到惩处。其动机斗争表现为犯罪动机与反对动机之间的对立和斗争，斗争的焦点就是作案与否。当犯罪人的不当需要占了上风时，在消极的个性品质和外界不良诱因的作用下，犯罪动机会占据主导地位；当犯罪人的恐惧心理、安全需要占了上风时，反对动机就会占据主导地位，犯罪动机会暂时受到抑制或消退。

司法实践和大量的案例分析表明，大多数初犯、偶犯，由于犯罪恶习较浅，缺乏犯罪经验，动机斗争比较强烈。但随着作案次数的增加，心理与行为的适应性渐强，动机斗争也会相对减弱。而累犯、惯犯，由于犯罪恶习较深，犯罪经验丰富，行为已成习惯，动机的转化则非常简单，有时只要出现犯罪目标，便会立即产生犯罪行为，几乎没有动机斗争。有的惯犯甚至形成了下意识的犯罪动力定型。

四、犯罪动机的发展变化

在司法实践中，犯罪动机的发展变化普遍存在，但发展变化的情况却有很大的差异性。根据动机发展变化的方向和性质，可将其分为良性转化和恶性转化两种情况。

犯罪动机的良性转化是指犯罪人在实施犯罪的过程中，受主、客观因素的影响，个性中积极因素恢复或占据优势，犯罪动机减弱直至消退，犯罪行为停止。犯罪动机的恶性转化是指犯罪人在实施犯罪的过程中，由于主、客观条件的相互作用，强化了原来的犯罪动机或产生了新的犯罪动机，致使犯罪活动反复出现或犯罪恶性程度加大，危害严重。这种情况往往会使犯罪的性质加重。根据其表现，犯罪动机的发展变化有以下几种状况：

（一）动机实现

这是犯罪行为实施过程中一种常见的类型。犯罪人按计划实施了犯罪行为，顺利完成犯罪过程，达到犯罪目标，实现了犯罪动机。犯罪动机的实现，会使犯罪人的需要、欲望得到满足，有了成功的犯罪经验，会刺激犯罪人产生新的犯罪需要，并形成新的犯罪动机，使犯罪心理进一步恶化。

（二）动机受阻

犯罪人在实施犯罪行为时，会遇到来自社会、他人、家庭以及自身能力等各方面的阻力与困难。如果犯罪人暂时无法摆脱、冲破这些阻力与困难，以达到其犯罪目的，此时，犯罪人不得不主动放弃原来的犯罪动机，中止犯罪活动。这种状况下，犯罪动机的放弃虽是主动的，但也是被迫的、暂时的，一旦条件许可，犯罪动机还会死灰复燃。

（三）动机中断

在实施犯罪的过程中，犯罪人中途突然被抓获，犯罪行为即被制止，致使犯罪动机未能实现，犯罪目的无法达到。这种情况完全是外力作用的结果，并非表明犯罪人有终止犯罪的意愿。

（四）动机派生

犯罪人在实施犯罪的过程中，由于新的环境刺激的出现和主体心理因素的变化，在原来犯罪动机的基础上，激发了新的、更大的犯罪欲望，而产生出新的犯罪动机，导致了更为严重的犯罪行为。这是犯罪动机恶性转化的典型表现。

（五）动机消退

犯罪人在实施犯罪行为时，由于受到外界环境的影响，道德、法律观念的恢复以及个性中尚存良好心理因素的影响，犯罪动机消退，主动停止了犯罪行为。这是犯罪动机良性转化的典型表现。

第四节　犯罪心理形成的一般模式

一般来说，犯罪心理形成的模式包括以下两大类：

一、常见模式

常见模式是大多数犯罪人比较自觉的模式，符合犯罪行为发生的一般过程和规律。常见模式可分为渐变模式和突变模式。

（一）渐变模式

犯罪心理的渐变模式是指犯罪心理的形成有一个由量的积累到质的变化的渐变过程，是由常态心理到犯罪心理转变的过程。这种模式具有普遍的代表性，大多数犯罪人犯罪心理的形成遵循着这一过程。也就是说，犯罪心理不是一天两天就能形成的，如果我们向前追溯个体的成长经历，就可以非常清晰地分析出犯罪心理从萌芽、发展、成熟到习惯化、定型化的演化过程。所以，在司法实践中我们可以看到，许多犯罪人犯罪之前就有劣迹或各种不良行为。渐变模式又可分为两种类型：

1. 原发型。这种类型是由于青少年时期经历了不完全的社会化或错误的社会化而逐渐形成的。这类犯罪人往往在很小的时候，就养成了不良的行为方式，开始了违法犯罪的尝试，逐渐养成了不良的个性，到犯罪心理形成与行为发生时，不良的行为已成习惯且很难改造。因此，这类犯罪人的特点是：初犯年龄小、犯罪恶习深、矫治难度大。

2. 继发型。这种类型是由于犯罪人在继续社会化过程中存在缺陷而造成的。这类犯罪人早期社会化过程基本完成，并无劣迹，有的人甚至取得了一定的业绩，被视为合格的社会成员，甚至被信任重用。但在后来的工作生活中，由于私欲膨胀，世界观蜕变，物质享受强烈，或在对比中心理失衡等种种原因，逐渐走上犯罪之路。这类犯罪人的一般特点是：初犯年龄大、犯罪恶习较浅、矫治成功率较高。但由于其犯罪理智性强，其行为的危害性往往较大，其中一部分人会演变成惯犯、累犯，矫治则会变得十分困难。

（二）突变模式

犯罪心理的突变模式是指犯罪人事先没有劣迹和预谋，由于突然发生的内外环境刺激而陷入犯罪。突变模式具有突发性、无预谋性、情绪性的特点。从表面上看，这类犯罪行为的发生多是由于受到了对个人至关重要的情况、环境、气氛等的刺激和影响，具有一定的偶然性。但实质上，犯罪人先前社会化过程中存在的个性心理品质方面的缺陷，乃是犯罪行为发生的根本原因。突变模式具体又可分为四种类型：

1. 人际冲突型。这种类型，是由人际关系的各种冲突与纠纷引发的，是最为常见的突变模式。例如，因恶语相加而争吵升级，因财产纠纷而矛盾激化，因婚恋不成而反目成仇，等等。这些都容易使行为人在剧烈的矛盾冲突中，情绪失控而采取暴力行为。这种类型的犯罪多属于激情犯罪。

2. 环境感染型。这种类型，是由社会生活中出现的某种具有情绪激发作用的特定的环境与气氛引起的，一般是指人群聚集时产生的不良情绪氛围。在这种不良情绪感染下，在场者情绪激动，容易引发群体性的骚动，其中的一部分人会因为个性品质不良或自控力差而卷入犯罪。

3. 避险自御型。这种类型，是由行为人为躲避现实或假想中的危险，行为失控而形成的。一般有这样几种情况：①在突发的冲突中，受害人防卫过当。②紧急避险超过必要的限度。③因假想的危险而攻击他人。④某些职业人（如消防、公安、军人等）在紧急情况下渎职避险等。以上情况的发生，主要原因是犯罪人认知出现偏差，造成了行为不当或举止失措。

4. 机遇型。这种类型，是指犯罪人事先没有犯罪预谋，在接触到有利于犯罪的机遇后，萌发犯罪动机或突然起意而实施犯罪。因此，这种类型的犯罪机遇，对犯罪动机的形成具有重要影响。它包括以下两种情况：①机会型。犯罪人对引发犯罪的不良诱因或机会反应强烈，易于导致犯罪。一些特定的情境为犯罪提供了有利的机会，如财物外露、疏于防范、财务制度混乱、权力真空等，这些都会给个性品质不良者提供犯罪机遇，往往使他们因经不起诱惑而犯罪。②境遇型。这类犯罪人的境遇特殊，由于受到了他人或群体的胁迫或压力而导致犯罪行为的发生，无此境遇则不至于犯罪。如少年犯罪人受教唆或同伙胁迫、压力而参与犯罪。

二、特殊类型

（一）朦胧型

这种类型的犯罪常常发生在青少年身上，其犯罪动机比较模糊，未被主体清晰地意识到，往往是由犯罪意向直接引发了犯罪行为，属于稀里糊涂的犯罪。其行为特点是：下意识或意识水平较低，且无预谋。如处于不良团伙中的青少年，因暗示与模仿而犯罪，其自觉性都较低。

（二）习惯型

这种类型的犯罪人，其犯罪行为已成习惯，犯罪成为自觉的行动。这类犯罪人的犯罪，前期都有一个从小到大、从轻到重的不良行为习惯积累的过程。犯罪人经过多次作案，犯罪心理不断恶化，犯罪成了自动化行为，随时可以下意识地进行。因此，只要犯罪诱因存在，犯罪行为便可随时发生，犯罪恶习难改。在司法实践中，一些盗窃、诈骗、赌博、抢劫（夺）惯犯常常如此。

（三）变态型

这种类型的犯罪是由变态心理引起的。有些犯罪人的犯罪与其变态心理中的变态人格，如冲动型的变态人格、偏执型的变态人格和异装癖、恋物癖变态人格以及其他性心理障碍等有很大的关系。

第五节　犯罪心理的发展变化

犯罪心理不是一个一成不变的静态系统，而是不断发展变化的动态系统。就其发展变化的方向而言，有两种情况：①在主体内外积极因素的影响下，犯罪心理得以弱化，即犯罪心理向良性转化。②在主体内外消极因素的影响下，犯罪心理得以强化，即犯罪心理向恶性发展。

一、犯罪心理的弱化

犯罪心理的弱化是指由于内外积极因素的影响增强，犯罪心理走向抑制、瓦解、消失的过程。犯罪心理的弱化是犯罪心理向良性转化的前提和基础。由于个体的内外状况不同，犯罪心理的弱化程度也不同，表现各异。有的是迫于外力而暂时抑制或潜伏；有的是犯罪心理结构逐渐瓦解，中间虽有动摇和反复，但总的趋势是向着好的方向发展；有的则是犯罪心理得以消除，实现了良性转化。

（一）影响犯罪心理弱化的因素

影响犯罪心理弱化的因素多种多样，既有主体外积极因素的影响，又有主体积极因素的作用。主要表现为以下几个方面：

1. 个性心理中的积极因素。我们知道，犯罪人之所以犯罪，是因为其个性中某些心理因素发生了畸变，尽管如此，但其个性中仍保留着许多其他的积极因素。许多犯罪人的良知尚未泯灭，道德感也未完全丧失，对家庭、对工作、对未来都有一定程度的憧憬与期望；犯罪后常常会产生负疚、自责、自罪心理，这些积极因素是犯罪心理弱化的重要内在因素。它会激起犯罪人痛改前非、重新做人、脱胎换骨的欲望和勇气，促使其以坚强的意志抵御各种诱惑，走向新生。

2. 惩罚的正面效应。犯罪行为是一种违反法律的行为，必将受到刑罚处罚。但处罚的效果如何，还要看在适用法律的过程中能否产生积极的作用。就犯罪行为而言，当刑罚处罚的力量超出了犯罪动机作用的力量，使犯罪人心理上产生痛苦、畏惧的体验时，惩罚的正面效应明显，这样就可能使犯罪心理得到抑制或削弱。反之，惩罚的力度过小，犯罪人的痛苦体验小于愉快体验，惩罚产生了负面效应，这样则无法动摇其犯罪心理，甚至会使之进一步强化。大量的司法实践证明，刑罚处罚的正面效应，取决于刑罚的及时性、有力性、公正性与合理性。因此，对犯罪人的惩罚既要及时、有力又要公正、合理，这样才能取得积极的效果。否则打击不及时，刑罚运用不当，其负面效应也不可忽视。

3. 教育与综合治理的积极作用。我国对违法犯罪实行社会综合治理的政策。这一政策就是要调动一切积极的社会因素，约束、抑制乃至消除诱发犯罪的消极因素，以避免和减少犯罪的发生。这要求家庭、学校及社会各级组织（包括司法机关、社区等），在犯罪人判刑矫治期间，要对他们进行法律、道德、文化知识等大量的教育改造工作，改变其错误的认知，转化其消极的情感，矫正其不良的行为，消除其犯罪心理，使他们树立起改恶向善的信心；在犯罪人刑满释放回归社会后，要给予更多的关心教育，对他们不歧视、不拒之门外，及时帮助他们解决工作和生活困难；对他们的点滴进步，都要及时地给予肯定、赞许和奖励，鼓励他们早日融入社会，开始新生活。教育和综合治理作为一种激励机制，能够激活犯罪行为人个性中的积极心理因素，促使其消极因素不断弱化直至完全消失。

（二）犯罪动机弱化的层次和类型

由于个体内外状况的不同，犯罪动机弱化的程度不一，表现也各异。犯罪动机弱化的层次和类型主要有：

1. 表层弱化。表层弱化是指犯罪心理弱化仅停留在浅表层次。主要有以下两种类型：

（1）暂时型。这类犯罪人心理的弱化是由于受到内外压力或条件的限制，犯罪心理暂时受到抑制，如果遇到适当条件，很快就会恢复原状。

（2）假象型。这类人的犯罪心理慑于刑罚的威力而被迫蛰伏，或者为麻痹、欺骗他人，逃避惩处，而故作悔改，伪装积极，以等待时机。这类人所谓犯罪心理的弱化是一种假象，实际上其犯罪心理十分顽固。

2. 中层弱化。中层弱化是指犯罪心理弱化有了一定深度，但离良性转化还有很大的距离。主要有以下两种类型：

（1）渐进型。通过内外因素的作用，犯罪人认识到其行为的危害性，产生了悔改的愿望，并付诸实施，犯罪心理得到逐渐抑制，尽管中间也有动摇、反复，但总的趋势是心理向着良性转化发展。

（2）反复型。这种犯罪人在犯罪心理弱化和实现良性转化的过程中，经历了时好时坏、动摇反复的过程。这种犯罪人心理斗争激烈，此时外力的作用十分重要，若及时得到外力的支持，其心理反复程度会逐渐减轻，最终会实现良性转化；若得不到及时的支持，则有可能重蹈覆辙。这种类型，对有一定犯罪经历的犯罪人而言，具有较大的普遍性。

3. 深层弱化。深层弱化是指犯罪心理弱化进入了心理深层，属于实质性的弱化。主要有以下两种类型：

（1）醒悟型。这类犯罪人经过外界强有力的教育或激起心灵强烈震撼的事件的影响，幡然悔悟，并以坚强的意志力克制不良行为，从此终止犯罪，走向新生。这种类型多出现在恶习不深的初犯和偶犯中。

（2）停止型。这类犯罪心理在经过不断弱化后，终于被打破和消除，实现了良性转化。此时，行为人的常态心理占据主导地位，行为符合社会规范，犯罪行为不再出现，达到了重新社会化的目的。行为人重获新生，回归社会，成为合格的社会成员。

二、犯罪心理的强化

犯罪心理强化是指由于犯罪主体内外消极因素影响的增强，犯罪心理得到巩固和进一步恶化的过程。这个过程也是犯罪心理定型化、个性化、多方向化的过程，它反映了犯罪人从初犯、偶犯到累犯、惯犯直至职业犯的发展变化过程。

（一）影响犯罪心理强化的因素

犯罪心理的强化，是犯罪主体内外消极因素共同作用的结果。其主要的影响因素有以下几个方面：

1. 犯罪得逞的内心体验。犯罪人有预谋、有目的的犯罪行为，都是以满足其个人的物质或精神需要为出发点的。犯罪得逞，犯罪人通过非法手段满足了个人私欲，与此同时会产生一种非常愉悦、满足的内心体验。犯罪成功所带来的犯罪体验，会对犯罪主体的认识、情感、意志和人格等方面产生极为消极的影响，会加快其原有不良心理因素的恶变速度，也会使其原有正常的心理因素向不良心理因素转化。同时，犯罪得逞所带来的内心体验，也会使犯罪人的非法欲求不断增长，个性品质越变越坏，使其犯罪心理得到进一步强化。

2. 外界不良诱因的刺激作用。外界不良诱因的反复刺激，是犯罪心理强化的主要外在条件。这些不良诱因，包括来自被害方的刺激，同伙的教唆、胁迫，各种有利于犯罪的条件、机遇及外界容易诱发犯罪的各种消极因素等，都为犯罪心理的强化提供了有利条件。

3. 惩罚的负面效应。在前面的分析中，我们知道对犯罪人的惩罚，如果及时、有力、公正、合理，就能产生积极的正面效应，使其犯罪心理弱化；反之，则会产生负面效应，导致其犯罪心理的强化。特别是对初犯而言，其犯罪行为越早受到惩罚，对犯罪行为的矫治越有效果。只有这样，才能给犯罪人以威慑，消除其初次作案成功所产生的犯罪体验，从而遏制犯罪动机的再次出现。如果打击不及时，就会使犯罪人从非法获益中尝到"甜头"，助长其侥幸心理，不断滋生其犯罪欲望。同时，打击力度不够，犯罪的愉悦情绪超过了痛苦体验，惩罚就起不到威慑作用，犯罪人就会无视法律的尊严，从而使犯罪心理得到强化。尤其是对犯罪恶习较深的累犯、惯犯，由于他们惩罚的耐受性强，必须依法从重处罚，才能起到警戒作用。

4. 社会交往的消极刺激作用。社会交往是人与人发生相互关系并产生影响的过程。生活在社会群体之中，个人的行为常常要受到其他人的影响，犯罪行为也是如此。个体的违法犯罪行为发生后，来自社会和周围人们的肯定、赞许、奖赏或歧视、排斥、伤害等，都会作为消极刺激因素对犯罪心理的强化产生作用，使犯罪行为方式或倾向得以保持和加强。司法实践的很多案例表明，由初犯、偶犯向累犯、惯犯的发展过程中，很多犯罪人受到了不良交往伙伴的影响、教唆、赞许或鼓励；罪犯改造场所中，普遍存在着"相与传习"的现象。犯罪人之间相互交流犯罪信息，传授犯罪技能，这种相互感染，会使犯罪人从"一面手"变为"多面手"；另外，犯罪人遭到惩处后，尤其是刑满释放后，如果受到来自亲友或社会的歧视、排斥，工作或实际生活问题得不到解决，往往会灰心丧气，产生破罐子破摔的心理和对社会的不满情绪，变得自暴自弃。这些因素，都会使犯罪心理得到不断的加强和巩固。

（二）犯罪心理强化的特征

1. 犯罪的自觉性和主动性逐渐增强。犯罪人经过多次的犯罪活动，获得了愉快和成功的体验，犯罪活动会由早期情境诱发的犯罪逐渐变为寻求机会、制造机会的犯罪；由被迫的、他人教唆或团伙胁迫的犯罪，转而成为自觉的、主动策划的犯罪；由盲目的、机遇型的犯罪发展到有目的、有组织的犯罪。犯罪的自觉性、主动性逐渐增强，犯罪的频率不断增加，对社会的危害性加大，由偶发的、业余的犯罪发展到经常的、职业的犯罪。

2. 犯罪动机的转化更加简单。犯罪人经过多次犯罪的成功体验后，其犯罪意志得到了磨练，个人的非法欲望变得更加强烈，犯罪经验日益丰富。与初犯比较，犯罪动机也有了明显的变化：

（1）犯罪动机变得容易激发。在多次实施犯罪行为后，犯罪人的不当需要恶性膨胀，始终处于寻找犯罪目标的"待发状态"。只要适当的诱因出现，犯罪动机便会迅速产生。

（2）犯罪动机斗争的时间短暂，犯罪决意简单。由于犯罪心理强化，犯罪动机的阻碍力量越来越小，犯罪动机斗争时间比较短暂。尤其是累犯、惯犯，几乎没有作案与否的犯罪动机的斗争。

（3）犯罪动机的恶性转化明显。随着犯罪心理的全面恶化，非法欲望不断增长。犯罪者唯利是图，唯我独尊，犯罪过程中一旦出现满足个人欲望的新的刺激，犯罪人马上就会产生新的更为严重的犯罪动机和行为。

3. 反社会意识进一步确立和巩固。随着犯罪次数的增多，在不断受到社会舆论的谴责和司法机关的惩处后，犯罪人由初次犯罪时的忐忑不安到多次犯罪后的心安理得，惩罚的适应性逐渐增强，犯罪的态度逐渐巩固，反社会意识逐渐形成。与此同时，"犯罪有理"的观念进一步确立。犯罪人为自己的犯罪行为寻找种种"合理"的解释，以取得心理平衡，缓解遭受打击与谴责带来的不快。他们或把犯罪说成是为社会所迫，为了生计不得已而为之；或把犯罪看成是一种"社会分工"或者"小巫见大巫"；有的犯罪人甚至把自己视为"正义"的化身，社会公平的追求者；等等。

4. 犯罪行为恶性发展。犯罪人屡次实施犯罪活动，积累了经验，提高了犯罪技能和反侦查能力，对犯罪的心理适应性增强，变得更加老练狡诈，更加善于伪装欺骗。此时，他们能够熟练地分析条件，选择有利的犯罪目标和易于成功的犯罪手段。作案过程中也沉着镇定，较少留下人证、物证，犯罪行为不断向恶性发展，表现为：

（1）犯罪活动向多方向性发展，即犯罪人由早期的单一类型的犯罪发展为多种类型的犯罪。如由一开始的赌博，发展为偷窃、抢劫甚至强奸等，这是犯罪心理恶性发展的一个重要标志。

（2）犯罪的频率加快。犯罪的间隔缩短，犯罪成了满足其身心不良需要的手段，犯罪行为成为其自觉的行为，甚至有的人会形成犯罪瘾癖。犯罪从早期的偶发犯罪向职业化发展，此时，犯罪人形成了犯罪人格，将犯罪当成谋生的手段或职业，对其矫治已非易事。

（三）犯罪心理的强化阶段

1. 犯罪行为深度理论。这一理论由日本学者安倍淳吉提出，他把犯罪行为由浅入深的发展过程分为四个阶段。该理论较好地揭示了犯罪人由初犯、惯犯到职业犯的一般发展过程。从中我们可以看出，犯罪心理和犯罪行为不断强化的进程。这四个阶段是：

（1）第Ⅰ犯罪行为深度（纯业余阶段）。这一阶段的犯罪活动，发生在家庭、学校、朋友、近邻等监护领域之中，犯罪人尚不具备一定的犯罪技术，完全属于外行的犯罪者。

（2）第Ⅱ犯罪行为深度（近专业化阶段）。这一阶段的犯罪活动，已超越监护领域，向周围扩大，犯罪人具有了独立的犯罪意识，但尚未与职业犯罪作有组织的结合，犯罪技术也未达到专业化程度，仍处于由业余向专业性过渡的阶段。

（3）第Ⅲ犯罪行为深度（半职业化阶段）。这一阶段的犯罪活动，处于内行犯罪的边缘。犯罪人企图依靠犯罪行为维持自己和家庭的生活。犯罪人与内行的犯罪者有明确的人际关系，或属于某个集团，或处于犯罪组织的外围。他们开始学习传统的犯罪手法，犯罪手段逐渐专门化，是职业性犯罪的候补。

（4）第Ⅳ犯罪行为深度（纯职业化阶段）。这一阶段的犯罪活动，已经职业化，多数人成为犯罪组织的正式成员，犯罪手法高明，达到了"专家"水平，且有正当的职业作掩护。

2. 犯罪心理的强化阶段。根据我国司法实践的大量案例研究，一般把犯罪心理强化的过程，划分为三个阶段：

（1）定型化阶段。这一阶段，犯罪心理经过反复多次的犯罪活动得到强化，犯罪活动已非前期偶尔进行的、具有情境性的活动，而是相对稳定、巩固的自觉行为。犯罪成为生活中不可缺少的一个部分。犯罪心理与行为不断稳固，犯罪心理趋向定型。

（2）个性化阶段。这一阶段，经过前期的定型化阶段，不仅犯罪心理中的各要素继续得到强化，而且各种消极心理因素也进一步恶性发展，逐渐占据了人格中大部分空间，犯罪心理成了个性心理的主导方面，形成了典型的犯罪人格、牢固的反社会意识、畸形的需要结构。犯罪行为具有习惯性、连续性、类似性、狡诈性和残忍性，这是犯罪心理个性化的显著特征。

（3）职业化阶段。这一阶段，犯罪活动已经成为犯罪人生活的基本内容和全部意义。犯罪人把犯罪收入作为生活的主要来源，按照犯罪利益的需要选择犯罪内容和犯罪方式，犯罪行为向多元化发展。这一阶段，容易形成分工明确、组织严密的犯罪集团，其成员一般有公开的职业作掩护。

同步练习

1. 简述塔尔德的"模仿说"。
2. 简述班杜拉的"社会学习"理论。
3. 简述弗洛伊德的"人格结构"理论。
4. 什么是个人社会化？
5. 简述犯罪者不良个性形成的机制。
6. 什么是犯罪动机，犯罪动机形成的条件有哪些？
7. 犯罪动机的形成包括几个阶段，其发展变化有几种情况？

8. 犯罪心理形成的常见模式包括哪几种，各分为哪些类型？

9. 什么是犯罪心理的弱化，其影响因素有哪些？

10. 什么是犯罪心理的强化，其表现特征如何？

拓展阅读

孤独杀死了他，他弑母伤父

每个人都有梦，有梦的人活着才不会孤独，才有动力。追梦的过程是艰辛的。就是追不到，也没有白活，只要你的梦是你的一切。我要给自己创造舞台创造机会，永不放弃……

我走到今天这步，全是因为我对梦想的执着而造成的，现在的这个社会有太多的人，有太多的梦想不能实现。对于这些追梦的人，我要说的是，有梦想是好事，梦想是自己的原动力，不管最后是成功，还是失败，只要你努力过，就行。不过，不要陷得太深，否则无法自拔……

——弑母伤父少年涛涛

尽管我们正在习惯亲人相残的新闻，但不久前发生的16岁河南少年涛涛谋划2年并最终弑母伤父的事件，仍强烈地冲击着我们脆弱的神经。

这到底是为什么？他为何这么做？

涛涛的亲人也面临着同样的困惑。涛涛的四伯对记者说："等涛涛母亲的后事处理完，我和他大伯希望能一起去看守所，与涛涛好好地谈一次，我们要问清楚，他到底为什么要这样做，为什么能对父母下如此的毒手。"

相信这也是涛涛的父亲心中的一个疑惑。自1991年涛涛出生后，这个男子一直在广州闯世界，他付出了16年艰辛的努力，最终收获的，却是一个家破人亡的结局，而这个结局，还是自己儿子亲手制造的。

不过，这个事件中，至少有一个人看起来没什么疑惑，那就是涛涛自己。

真正的我早就死了

报社第一时间采访涛涛的记者说，涛涛给他留下最深的印象是"没（无）所谓"。

他说，和涛涛对话时，涛涛是有问必答。为了检验涛涛是否会撒谎，他有意隔一段时间后重复问了一些问题，看看涛涛的回答是否一致。结果发现，非常一致。这表明，涛涛说的都是实话，他心里怎么想，就怎么回答。譬如：

记者：你觉得你的（作案）计划都实现了吗？

涛涛：觉得心下得不够狠，中间出了一点意外，没有将计划做得完全。

记者：你那么恨他们吗？以至于非杀不可吗？

涛涛：不杀了他们，心里的枷锁解不开。

记者：你还会想起你的妈妈吗？如果她在这里，有什么要对她说的吗？

涛涛：到了这里，还会想到我妈妈，想到她以前的样子，想到她的表情，但是该说的已经都说完了，再没有什么可以说的了。

记者：有想到这么快被抓到吗？被抓了之后害怕吗？

涛涛：没想过这么快就被抓到，开始是先打算跑到沙涌南，去以前就读的一个小学篮球场休息一下，然后再作打算的。现在到了这里，该怎样就怎样吧，一切都无所谓了。

概括而言，涛涛案发后的心情是"既不后悔，也不害怕"。乍一看，涛涛的心态好像正常得不能再正常。但是，联想到他刚杀了人，而且杀的是至亲的父母。他刚一手制造了惊天的人伦惨案，却表现得若无其事。这样的冷血，是极其不正常的表现。对此，心理咨询师说，这一事件给他"最大的感觉是恐怖，恐怖来自案件中的没有感情"。

心理咨询师说，涛涛的这种反应，是"情感隔离"。意思是，肯定有情感，但被隔离掉了。或者说，情感彻底被压抑到潜意识中，而意识层面上，只有坚硬的谋划和言语，而没有了柔软的情感。

这只是一个最终的结果。可以看到，这其实是一个过程，涛涛所谓的"两年谋划"，除了寻找他说的父母单独与他在一起的机会外，也是一个不断放弃柔软而令自己彻底坚硬的过程。他对记者说，他曾两次对父母动了杀机，举了木棒和铁棒，但脑子里闪现出了父母的形象，于是他无法将棒头挥舞下去。

这就是柔软的东西，涛涛知道，只要还有这些柔软的东西，他杀父弑母的计划就无法实施，于是，他决意彻底驱逐柔软，对自己说，当再次挥舞棒头的时候，脑子里不能再闪现父母的形象。他决意要变得只剩下坚硬，他做到了，而做到之时，也即惨案发生之时。

要彻底走向坚硬，这像是涛涛几年前就做的一个决定。他对记者说："真正的我早就死了，在最大的梦想破灭那天早就死了。"

他解释说，所谓的梦想破灭，即，"觉得（梦想）在现实中无法实现，因为很难接触到帮助实现自己理想的人，我的爸爸妈妈从来没有帮助过我，后来就慢慢放弃了"。

他所谓的死，可以说是心死。心，是柔软的所在，心死了，就只剩下一具行尸走肉，一具坚硬的躯壳。

我猜测，他这个所谓的死，应该就发生在两年前。随即，他便开始了杀父弑母的计划。

这个计划，其心理含义是，我的梦想之所以破灭，不是我的过错，而是你们的，你们作为父母，要为我的死负责。

那么，真是如此吗？

别人的打骂是伤害，父母的就是爱？

为什么要杀父弑母？涛涛给出了两个理由，一个是父母经常训斥他，"他们很烦，经常骂我，用很恶毒的词语"，另一个是"父母每天都会管束干涉我的行为，让我觉得被人束缚着，如果不杀死他们，我就无法向前发展"。

涛涛的父亲间接承认了第一个理由。他说，他有时会和孩子谈心。但当记者问到他谈心的具体方式时，他说，他会对涛涛说，这样做不对，那样做不对，你应该做什么……

显然，作为父亲，他习惯了用否定的方式与儿子交流。

不止他这样做，涛涛的母亲，尽管一方面在涛涛很小的时候溺爱他，但另一方面，一样习惯使用这样的方式。涛涛回忆说："（妈妈）有时抓住我的一个过失就一直说，说我'不中用''没材料''到哪都会给人添麻烦'。有时我顶撞她两句她就不出声，只是她会用一种讨厌和憎恨的眼神瞪着我看，我看到她这眼神的时候，心里一阵酸痛，眼里的泪水都要流出来，我强忍着把它压回去了。事后我想她竟然用这种眼神看我，她还是我妈吗？"

看起来，否定与被否定，这是父母与涛涛互动的模式。这就引出了一个基本问题：父母常否定孩子，这会导致什么结果？

如果问，一个普通朋友总是辱骂你、否定你，那么，你会有什么反应，该如何做？想必绝大多数都会回答，我会愤怒，会生气，会不想和他交往，他这个人有毛病。

但是，如果一个普通朋友换成父母，无数人就被迷惑了，他们会说，父母对孩子，打是亲，骂是爱。做父母的，会这样想，做孩子的，有时也会这样想。

这是一个迷雾，就好像是，只要做了父母，那么无论怎么对孩子，都是爱的表现，而且做孩子的，应该体会父母的爱心，不该有愤怒和不满。

这是最常见的误解之一。其实，无论在什么关系之中，只要你斥责对方，对方一定会有愤怒。假若对方没有表现出愤怒，那么，要么是他有意地压制自己的愤怒，要么就更可怕，是情感隔离，即他产生了愤怒，但他却意识不到，而全部被压抑进潜意识中了。

可以说，这是一个基本道理，在最亲密的亲子关系中，一样如此。

涛涛的例子证明了这一点。或许，和很多孩子一样，当被父母否定的那一时刻，他不能表达他的不满和愤怒。但这并不是说，愤怒就没有了，这些愤怒只是被压抑到内心深处而已。越不能表达，意味着被压抑得越多，那么一旦爆发，就是摧毁性的。很多人伦惨案，或者其他惨案，常是内向的"好人"所为，正是这个道理。他们看起来不愤怒，但这不是因为他们没有愤怒，而只是不能或不敢表达愤怒而已，他们的愤怒，其实已积攒得如同一座火山了。

做父母的，必须意识到，并不是说，生了孩子，做了父母，他们就永远是正确的，无论怎么做，对孩子都是爱。他们与孩子的关系，其实和普通的人际关系有很大的类似之处，你给孩子温暖，孩子就会感觉到爱，你否定、斥责孩子，孩子就会感觉到冰冷和伤害，以及不满和愤怒。

这可能是涛涛变得彻底坚硬的一个重要原因。总被父母斥责和否定，这就意味着，在家中，只要你打开心扉，就会受到伤害，那么，不如把心关上，让那些斥责和否定像耳旁风一样，只能掠过，但不能再伤害自己。

一个细节显示，涛涛与父母的沟通大有问题，当他杀害妈妈时，他妈妈说，孩子，你可以换一个工作，不必这样对妈妈。这显示，妈妈其实知道儿子为什么愤怒，但没有料到儿子会做出这么可怕的事。

每个孩子都渴望走向更宽广的世界

对于杀父弑母，涛涛给出的第二个理由是，"父母每天都会管束干涉我的行为，让我觉得被人束缚着，如果不杀死他们，我就无法向前发展"。

这个理由，看上去有一定的合理性，因为正是在父母安排下，涛涛13岁至今的主要生活，一直是三点一线——烧烤档、家和网吧。不过，在我看来，这里面还有更深层的原因。

从婴儿、幼儿、少年到青少年，再到成年，这里有一个基本的生命轨迹，就是不断地走向更宽广的世界，最终离开家，找到属于自己的世界。

然而，涛涛的人生，却是一个相反的轨迹。来广州前，他走在这样一个轨迹上，世界越来越宽广，但来广州后，他的世界却越来越狭窄。他去打工子弟学校读过书，但只读了一年就退学了；他有过一个同是做烧烤档的孩子做朋友，但两人时间都很紧张，于是断了来往；他在做烧烤时，经常想和吃烧烤的人交一下朋友，但他失败了……于是，最终，他的世界成为他与父母的一个三人世界，除此以外，他在广州再没有一个朋友，没有一个可以说说话、可以一起分享欢乐或忧愁的陪伴者。并且，父母也是无法交流的。

这样的狭窄生活，完全违背了一个人的成长之路。涛涛说，他经常感觉到自己受到了严重的束缚或限制，原因可能就在这里。作为成年人，涛涛的父母已经知道自己是谁，已经给自己有了明确的定位——我们在广州讨生活，但河南老家才是我们的归属。由此，他们可以非常有耐心地在广州打拼，甘于同样狭窄而乏味的生活。然而，作为一个少年，涛涛的自我还未形成，他还需要在一个更宽广的世界中好好闯荡，这种闯荡不只是为了未来的事业或者生活，而更重要的是满足心灵成长的需要。这是生命的一种本能冲动。

　　然而，涛涛的这种生命冲动被逆转了。来广州前，纵然学习糟糕，但他还有自己的一个相对宽广的世界。来广州后，他却被限制在一个狭窄的、单调的、每天重复的三点一线的生活轨迹上。

　　并且，在这个三点一线中，网吧这一点，具有无可比拟的重要性。他不能在现实生活中找到属于他的世界，但他可以在网络中多少找到一些。他来网吧，做的事情很简单，譬如打简单的游戏，和几个相熟的同龄朋友通过网络聊天，再就是经营他的博客。网络，既满足了他交朋友的直接的心理需要，也满足了他经营幻想的深层心理需要。

　　也正是因为网络如此重要，所以当父母对他上网有阻止行为时，他才那么愤怒。这意味着，他生命本能的冲动又被破坏了。

　　成人与孩子的一个重要差异是，成人可以做到基本只在乎现实，而孩子一定会非常在乎感觉。所以，当涛涛的父母从现实的角度考虑，劝涛涛说，与其上网浪费金钱又浪费时间，那不如用这点时间睡觉。这属于纯现实纯利益角度的考虑，但对于涛涛这样的少年而言，感觉无比重要，假若只是两点一线的生活，他会感觉到更大的束缚，这种束缚感，是一种会要他命的感觉。与其被这种束缚感要掉自己的命，不如起来反抗。于是，他才会谋划两年，最终要了妈妈的命。

　　这时，他的家庭被撕裂了，被摧毁了，他也势必会得到相应的惩罚，受到更大的限制，但他反而会"觉得终于解脱了，给自己一个新的生活，让自己命运变得更加精彩"。

　　这样分析，看起来涛涛的父母，要为涛涛的问题负很大责任。不过，我不这样认为。相反，我想，涛涛的父母，有能力在广州带给涛涛一个宽广的世界吗？

　　显然，他们没有这个能力。他们在这一点上最能做到的，就是送涛涛去打工学校，在那里，不管涛涛学习成绩好坏，他都会找到自己的朋友，找到一个属于自己的世界。但是，涛涛自己适应不了，退学了。这之后，涛涛父母就没有能力再去营造机会，帮涛涛在广州走向更宽广的世界了。毕竟，他们自己都不属于广州，他们自己都不能在广州找到一个世界，他们又如何帮儿子做到这一点呢？

　　我想，在这一点上，涛涛过于怪罪他的父母了。他的世界过于狭窄，除了他就是父母。于是，一旦出现心理困扰，他能怪罪的，不是自己，就是父母，他找不到其他可以怪罪的，而他父母，又的确有时会劝阻他不要上网，这很容易让他形成一个结论——是父母令我感觉到了束缚。然而，假若他的父母给他充分的自由，那么他会发现，在这个异乡，他的这个束缚感，是无法摆脱的，在这里，他找不到属于自己的一个世界。

在这里，他只能陷入孤独。

他的梦想，是为了逃避孤独

涛涛的博客，名为"等待梦想"。相对于一个打工家庭的孩子，他的梦想堪称高远，他要写剧本，做导演；他要做科幻作家、武侠小说家；他还梦想成为政治家……

志向高远，总是好的。我们容易这样想。涛涛也说："有梦想是好事，梦想是自己的原动力，不管最后是成功，还是失败，只要你努力过，就行。"

但是，梦想未必是理想，梦想其实常是幻想。所谓幻想，就是一种心理防御机制，是为了逃避生活的苦，而幻想出一个世界。在现实世界，自己自卑，没有能力，而在幻想世界，自己能力非凡，甚至可以为所欲为。涛涛的梦想，就属于后者。在心理学上，这被称为"白日梦"。

所谓理想，需要有自知力，有理想的人，会知道自己的优点和缺点，然后会避开缺点而发挥优点，还需要一个扎实的努力，需要坚定地向理想进军，不断地向终极目标靠拢。

但涛涛的梦想，不是这样的。他的梦想，更像是一种反向形成。即，他在哪一点上最欠缺，他就幻想在这一点上最出色。他不能把握自己的人生轨迹，于是他幻想成为导演，把握别人的人生轨迹。他只能过三点一线的生活，于是他幻想成为侠客，拥有为所欲为的人生……

这样的白日梦有一个关键点：做梦者没有真正去追梦的勇气，因为那意味着要直面自己的人生真相，然后脚踏实地地去规划，他并没有做这个工作。

他有一句话道出了他的梦想的实质——"每个人都有梦，有梦的人活着才不会孤独，才有动力"。这句话表明，他的梦想，只是逃避他的孤独的一个方式而已。

他看似是等待梦想，其实是在等待关系。

梦想救不了他，但朋友可以

有两个字，更能概括涛涛心理问题的实质，那就是：孤独。

大人们，一开始会把涛涛的问题归因到网吧上。他的事件被报道后，他常去上网的网吧被关闭。但是，如果认真去看一下涛涛的故事，就会知道，网络并不是他的问题制造者，相反却是他的一个重要的避难所。并且，他每天去网吧也不过一个多小时时间，这根本谈不上是网瘾。把孩子的问题归结到"万恶"的黑网吧上，经常是大人们的一个逻辑，是大人们逃避直面自己责任的一个"替罪羊"。

其实，孩子们都知道涛涛的问题在哪里。采访涛涛的记者说，他采访过的一些打工子弟说，他们比涛涛好的一点是，他们在读书，有很多朋友，不那么孤独。

听了这样的话，大人们的眼睛仍然容易集中在"读书"两字上，以为读书意味着孩子有追求，有渴望。其实，同样关键甚至更关键的是"朋友"两字。读书优秀的孩子，永远是少数，那么，对于大多数孩子而言，读书最重要的是提供了一个环境，一个可以走出家门进入社会的途径。从心理学上而言，这被称为社会化过程，即一个孩子从狭窄的家庭走出来，从最初的与父母的关系，逐渐走向更宽广的世界，建立真正属于自己的社会关系。有了这些关系，就意味着有了自己的一个世界，有了这个世界，就不会有那么强烈的束缚感。

涛涛自己也知道他的问题在哪里。记者说，在采访过程中，涛涛屡屡讲到关系二字。他说，在烧烤档，他很想和有素质的客人聊天，从而拥有一些能帮助他实现梦想的社会关系，但他找不到这样的客人。涛涛这句话，一半是真，一半是假。我想，他那么孤独，其实对关系已有点饥渴难耐了，他不会太挑剔关系，只要有就可以了。但是，客人们怎么会和一个少年建立关系，他们都拥有自己的世界，没必要再到烧烤档和一个少年来建立关系。

有一件事情更加展现了涛涛对关系的渴望。去年10月，他的堂哥阿强来到广州，在涛涛家待了两个月，涛涛说，这两个月时间，是他在广州最开心的一段时间，他每天都会和阿强去网吧，向他推荐好听的歌曲。并且，有时走在路上，他都会开心地唱起歌来。

显然，他要求的并不多，他只是要求一个关系而已，要求一个同龄的朋友陪伴而已。

但是，在偌大的广州市，在这个有数百万孩子的城市，他找不到一个可以和他一起说说话的小伙伴。

涛涛说，梦想破灭的那一天，他早就死了。既然梦想是他逃避孤独感的一个手段，那么，可以推测，其实是无法走出孤独战胜孤独的绝望感杀死了他，而不是什么梦想破灭杀死了他。

那么高远的目标，而又那么卑微的生存条件，还有那么可怜的技能，他的那些如此高远的梦想，只怕注定会破灭的。

但拯救他，其实并不难，只要有一个关系，一个能彼此说说话，而且最好是同龄人的关系，就可以了。

天涯论坛的一个题目为"菜刀祝福老爸"的帖子，反映了这一点。这个帖子写道：

小时候，我也经常在被老爸打骂后发下如此毒辣誓言：哼，等我长大了，一定把你打个半死。涛涛的不同之处在于，他做了。我，因为成长过程中，在离开家庭后，得到了种种来自家庭之外的关爱，如好同学，好朋友，较为宽松的学习环境，而对人生，对这社会，有了更多希望，知道，走过去，前面还有天。父母对我来说，只是人生某个驿站上的守护人。

这个帖子表明，涛涛的父母常否定孩子斥责孩子，对涛涛的心理问题，应该负有一定的责任。但是，假若涛涛能拥有好同学、好朋友等关系，他和这个天涯网友一样，也可以有很大的可能性，走出狭窄的家，走向宽广的世界，从而获得拯救。

一些对民工家庭有研究的专家称，对于涛涛这样的少年，他生活在老家，比生活在广州要好很多，因为老家有人际资源，会有许多亲人，和许多可以一起玩的同龄人，他不会孤独，也不会发出那样的感慨："广州是一个繁华的城市，但是很孤单"，也不必说"孤独的时候也很想哭"。

广州，是既不属于他父母的世界，也不属于这样一个少年的世界。[1]

---

　　〔1〕 "孤独杀死了他，他弑母伤父"，载武志红新浪博客 http://blog.sina.com.cn/s/blog_5476455 9010009c7.html，2015 年 10 月 12 日访问。

模块五　类型论

第五章

不同动机的犯罪心理

学习目标与任务

了解并掌握物欲型、性欲型、情绪型、信仰型动机以及几种特殊类型的犯罪心理与行为特点，运用所学理论对犯罪案例进行心理分析。

案例导读

案例一：　　　　　　　　　南宁系列入室盗窃案

2016 年 03 月 23 日，南宁警方破获一系列入室盗窃案。经警方调查，从 1 月 22 日至 3 月 11 日，两个入室盗窃嫌疑人卢某和韦某，在南宁市某区一带疯狂作案十几起，涉案金额 20 多万元。警方经调查发现，入室盗窃案的作案手段是一样的，均为技术性开锁入室盗窃。每次入室盗窃，卢某都专门负责开锁，韦某负责望风。在盗窃得手后，两人马上搭车离开南宁。[1]

案例二：　　　　　　　　贵州侦破全国最大电信诈骗案

2015 年底，都匀市一单位账户内的 1.17 亿元神秘消失，贵州警方派出五百多名警力在全国范围内侦查，结果发现一个庞大的电信诈骗集团；诈骗话务窝点甚至设在乌干达和印度尼西亚；资金经过多次流转后，最终在台湾被取走。该案已被贵州警方成功侦破——冻结资金上亿元，抓获 62 名犯罪嫌疑人，其中包括 10 名台湾主犯。办案民警揭秘，这是全国近年来单笔被骗金额最大的电信

---

〔1〕　"南宁系列入室盗窃案"，载广西新闻网 http://news.gxnews.com.cn/staticpages/2016-03-23/newgx56f1c2f8-14624027.shtml，2016 年 3 月 23 日访问。

诈骗案。[1]

案例三：　　　　　　　　　　　　　**招远血案**

2014 年 5 月 28 日，山东招远发生一起故意杀人案。6 名犯罪嫌疑人系"全能神"邪教组织成员。为发展邪教组织成员，在麦当劳向就餐人员索要电话号码，遭被害人拒绝后，将其残忍殴打致死。

想一想：以上三个案例分别属于什么类型的犯罪，分别有着怎样的心理与行为特点？

我们已经探讨了犯罪心理发展变化的共同规律，对犯罪心理有了一个宏观的把握。从本章开始，我们将开始讨论各种不同类型的犯罪心理，以便对之有更深入、更细微的理解。

由于犯罪现象复杂多样，不同的研究者从不同的研究目的、角度出发，对犯罪类型的划分也不尽相同。犯罪心理学的研究，一般以动机、年龄、性别和犯罪主体的数量、心理状态、犯罪经历等为标准来划分犯罪类型。

本章从不同的犯罪动机这一角度，着重探讨物欲型、性欲型、情绪型和信仰型四种主要犯罪类型的犯罪心理与行为表现，同时我们还要研究毒品犯罪及计算机网络犯罪等其他几种特殊类型犯罪的心理与行为表现。

第一节　物欲型动机犯罪心理

一、物欲型动机犯罪的概述

物欲型动机犯罪，又称利欲型或贪利型动机犯罪。在大多数国家它都是发案率最高的犯罪，也是各国所面临的最棘手的犯罪问题之一。物欲型动机犯罪不仅可能造成民众财产的巨额损失，同时，还容易造成民众的恐慌心理以及生活安全感的下降。

（一）物欲型动机犯罪的概念

物欲型动机犯罪是指犯罪人为满足其对财物的欲求而非法占有他人或公共财物的犯罪行为。

对财物的欲求，人皆有之，它本是人类的基本需要。绝大多数人能够通过

---

[1] "贵州侦破全国最大电信诈骗案"，载 http：//szbk. chuzhou. cn/wdck/html/2016 - 04 - 25/node - 33. htm，2016 年 11 月 20 日访问。

正当手段，采取正常途径来获得合法收入，调节、满足自己的物质需要，而少部分人则采取了非法手段来满足自己的物质需要，走上了犯罪道路。随着我国政治、经济和社会的发展变化，物欲型动机犯罪也发生着变化。与以往的"饥寒起盗心"不同，现在的物欲型动机犯罪，充满了极端的利己主义和严重的反社会倾向，通常是以疯狂攫取财物、贪婪追求享乐为目的的犯罪。如贩毒、走私、贪污、受贿和挪用公款等，通常犯罪数额巨大，给国家和人民财产造成重大损失。

（二）物欲型动机犯罪的主要类型

物欲型动机犯罪，是犯罪的一种主要类型，也是犯罪心理学研究的重要类型之一。它主要包括：我国《刑法》规定的侵犯财产罪中的盗窃罪、抢劫罪、诈骗罪、抢夺罪、敲诈勒索罪；贪污犯罪中的贪污罪、挪用公款罪、行贿罪、受贿罪以及走私、贩毒罪等。其中盗窃罪、抢劫罪、诈骗罪、贪污罪、贩毒罪等是犯罪心理学研究的主要内容。

二、物欲型犯罪动机的形成

任何行为动机的形成，都是内外因相互作用、相互影响的结果。人的内在需要是动机形成的最根本的因素。物欲型犯罪动机就是在犯罪人对金钱、物质的不当需要和外界不良诱因的相互作用下而产生的。

（一）诱发物欲型动机产生的客观因素

1. 经济转型期消极意识的影响。目前，我国正处于社会经济转型的过程中，市场经济规则尚未完全建立，市场秩序还不够规范。加之，市场经济存在的弊端，如市场经济的追求利益最大化利益机制，容易使人滋生极端利己主义思想。必然会对人们的价值取向、生活方式等方面产生消极影响。有的人见利忘义，价值观、人生观发生扭曲和变异。有的人只从眼前出发，只顾个人利益，而不顾国家、集体利益；有的人抱着"捞一把是一把""今朝有酒今朝醉"的心理，在市场经济的大潮中，抵御不住巨大的物质诱惑，从而违法犯罪；有的人把资产阶级腐朽的生活方式奉为法宝，不讲理想、信念，只图及时行乐，沉沦于纸醉金迷、醉生梦死、纵情声色的奢靡生活。特别是随着市场经济的繁荣发展，物质的日益丰富，更刺激了一些人对物质财富的占有欲。为此，他们会不择手段，侵吞公私财物，从事各种违法犯罪活动，不遗余力地追求个人私欲。

2. 不良社会风气的影响。社会主义市场经济的建立是一个破旧立新的过程。新旧体制转型的过程中，由于主流价值导向的偏差以及制度建设滞后等原因，不良的社会风气问题日渐暴露。有些人的思想意识、价值观念朝着物欲化、功利化的方向发展。

不良的社会风气，对社会成员有很强的腐蚀作用。特别是对那些精神空虚、脆弱的社会成员会产生极其不良的影响，使一些人放弃原有的崇高理想和信念，而变得精神颓废、唯利是图。如有的人花钱讲排场、比阔气，挥霍浪费现象严重；有的人为了个人的物质享受，侵吞公款、贪污受贿、吃喝玩乐、赌博、嫖娼等。这些丑恶的社会现象，客观上刺激了以侵占财物为目的的物欲型犯罪动机的产生。

社会风气不良，尤其是当贪腐之风盛行而不法分子长期得不到揭露和打击时，必然会使犯罪分子产生犯罪"合理化"的认识，强化犯罪动机。

3. 社会分配的不均衡、不合理。社会改革打破了以往的平均主义的分配方式，会使那些学无所长、吃惯了"大锅饭"的人心理失去平衡。贫富差距的存在乃至加大，会使一部分人产生相对贫穷感。如不同地域、不同行业，由于发展的基础、行业特点的不同和差异，社会分配不均衡的现象客观存在；又如"老、少、边、穷"地区与沿海经济发达地区经济收入的巨大差距，同工而不同酬等现象的存在，也会造成人们心理失衡与脆弱。社会分配不合理、不公平的现象，容易使一部分人在比较中产生不愉快感、被剥夺感，甚至因此而心生怨恨，对社会不满。一旦遇到诱惑，就可能会铤而走险，用非法的手段去弥补物质方面的缺失而走向犯罪。

4. 社会控制力量薄弱。现阶段我国流动人口增加迅速，使社会控制难度加大。有些地方大量进城的农民工以及社会闲散人员常处于管理无序的状态。户籍管理制度滞后，管理工作存在许多漏洞，也为犯罪分子提供了可乘之机。社会控制力量的薄弱，会使一些不法分子心存侥幸，想入非非。而流动人口实际存在的无序状态，为盗窃、抢劫、诈骗等物欲型犯罪，提供了广阔的作案空间和机遇。

以上，我们分析的是物欲型犯罪动机形成的外部诱因。对物欲型犯罪动机形成起主导作用的，还是来自犯罪人内部的需要，这是动机产生的根源。

（二）物欲型动机犯罪人的需要特征

1. 需要结构畸形发展。人的需要，一般可分为生理和物质的需要，社会和精神的需要。物欲型犯罪人的需要结构严重畸形，他们心中有利于社会的精神需要很少，而个人的生理和物质的需要却恶性膨胀。有的人对物质财富的追求，几乎达到了疯狂的地步。在我国现有的经济条件下，因生活困难而犯罪的人相对较少，大部分物欲型动机犯罪人，都是为了满足其贪婪的物质占有欲和贪图生活享乐的生理需求而选择犯罪。

2. 犯罪人的需要超出了自身的经济条件。现实生活中，人们的物质需要的满足，应该与自己的经济状况相一致。正如马克思所指出的：需要本身不取决于个人意志和意识，以及心理生理感受，而是取决于个人的社会本性，取决于个人在生产关系中的地位，取决于人民的客观生活条件。这就是说，必须承认，在一定的社会条件下，人们的物质需要水平是受一定的客观条件制约的，要改变现状，必须付出辛劳和努力。而物欲型动机犯罪人对物质财富的需要水平远远超出了自身经济条件许可的范围，这样，就不可避免地会用违法犯罪的手段来达到目的。有的犯罪人对财富的追求几近疯狂，他们贪得无厌、欲壑难填，给国家、人民财产造成了巨大的损失。

3. 犯罪人的需要具有反社会倾向。犯罪人的需要，表现为对物质财富的过度追求。一旦其物质欲望通过正常渠道无法得到满足，他们就极易与社会的道德、法律规范产生尖锐的冲突与对立，进而对社会产生怨恨与不满。只要遇到机会，他们就会采取非法手段来满足其物欲，产生危害社会和他人的反社会行为。因而，其物质需要中带有明显的反社会倾向。

三、盗窃犯罪人的心理和行为特征

（一）盗窃犯罪的概念和类型

盗窃犯罪是指以非法占有为目的，秘密窃取公私财物的犯罪行为。盗窃犯罪是一种隐蔽式、非暴力、技能式的犯罪，是刑事犯罪中最常见的一种犯罪。根据作案手段的不同，一般分为偷盗和扒窃两类。偷盗作案的方式复杂多样，有撬门扭锁、挖洞破窗等方式的作案，也有流窜作案、乘机作案、内外勾结作案等方式。扒窃作案的手段主要有掏兜、割包、撞窃等。

（二）盗窃犯罪人的心理特征

1. 认识特征。盗窃犯罪人普遍具有错误、扭曲的人生观和世界观，他们追求物质享受和低级趣味的生活方式。有的犯罪人，因为有一定的盗窃技术和经验，往往过高地估计自己的能力，侥幸心理较强，抱着"抓不着，就赚了一笔，抓着了算我倒霉"的心理，不断触犯法律。尤其是其中的惯犯、累犯，因为多次受到打击惩处，许多人具有严重的犯罪"合理化"意识和反社会倾向，作案时就显得特别疯狂、贪婪。

2. 思维与观察力较强。与抢劫犯、杀人犯等暴力犯罪人相比，盗窃犯罪人的智商一般较高，思维敏捷，观察力比较敏锐。他们善于寻找人们防范的漏洞。在作案之前，对盗窃目标或对象，一般都会有一个观察、选择和准备的过程，他们善于在人们防备松懈、麻痹大意时伺机作案。

3. 情感淡漠，情绪适应性强。盗窃初犯在刚开始作案时，一般都会产生紧张、焦虑、恐惧的情绪体验。有的人还会产生怜悯之心和罪恶感，内心忐忑不安。但一旦多次作案成功，没有受到法律的及时惩处，盗窃成功带来的物质享受和内心喜悦，很快就会战胜紧张不安的情绪。久而久之，紧张的情绪便会趋于平静，情绪的适应性逐渐增强，盗窃行为也会变得胆大妄为，从而持续作案。

身为累犯、惯犯的盗窃犯，其社会性情感已变得淡漠、麻木、冷酷、残忍，毫无羞耻之心。

4. 能力特征。盗窃犯罪人，不论是偷盗，还是扒窃，都具有一定的技能。如入室盗窃的犯罪人，一般都具有开窗、撬锁的技术；扒窃犯罪人有寻找目标和掏包、割包的能力；在火车上扒窃、撬窃的犯罪人，还具备扒车、跳车的能力。一些特殊的盗窃犯还有专门的职业技能，如驾驶汽车，开保险箱（柜），制造网络病毒，破译网络密码等技术。

（三）盗窃犯罪人的行为特征

盗窃犯罪人突出的特点，就是行为诡秘隐蔽，由此形成了其独特的行为特征。

1. 目标与对象的选择性。盗窃犯罪人作案的目标是财物，与财物发生联系的人或单位则构成了其作案的对象。盗窃犯罪人的作案很少是盲目的，作案之前他们会对作案的目标和对象进行踩点、筛选。许多犯罪人的心中都会有一个完美的作案对象的"蓝图"。在城市，盗窃犯多把一些开放式的、流动人口较多、居住人员较复杂的住宅小区，人群聚集的商场、银行以及各种车辆作为盗窃的对象。在农村，多以私人企业、个体户、商店等为作案对象。

2. 行为模式的固定化、习惯化。盗窃犯罪人为了迅速有效地达到作案目的，很注意各种犯罪技能、技巧的练习。每一个盗窃犯罪人在长期作案的过程中，都会形成自己独特的作案技巧与习惯，形成不同于他人的独特的行为"烙印"。这为我们认识案情，侦查破案提供了客观依据。

熟练的犯罪技能，使犯罪行为成为习惯，盗窃犯罪人很难抵制外界不良因素的诱惑，控制不住作案的心理冲动，形成犯罪的动力定型。犯罪成为行为人的癖好与恶习，最终发展成盗窃惯犯，使得其犯罪心理和行为的矫治变得相当困难。

四、抢劫犯罪人的心理与行为特征

抢劫犯罪是指以暴力、胁迫或其他方法，非法强行占有公私财物的行为。抢劫犯罪几乎都是采取暴力手段来侵占财物，在我国的刑事案件中较为突出。特别是近年来，抢劫银行、珠宝店等重大案件时有发生。有些进行盗窃、诈骗、抢夺等犯罪活动的违法犯罪人，为了窝藏赃物、抗拒缉捕或者毁灭罪证而使用暴力或以暴力相威胁，也会使原来的犯罪行为转化为抢劫。抢劫犯罪具有暴力性、威胁性，往往会给侵害对象带来极度的恐惧与伤亡，使社会治安环境恶化，造成极其恶劣的社会影响。所以，抢劫犯罪是物欲型犯罪中社会危害性最大的犯罪，历来是法律严厉打击的重点。

（一）抢劫犯罪人的心理特征

1. 动机特征。大多数抢劫犯罪人，主要的犯罪动机就是对物质财富贪婪的占有欲望。但也有少数青少年犯罪人是出于好奇、逞能或寻求刺激的心理而进行抢劫的。一些精心预谋的抢劫犯罪，行为人作案前动机斗争都十分激烈。因为他们清楚地知道，抢劫特别是针对巨额财物的抢劫，必将受到法律的严惩，一方面是巨额财物的诱惑，另一方面是法律的威慑，使他们的动机斗争更加激烈。另外，一些机遇型的抢劫，常常是由具体的情境刺激迅速引发的（如老人、小孩、妇女，或财物外露的人等），行为人的动机比较简单直接。

2. 认识特征。抢劫犯罪人的自我认识能力低下，他们往往过高地估计自己的能力，侥幸心理较强。抢劫犯罪人大多崇尚武力，喜欢蛮干，以为靠强力就可得到自己想要的一切，具有反社会的野蛮的英雄观。同时，抢劫犯罪人普遍具有赌徒与亡命徒兼备的"二徒"心态，因此作案时常常孤注一掷、穷凶极恶，行为不计后果，给公私财物带来了巨大的损失，甚至会造成人身伤亡。

3. 个性特征。抢劫犯罪人大多性格凶狠残暴。在气质类型上多属胆汁质、多血质。神经兴奋性往往占优势，性情暴躁，自我控制力差，行为鲁莽、粗野，极具攻击性。所以，他们作案时情绪极为冲动，心狠手辣，极为残忍。如遇抵抗就会变得更加疯狂，甚至滥杀无辜，造成十分严重的后果。

（二）抢劫犯罪人的行为特征

由于抢劫犯罪会受到法律的严厉惩罚，因此，大多数抢劫犯罪人作案之前都有充分的预谋和准备。具体而言，其行为具有以下特征：

1. 精心选择抢劫目标。抢劫犯罪的目的是占有财物。近年来抢劫犯罪的发展趋势是：精心预谋的抢劫犯罪目标通常锁定在巨额财物上。与盗窃犯罪方式不同的是，抢劫不是秘密进行的，而是在光天化日之下公然实施的犯罪行为，是通过对被害人非法实施限制人身自由或伤害身体、威胁生命等手段来实现的，具有极大的风险性。所以，抢劫犯罪人在作案之前，都要根据自己的作案经验，对抢劫目标和抢劫后的逃跑路线做出精心的选择与规划，以确保犯罪行为得逞并能顺利逃避法律的制裁。

2. 行动迅速，手段凶残。由于抢劫方式的公开暴露，抢劫犯罪人抢劫的过程相应较短，行动迅速。另外，抢劫犯罪人一般身体力量较强，情绪冲动，为了达到犯罪目的，他们往往不择手段，因此，常常会造成被抢劫对象的伤亡。

3. 纠合团伙，分工合作。一些有预谋的重大、特大抢劫犯罪，往往纠合团伙作案，实施共同犯罪。结成团伙，一方面，增加了犯罪人的心理归属感和依赖性，互相之间打气壮胆，助长了犯罪的嚣张气焰；另一方面，抢劫团伙内部有着明确的分工，作案时密切配合，迅速得手，快速逃离，保证了作案成功的可能性。

五、诈骗犯罪人的心理与行为特征

诈骗犯罪是指以假冒身份、伪造证件，虚构事实或隐瞒真相等欺诈手段，骗取公私财物的犯罪行为。诈骗犯罪的突出特点是犯罪人采取欺骗手段使被害人产生错误认知，在其受蒙蔽的状态下，"自觉自愿"地将财物交出或顺从犯罪人的意愿要求。因此，诈骗犯罪人有着与盗窃犯罪人和抢劫犯罪人不同的心理与行为特征。

诈骗犯罪以骗取财物为核心，欺诈手段多种多样，涉及领域广泛。随着我国市场经济的不断发展，经济活动的频繁发生，经济领域的诈骗案件有明显上升的趋势。尤其在通信便捷的当下，利用网络、电信进行诈骗的案件，不仅数量不断增加，而且诈骗金额也越来越大，少则成千上万，多则达千万，甚至上亿元，造成严重的社会危害。因此，揭露与打击各种形式的诈骗犯罪是惩治犯罪的重点任务。

（一）诈骗犯罪人的心理特征

1. 认识特征。诈骗犯罪人具有利己主义的人生观，他们把损人利己视为人生的出发点和归宿。认为"人不为己，天诛地灭"，只要能获取钱财，他们可以采取各种欺骗手法。

诈骗犯罪是一种智能型的犯罪。诈骗犯罪人一般都有较高的认知水平，其中有许多人知识面较广，生活经验丰富。他们思维敏捷，反应迅速，善于察言观色，细心揣摩各种人的心理状态、需求和爱好，有较强的分析和判断能力，作案时往往能抓住被害人的心理特点，投其所好，进行诈骗。而利用网络、电信进行诈骗的犯罪人，往往深谙被害人心理弱点，会事先编好脚本（如中奖、退税等），按部就班地实施诈骗活动。

许多诈骗犯罪人自我评价过高，过于自信。他们往往过高地估计自己，自认为足智多谋，经验丰富，扮相逼真，行骗成功的可能性很大。万一不成功，便可溜之大吉。骗到了，罪过不大。骗不到，没有后果。在这种错误的自我评估和侥幸心理的驱使下，诈骗犯罪人胆大妄为，往往连续行骗，直至罪行败露。有的犯罪人诈骗成瘾，即便受到打击，也无法停止行骗的违法犯罪活动。

2. 情绪情感特征。诈骗犯罪人善于伪装，情绪、情感变化多端。在对财物的强烈占有欲的驱使下，诈骗犯罪人用心险恶，冷酷无情，对自己的诈骗行为采取放纵态度，把自己的享乐建立在别人巨大的痛苦之上。而外表上却装得诚实可信，待人热心，慷慨大方。为了行骗，他们情感多变，或彬彬有礼、温文尔雅，或热情洋溢、兴高采烈，或痛苦绝望、令人同情。

3. 个性特征。诈骗犯罪人个性的外倾性明显。他们给人的印象是，活泼外向，善于交际，乐于助人，亲和力强。这种外表特征，对被害人的迷惑性相当大。

诈骗犯罪人性格自负，巧于应变，善于伪装，个性中显示出极大的冒险性。

诈骗犯罪人敢于在公开场所，大庭广众之下，冒着随时被揭露的危险，施展骗术，这充分表明了其自负性和冒险性。

诈骗犯罪人有着很强的应变能力，伪装性、表演性特别强。他们为了骗取别人的信任，使骗术奏效，可以根据情况变化随时改变手段。对出现的一些意外情况巧于应付，善于利用被害人的欲望和需求，制造各种假象，进行伪装与表演，投其所"好"，骗取信任。也有的诈骗罪犯人，由于骗术不高，骗人心切，过分夸张和矫揉造作，反而容易自我暴露。

（二）诈骗犯罪人的行为特征

1. 行骗手段多种多样。诈骗犯罪人或精心设计骗局，利用有人崇洋媚外、迷信权威、希望快速致富的心理，把自己伪装成高级干部或其亲属、华侨、富商、"能人"等，四处行骗；或设置陷阱，以利益相诱，无中生有，虚构事实，编造谎言，诱人上当受骗；或伪造历史、身份，或伪造、盗窃以及骗取票据、印章、证明等大肆行骗；或利用经济或管理制度中的漏洞，利用某些领导急功近利的心理，进行诈骗活动。

总之，只要有利可图，诈骗犯罪人都会费尽心机，无孔不入。他们善于利用社会弊端和人们的心理弱点，巧取豪夺，实施骗术。

2. 精心设计骗局。任何一起诈骗案的发生，犯罪人都会事先进行精心的预谋、设计和规划，甚至在实施犯罪前还会进行多次的练习和"预演"。他们会根据某人或某类人的身份需求、心理状态，精心设计骗局，准备各种行骗的道具，如假币、假证件、假中奖标志、假戒指、假项链等。团伙诈骗犯罪，能够分工协作，互相配合，所以欺骗性更强。例如，电信诈骗，大多是犯罪团伙中犯罪人分工协作、互相配合进行的。作案人少则几人，多则几十人甚至上百人。

3. 诈骗时间短暂。诈骗犯罪一般是在公开场合，暴露行骗人体貌特征的情况下进行的。犯罪人用花言巧语诱人上当，因此，欺骗只能是一时的，不可能长久。所以，一旦行骗目的达到，钱物到手，诈骗犯罪人就会寻找机会脱身，迅速逃离，唯恐时间一久被人戳穿。利用网络、电信进行的诈骗，一旦得手，也会迅速切断与被害人的信息联络。

六、贪污、受贿犯罪人的心理与行为特征

贪污犯罪是指国家工作人员利用职务上的便利，侵吞、窃取或者以其他方法非法占有公共财物的行为。受贿犯罪是指国家工作人员利用职务上的便利，为行贿人谋取某种利益而非法接受或索取行贿人的财物或其他利益的行为。这两种犯罪，都是由拥有一定职权的公职人员所为。这些犯罪人，原来或为掌握实权的国家机关、企事业单位的工作人员，或为有一定政治、经济地位的领导干部。他们利用职权，见利忘义，以权谋私，贪污受贿，不仅使国家财产蒙受巨大损失，而且败坏了党风和社会风气，搅乱了经济秩序，具有严重的腐蚀性和社会危害性。通过对贪污、受贿犯罪人心理的分析研究，可以揭示其犯罪心理与行为的发展规律，为预防惩治贪污、受贿犯罪提供了一定的科学依据。

（一）贪污、受贿犯罪人的心理特征

1. 认识特征。贪污、受贿犯罪人从一个具有一定社会地位，拥有一定职权的国家公职人员，堕落为贪污、受贿的犯罪分子，与其人生观和价值观的错误、扭曲有着密切关系。他们受到社会的不良风气、腐败现象、腐朽思想和追求享乐的消极生活方式的影响，对各种社会现象的认识扭曲，经常错误地总结经验。他们不能正确认识、评价当前存在的分配方式多样化的制度，在对比中心理失衡，形成"一切向钱看""有钱就有一切"等错误的价值取向。他们崇尚"拜金主义"，疯狂追求物质利益。这时，他们手中的权力就成了满足其物欲的最有利的工具。

另外，贪污、受贿犯罪人的认识活动具有敏感性。他们对与其犯罪活动有关的信息十分敏感，犯罪之前，通过掌握各方面信息，寻找犯罪机会。犯罪后，又以此来及时躲避惩罚。

2. 动机斗争复杂、激烈。贪污、受贿犯罪人见钱眼开，面对唾手可得的财物，他们产生了利用权力大捞一把的心理。但由于他们身为公职人员，对相关法律和法规非常熟悉，慑于法律的威严，内心往往缺乏以身试法的勇气，犯罪之初的动机斗争十分复杂激烈。许多人明显地表现出心慌意乱，疑虑重重，寝食不安的状态。为了保持心理平衡，他们常常寻找各种理由或借口为自己辩解，以减轻压力，进行自我安慰，寻求自我解脱。然而，最终对金钱和物质的占有欲还是占了上风。

3. 情绪焦虑不安。贪污、受贿犯罪人在占有了钱物，获得了物质享受的同时，又惧怕因罪行败露而受到严惩。他们常常外表镇静，内心却十分紧张，焦虑恐惧，害怕罪行暴露后，身败名裂，拖累亲人。这种惊恐心理具体表现为行为慌乱，心理敏感，疑虑重重。外界的各种有关刺激信息，都会引起他们巨大的情绪波动。在这种心理作用下，行为人或就此停止犯罪，或选择携款潜逃，或为了摆脱内心压抑恐惧而疯狂地挥霍金钱，追求感官的刺激。

（二）贪污、受贿犯罪人的行为特征

1. 善于伪装。贪污、受贿犯罪属于利用职权犯罪，犯罪人一般都是具有一定职权的公职人员。他们或是国家机关、企事业单位的工作人员，或是身居要职的领导干部。这些正常情况下让人尊敬、羡慕的身份和特殊的工作环境为其犯罪行为罩上一层保护的光环，因此，贪污、受贿犯罪具有很强的伪装性。

2. 手段狡诈，行为隐蔽。贪污、受贿犯罪人善于利用职权上的便利，以及管理和制度上的漏洞，或工于心计，巧立名目，侵吞公私财产；或见利忘义，贪婪无度，实施权钱交易。同时手段狡诈，行为隐蔽，不留痕迹，一般使人很难察觉。

第二节　性欲型动机犯罪心理

一、性欲型动机犯罪的概述

（一）性欲型动机犯罪的概念

性欲型动机犯罪，又称性犯罪或淫乱型犯罪。它是指以满足性欲为目的或以性行为为手段达到其他目的的犯罪，是一种侵害性权利，妨害家庭和社会秩序的犯罪行为。

人类的性行为不同于动物，有其自身的特殊性，它受生理、心理和社会等因素影响。人类正常的性动机是生理、心理和社会三要素处于和谐一致的状态，即性生理是正常的，性心理是健康的，并且符合社会规范的要求。否则，三个因素中的任何因素尤其是心理、社会因素有缺陷，都会产生不当性欲，导致性行为异常。性欲型犯罪人，生理一般正常，但性心理方面存在严重错误或扭曲。因此，他们置伦理、道德、法律规范于不顾，放纵自己的性欲，采取非法手段，侵害妇女的人身权利，危害社会管理秩序。其犯罪行为对被害人及其家庭造成了直接伤害，削弱了人们的社会安全感，对人们的身心健康，尤其是青少年的身心健康，具有严重的腐蚀性。而且，不当的性行为本身就是滋生犯罪的土壤，会引发其他各种刑事犯罪行为，社会危害性极为严重。

近年来，我国刑事犯罪中，性欲型犯罪案件不断增加，不仅发案率上升，而且犯罪类型更加复杂化。尤其是一些性欲型犯罪人，公开蔑视法律，行为肆无忌惮，污染了社会环境，败坏了社会风气，对青少年身心的侵蚀、危害极其严重。青少年性欲型动机犯罪相当突出，女性性欲型动机犯罪的数量增加较快，流氓、强奸团伙增多，犯罪形势严峻。

（二）性欲型动机犯罪的主要类型

根据我国《刑法》的规定，属于性欲型动机犯罪的主要有：

1. 强奸罪。强奸罪是指违背被害人意志，使用暴力、胁迫或者其他手段，强行与被害人发生性行为或者奸淫幼女的犯罪行为。

2. 强迫卖淫罪。强迫卖淫罪是指以暴力、胁迫或者其他手段，迫使他人卖淫的行为。

3. 其他侵犯公民人身权利和扰乱公共秩序罪。主要是指强制猥亵、侮辱妇女罪、聚众淫乱罪等。

二、性欲型犯罪动机形成的主客观因素

从总体上看，性欲型犯罪动机是在个体的生理、心理和社会环境的相互影响下形成的。具体而言，我们可以从客观和主观两个方面进行分析。

（一）客观诱发因素

性欲型动机犯罪客观诱发因素多种多样，主要来自以下几个方面：

1. 不健康性信息的泛滥。性欲型犯罪动机的形成，与社会上大量存在的性刺激、性信息有很大关系。当今社会，信息发达，传播迅速。一些人在利益的驱动下，大肆制造、推销和传播不健康的文化产品，使低级庸俗的色情信息到处泛滥，充斥着传媒与文化市场。这些不良性刺激、性信息的传播途径多，速度快，形式多样，如淫秽书刊、广播影视以及互联网络中的淫秽画面、黄色信息等。这类腐朽低级的性信息、性文化，很容易诱使一些缺乏性道德或法制观念的人以及意志薄弱者，尤其是正处于身心发育期而性知识一片空白的青少年，形成错误的性意识，并迅速内化为不良性需求，产生性动机。当其只追求生理的满足而不顾其余时，性犯罪便不可避免。

2. 性道德教育的滞后。一方面，我国的性教育受几千年封建思想影响，导致人们的观念十分落后，常常对性讳莫如深，谈性色变。学校中即便开设有关课程，老师上课也常常是遮遮掩掩，根本谈不上科学的性教育。另一方面，更多的人，尤其是青少年，通过各种途径获得了大量不正确、不健康的性知识、性信息，形成了错误的性观念，潜藏着性犯罪的极大可能性。虽然近年来人们已经意识到问题的严重性，对科学性教育的重要性和迫切性已有深刻的认识，但实施起来仍显得力不从心。性道德教育的现有水平远远不能满足青少年成长的需求，显得相对滞后。许多青少年，由于缺乏科学的性知识、正确的性道德，在没有正确教育引导的情况下，极易接受错误、腐朽的性道德观念影响，诱使其产生性犯罪。

3. 社会控制不力。改革开放后，人们由于物质生活条件的不断改善，对精神文化的需求也日益增强。近年来，文化娱乐场所的迅速增加，给人们精神文化和生活提供了方便，同时给社会监控也带来了一定的难度。一些不健康的信息，色情文化产品，也在此大行其道。特别是随着中西方文化交流的频繁，我们在引进先进文化的同时，西方腐朽落后的文化观念和意识，尤其是不健康的性意识和性生活方式也随之涌入。与此同时，社会文化监管部门的监控意识和手段与社会发展的现状和要求极不适应，社会控制漏洞多，管理手段落后，以至于腐朽低级的性文化和无耻下流的性内容广为传播，也从客观上助长了性欲型犯罪的增长。

（二）主观诱发因素

从诱发性欲型动机犯罪的主观方面看，性欲型动机是来自于个体自身的某

种需要。主要包括以下几个方面：

1. 畸形的生理需要。性行为有其生理基础，它主要是由神经系统和体液机制来控制的。以神经系统而言，下丘脑中的性中枢支配和调节着人的性行为；从体液机制来看，内分泌腺所产生的性激素对个体的性行为有促进或阻碍作用，性激素过多，会引起性欲亢进。当个体进入青春期，随着性机能的发育，便会产生性欲。我们知道，人的性欲不仅受生理因素和心理因素的影响，而且还要受到社会因素的制约，即个体要根据社会的伦理道德、法律规范来调控自己的性需求。否则，就会导致侵犯性关系的犯罪行为发生。

性欲型动机犯罪人的性需求畸形，他们或是由于脑病变或性激素分泌过多等生理原因导致性欲亢进，或是由于性需要过频出现异常，自控力降低，导致性行为失控。因此，遇到适宜的环境，就可能迅速萌生性欲望，发生性侵犯。在性欲型动机犯罪中，由后一种情形导致的犯罪较多。

2. 物质财富的需要。这类犯罪动机在女性犯罪中居多。有的女性，为了追求金钱物质享受，不惜出卖自己的色相乃至身体，从事卖淫活动。

3. 性好奇。一些青少年的性犯罪，是出于性好奇而发生的，如为了追求感官刺激发生的强奸犯罪行为，淫乐思想支配下发生的流氓、淫乱犯罪行为等。

4. 性虐待。在有些性犯罪中，行为人的犯罪动机，不是出于性需要，而是为了满足其变态的心理需求，如以摧残虐待女性为乐，产生性侵犯或性攻击行为。

三、性欲型动机犯罪人的心理特征

（一）认识特征

性欲型动机犯罪人在认识上，首先表现为错误的性观念，扭曲的性道德。他们缺乏正确的人生观，精神空虚，流氓意识严重，把性放在人生的首位，信奉"宁在花下死，做鬼也风流"，为追求性满足而不择手段。在西方的"性解放""性自由"等腐朽思想影响下，他们的性道德发生扭曲。有些人以玩弄异性、流氓淫乱为乐，甚至用暴力威胁手段，满足和发泄自己的性欲。其次，性欲型动机犯罪人大多认知能力低下。据研究表明，在强奸、猥亵、奸淫幼女等犯罪人中，其智商平均值低于物欲型犯罪人，判断力、辨别力都较差，难以树立正确的道德、法制观念，易受他人或外界唆使、诱骗等因素影响而犯罪。

（二）情绪情感特征

性欲型动机犯罪人的情绪情感，因犯罪主体的性别、年龄不同，各有差异。青少年男性犯罪人，由于认知水平低下，情绪情感极不稳定，易受外界刺激因素影响，产生非法的性行为。成年男性犯罪人，情绪情感相对稳定，但情感冷漠无情，作案时，在性兴奋的作用下，行为的暴力色彩浓烈，手段野蛮、凶残。

女性犯罪人较为复杂，有的最初可能投入了真诚的情感，但在发觉感情受到欺骗、愚弄后，情感变得麻木不仁，开始自暴自弃、自甘堕落；有的以金钱物质享受为目的而专门从事卖淫活动，缺乏正常专一的情感，举止轻浮，廉耻丧尽。

（三）意志特征

性欲型动机犯罪人意志品质消极。他们意志薄弱，自制力差，感情冲动，往往不能控制自己的性欲。一旦遇到适宜的外部诱因，就会因一时冲动而犯罪，同时为了达到性欲的满足，行为具有挑衅性和侵犯性。

（四）个性特征

1. 极端的利己主义思想。性欲型动机犯罪人，为了追求性欲的满足，他们根本不顾法律、道德的约束，更不会考虑他人的意愿，只从自我出发，实施违法犯罪行为。

2. 性格冲动、冒险。性欲型动机犯罪，尤其是强奸犯罪是违背被害人意志的性侵犯行为，必然会遭到反抗，并且犯罪人的体貌特征极易暴露，因此，作案危险性较大。而性欲型动机犯罪人性格富有冒险性，冲动性强。他们以非法手段满足其性欲时，常常失去理智，手段粗暴残忍，为了逃避惩罚，甚至会杀害性侵犯对象。

四、性欲型动机犯罪人的行为特征

（一）行为方式的差异性

性欲型犯罪人的行为方式往往会因作案对象、作案环境及自身的性别、能力不同而表现出差异性。主要有以下几种方式：

1. 强奸。强奸是性欲型动机犯罪中，性质最为严重的犯罪。其特点是以暴力或胁迫手段，违背被害人意志，强行与之发生性关系。暴力强奸案中，作案人多为青壮年男性。老年男性犯罪人，多以诱骗等非暴力方式奸淫幼女或精神发育迟滞的妇女。也有人利用权力之便或女性的身心弱点，采取威胁、利诱手段，实施犯罪行为。

2. 聚众进行流氓淫乱活动。这是指多名男女在流氓淫乐思想的支配下，聚集在一起相互之间杂乱发生性关系的犯罪行为，也包括在街头、闹市、酒店、舞厅等公共场所发生的流氓闹事、调戏侮辱妇女等行为。

3. 卖淫。这是指女性犯罪人以营利为目的与他人发生性关系的犯罪行为。虽然手段是非暴力的，但这种行为腐蚀性、危害性极大。

（二）手段复杂多样

1. 胁迫。这是指犯罪人对被害人进行威胁、恫吓，从而达到精神上的强制效果的行为方式。这主要包括：以行凶报复、揭发隐私、加害亲属等相威胁；利用宗教迷信，进行恐吓和欺骗；利用教养关系、从属关系、职权优势和孤立无援的环境等条件进行胁迫；等等。

2. 暴力。这是指犯罪人直接对被害人殴打、捆绑，或使用凶器等使其不能抗拒的、危害被害人人身安全或自由的行为方式。

3. 诱骗。这种行为方式是指犯罪人利用不良文化制品、观念等毒害被害人，腐蚀其性意识，从而达到奸污或玩弄被害人的目的。犯罪人或向被害人灌输"性解放""性自由"的思想，打着谈恋爱、征婚、招聘等幌子，或者用宗教迷信等手段，诱骗、奸淫被害人。

4. 迷奸。这是指犯罪人以酒精、药物麻醉等手段，使被害人暂时昏迷，在其失去防范意识的情况下与之发生性行为的犯罪行为方式。

5. 利用女性的身心弱点进行犯罪。这是指犯罪人利用女性的身心弱点，如利用女性心理的软弱和恐惧，或隐私和劣迹，或愚昧无知，缺乏自尊自爱等，进行性犯罪。而女性性欲型动机犯罪人，常采用的手段是卖淫或利用色相勾引，腐蚀教唆青少年，或男女勾结共同犯罪。

第三节　情绪型动机犯罪心理

情绪型动机犯罪，是一种带有较强的情绪情感色彩的犯罪，又称情感型犯罪，其主体以青少年居多。

一、情绪型犯罪动机的形成

"挫折——攻击"理论认为，个体由于某种欲求受到阻碍，或自身的某种利益受到损害会产生挫折感，由此会产生对他人和社会的攻击行为。情绪型犯罪动机是在个人内心的某种需要与客观环境相互作用的过程中，导致需要受挫而产生的。大多数犯罪是因人际关系冲突或生活纠纷而引起的，主要从以下几方面表现出来：

（一）恋爱、婚姻和家庭中的情感需要受挫

恋爱、婚姻需求得不到满足，会产生强烈的挫折感。有的人，尤其是青少年，由于没有正确的恋爱观和缺乏恋爱受挫后的心理准备，他们从自私的欲望出发，以占有对方为目的，如果恋爱遭到对方拒绝或抛弃，就会产生强烈的情绪情感冲突，对对方产生不满与仇视。这种情感积累到一定程度，就会引发绝望、激愤等强烈的负面情绪，导致攻击行为。有的人因陷入三角恋爱甚至多角恋爱，发生情感纠纷，而导致情绪型犯罪。婚姻家庭生活中的"第三者插足""包二奶"等现象的存在，会激起情感冲突，夫妻关系处理不好，也容易因嫉妒、激愤而导致犯罪。

（二）邻里关系纠纷而导致交往需要受挫

情绪型动机犯罪常因日常生活中的琐事处理不当导致情绪失控，怨恨积聚而引起，多是围绕着个人利益而发生的。邻里纠纷虽然是因一些日常生活的琐事而起，但处理不好，不仅会使邻里关系失和，甚至会导致矛盾升级，也可能产生激情犯罪。

（三）自尊心、成就感的畸形发展

自尊心、成就感，本应是人不断进取的动力，但情绪型动机犯罪人的自尊心、成就感超出了本人的能力和外界环境允许的范围，呈畸形发展态势。他们一味地要求他人、社会满足其自私的需求，稍遇挫折，就会产生不满、抵触甚至怨恨的情绪。有的人固执偏狭，虚荣心过强，冲动好斗，常采取暴力手段发泄不满情绪；有的人则因自尊心受到伤害，为了"面子"而大打出手，以致造成伤害；有的人尽管能力不佳，却自视甚高，成就感过强，一旦不能如其所愿，往往会产生怀才不遇等嫉妒情感，其中一些自身品格不良的人，往往会采取剽窃、诬陷、诽谤等非法手段，满足其畸形的成就感。

（四）个人恩怨导致的情感需要受挫

有些人在人际交往中，承受挫折的能力差，不能与人融洽相处。对他人的言语、态度过于敏感，人际交往中容易产生矛盾冲突和攻击行为，如杀人、伤害、诬陷、诽谤等犯罪。

（五）个人不公正待遇导致的挫折

社会转型期存在诸多不合理、不公平的社会现象，难免会使一些人受到不公正待遇。面对这种情况，有的人能够正确对待，积极处理；而有的人则不能正确对待，消极抵抗，产生不满、怨恨、愤怒乃至绝望的情绪情感体验。这种情绪情感得不到很好的调适与消除，常常会导致行为走向极端。情绪型动机犯罪人，就是由于认识片面、偏激，在个人的合理需求暂时得不到满足的情况下，夸大了这种不公正，由此对他人甚至整个社会充满怨恨情绪，进而采用非法手段发泄情绪，以取得心理平衡。

二、情绪型动机犯罪人的心理特征

（一）认识片面狭隘

情绪型动机犯罪人认识问题片面、狭隘，容易以偏概全，得出错误结论。遇到问题，不能做出客观公正的分析，往往以自我为中心，将原因归咎于他人或社会；同时在认知上喜欢钻牛角尖，思维的灵活性差，往往自以为是，固执己见，听不进不同意见，心胸狭窄，为了发泄自己的不满情绪，常常置他人和社会利益于不顾。

（二）情绪情感消极

由于认知的片面、狭隘及不良个性的影响，情绪型动机犯罪人容易形成诸如不满、怨恨、仇视、愤怒、绝望等消极的情感体验。这些消极情绪情感的积累、压抑是导致情绪型动机犯罪的巨大隐患。一旦发作，便会带有极强的破坏性和冲击力，他们会因为激怒而失去理智，疯狂攻击，不计后果。总之，情绪型动机犯罪人的行为，自始至终伴随着不正常的情绪情感。

（三）意志薄弱

情绪型动机犯罪人大多意志薄弱，对挫折的心理承受力差，不善于管理自己的消极情绪情感。他们容易受环境感染和他人暗示，盲目冲动，一怒之下，行为失控导致犯罪。

（四）个性品质不良

情绪型动机犯罪，常有具体的引发原因。有些原因还会令人同情，如恋爱中的欺骗、婚姻中的第三者插足、工作中的不公正待遇等。如果进行更深入的分析，我们就会发现，这些人之所以采取了违法的犯罪行为，与其社会化过程中形成的消极个性品质有很大的关系。如有的人自私自利，心胸狭窄，敏感多疑，喜欢猜忌；有的人则脾气暴躁，喜欢显示、炫耀自我，争强好胜，爱慕虚荣，攻击性强。当人的需要由于某种原因得不到满足时，这些个性中的消极品质，往往会导致挫折感增强，使人陷入不良的情绪状态中不能自拔，最后走上违法犯罪的道路。

三、情绪型动机犯罪人的行为特征

情绪型动机犯罪，按犯罪人心理状态的不同，可分为激情型犯罪和非激情型（预谋型）犯罪两种。激情型犯罪事先无准备，行为与直接的情境刺激相联系，与刺激的性质和强度、个体的认识和个性心理直接相关，犯罪行为发生迅速，情境性强。非激情型即预谋型犯罪，作案前有准备，与引发不良情绪的情境不发生直接联系，但因果关系明显。由于环境和个性等原因，犯罪人会等待相应的时机和条件出现后才做出行为反应。犯罪计划周密，手段阴险，成功率高。

按犯罪手段进行划分，可分为暴力型和非暴力型两种。暴力型犯罪，包括伤害、凶杀、爆炸、纵火等。非暴力型犯罪，包括诬陷、诽谤、投毒、离间等。一般而言，激情型与暴力型是同时出现的。而非激情型犯罪则既有暴力型，也有非暴力型。

（一）激情型犯罪人的行为特征

1. 犯罪行为发生快。激情型犯罪是在外界刺激的作用下，由突发事件或偶然情境引发的，因而突发性强、预谋性差，行为强度大而持续时间短。激情型犯罪的行为有两种状况：一是有特定目的、对象的攻击行为。如犯罪人内心对被害人心存恨意，遇到具体刺激，使矛盾激化，便会借题发挥，大打出手，疯狂发泄。二是无特定目的、对象的攻击行为。犯罪人情绪压抑，受特定情境的激发而随意攻击他人，这种激情状态常发生在青少年身上，容易伤及无辜。

2. 手段简单。激情型犯罪多属一时兴起，无预谋、无计划，整个过程较短。表现在手段上，往往都比较直接、单纯和草率。犯罪人身上的携带之物、身边的就近之物都可能成为其作案工具。

3. 行为疯狂。激情型犯罪处在激情状态下，此时体能达到顶峰，控制力落到低谷。犯罪人必然表现为情绪冲动，行为疯狂，手段残忍。混乱之中，有时还会伤及无辜，其后果十分严重。

4. 行为隐蔽性较差。激情状态下，犯罪人的认知能力低下，内容模糊，范围狭窄，一般会失去理智，思维简单直接，因此，行为反应也呈现快速简单的特点。犯罪人只考虑能立即动手反击以发泄自己的不满情绪，而很少想到如何隐蔽自己的行为，致使行为的隐蔽性较差，这也为案件的侦破提供了线索。

（二）非激情型犯罪人的行为特征

1. 计划周密。非激情型犯罪人，从预谋到作案，往往会有一个充分的准备过程。当确定作案目标后，犯罪人就开始精心策划犯罪方案，从选择作案的时间、地点、手段到准备作案工具等，整个过程都会经过反复的谋划，十分周密。

2. 手段狡猾。非激情型犯罪人，为了既达到犯罪目的又能逃避法律的严惩，往往机关算尽，手段狡猾隐蔽。在犯罪实施的每个阶段，都会做精心的设计和准备。有的人采取暗做手脚、栽赃陷害或借刀杀人等隐蔽的作案方式；有的人习惯耍两面派手法，表面奉承，背地里暗下毒手。因此，预谋型犯罪案发现场遗留的线索也较少。

3. 行为狠毒。非激情型犯罪人，并不因为其作案计划周密和手段狡猾而使其行为危害性减弱。相反，由于犯罪人的心理阴暗，其报复打击他人的心理强烈持久，犯罪准备的有意识性和针对性较强，会使犯罪的成功率更高，逃避惩罚的可能性更大，社会的危害性也更大。

第四节　信仰型动机犯罪心理

一、信仰型动机犯罪的概述

（一）信仰型动机犯罪的概念

信仰是指对某种主义、观念、思想、宗教的信服和尊重，并以此为准则来支配行动，如政治信仰、宗教信仰、科学信仰等。信仰是人们行动的精神动力，它有积极和消极、先进和落后、正义和非正义之分。积极的、先进的、正义的信仰，是推动社会进步的巨大精神力量；消极的、落后的、非正义的信仰，会对社会发展起阻碍的作用。严重的反社会信仰，可以导致反社会行为甚至严重危害社会行为的产生。

所谓信仰型动机犯罪，是指在消极落后的、非正义的或反社会信仰支配下所产生的犯罪行为。

信仰型动机犯罪与物欲型、性欲型、情绪型动机犯罪不同，是一种特殊类型的犯罪。虽然犯罪人数较少，但危害却十分严重。

（二）信仰型动机犯罪的主要类型

信仰型动机犯罪，在我国主要表现为政治信仰型和封建迷信信仰型犯罪。因政治信仰引起的犯罪，主要表现为危害国家安全罪，也有极少部分表现为恐怖犯罪。目前，危害国家安全犯罪的人虽然为数不多，但因其侵害的客体是国家安全，所以是性质最严重、危害性最大的一种犯罪。另外一种常见的信仰型动机犯罪是封建迷信信仰型犯罪。它经常是一种出于封建迷信动机或以封建迷信形式出现，而实则谋财害命的犯罪行为。

二、政治信仰型动机犯罪人的心理与行为特征

（一）政治信仰型动机犯罪人的心理特征

1. 动机特征。政治信仰型动机犯罪，人数较少，但犯罪动机复杂。主要表现有：

（1）反动的政治需要。这类犯罪人，在我国的司法实践中占极少数。他们怀有反动的政治信仰，一些人崇洋媚外，全部接受西方的价值观，对我国社会制度不满，听命于境外的反动势力，通过爆炸、破坏、盗取情报等手段，从事分裂国家，颠覆国家政权的犯罪活动。

（2）领袖欲、权力欲极度膨胀。这类犯罪人，个人的政治野心极大。他们自命不凡，自私狂妄，认为自己不是凡夫俗子，为了表现自我，赢得权力，满足其极端的权力欲，他们四处鼓吹、传播反动言论，拉帮结伙，成立反动组织或与境外反动势力相勾结，企图以此与国家政权相抗衡，以显示自己的"才能"，实现自己的政治野心。

（3）报复社会的需要。这类犯罪人，大多是在当今社会变革中受挫，既得利益受损，因此仇视国家、社会，企图通过实施危害国家的破坏活动来报复社会，发泄其不满情绪。

（4）贪图物质享受。政治信仰型动机犯罪中，有相当多的人是出于贪图物质财富，追求腐朽糜烂的生活方式而从事犯罪活动的。这些人起初没有个人的政治追求，但因为物质需求强烈，禁不住境内外反动组织的宣传或物质利诱而走向犯罪，以此来满足其贪欲。

另外，少数青少年，在好奇、冒险、刺激心理的作用下，或在他人的教唆下，从事危害国家安全的犯罪活动。

2. 认识特征。政治信仰动机型犯罪人的认识固执偏激，思想反动，具有严重的反社会认识。政治信仰型犯罪人由于政治上的偏见，对社会做出了片面、歪曲的认识。他们利用社会发展中存在的弊端、阴暗面，来攻击国家、政府，否定现有的社会制度，否定共产党的领导。他们具有反动的政治信仰和荒谬的政治逻辑，自私自利，企图将自我凌驾于社会之上，片面地追求所谓的"自由民主""个性解放"。

3. 情绪情感特征。在错误认识和反动政治信仰的支配下，政治信仰型动机犯罪人，反社会情绪情感突出。他们错误地认为，是社会现实限制了个人自由，压抑了其理想的实现。因而，对社会、国家产生强烈的不满和敌对情绪。他们善于利用机会，不遗余力地煽动不明真相的群众与国家、政府形成对立情绪。

4. 意志特征。政治信仰型犯罪人意志具有两极性：一方面，在物质利益面前，禁不住引诱，为物质享乐而放弃原来的立场、观点、原则，从事犯罪活动，表现出意志薄弱性；另一方面，在实施犯罪活动中，又表现出坚持反动立场和行为的顽固性。

（二）政治信仰型犯罪人的行为特征

1. 犯罪行为的预谋性。政治信仰型犯罪人大多为成年人，他们一般文化、智力水平较高，生活经验丰富，他们非常清楚这种犯罪行为的严重性。从产生犯罪动机到确立犯罪目的，他们一般都经过深思熟虑。为了逃避打击，他们前期的准备十分谨慎，有详细的计划、有一套甚至几套行动方案，并在实施犯罪行动的同时，做好了里应外合逃亡境外的安排。因此，犯罪目的明确、准备充分、预谋性极强，犯罪行为极少出现盲目性。

2. 犯罪方式的有组织性。政治信仰型动机犯罪，一般为有组织的犯罪。其组织结构十分严密，有组织名称、有分工、有纲领、有纪律，有明确的犯罪计划与目标。他们往往境内外勾结，进行组织、策划、实施武装叛乱或暴乱等犯罪活动，或者为境外机构、组织或者个人窃取、刺探、收买或非法提供国家机密情报等。

3. 犯罪手段隐蔽、狡猾。政治信仰型动机犯罪人，十分清楚其面临的惩罚和严重的打击，所以，犯罪手段十分狡猾。他们不但在身份上善于伪装，而且犯罪行为也十分隐蔽。他们经常以合法的身份出现，或以各种职业做掩护，从事犯罪活动，欺骗性极强。如有的犯罪人，以商人、记者、游客等身份入境，搜集情报；有的犯罪人被境外间谍机构收买利用，渗透潜藏于国家要害部门。同时，他们还善于采用多种隐蔽的手段，从事犯罪活动。如有的人打着进行经济、文化交流的幌子，刺探机密，搜集情报；有的人利用宗教活动做掩护，蒙骗群众，成立反动组织，进行危害国家安全的犯罪活动。

4. 犯罪行为的疯狂性。政治信仰型动机犯罪人反动的世界观、政治信仰根深蒂固，有着强烈的政治野心。因此，从事犯罪活动时，态度坚决顽固，行为疯狂，不择手段。为了达到犯罪目的，常常采用暴力方式，凶狠残暴、滥杀无辜，社会危害性大。

三、迷信信仰型犯罪人的心理与行为特征

（一）封建迷信与犯罪

迷信泛指对人或事物的盲目信仰或崇拜，是我国封建社会流传下来的不良文化传统，习惯上又称之为封建迷信。迷信活动，一般是指神汉、巫婆和其他迷信职业者借助所谓神灵、方术等进行的看相、算命、占卜、抽签、测字、看风水等活动。新中国成立后，随着科学文化的普及，无神论思想的传播及对封建迷信的大力打击，一段时间内封建迷信活动有所收敛。但由于封建主义思想的根深蒂固，封建迷信仍普遍存在。近年来，封建迷信改头换面，竟然用现代科技的名称、概念进行包装，打着"现代科学"的幌子登堂入室，出现在媒体、公开发行的杂志上，如伪气功、电脑算命、特异功能、毫无根据的异端邪说、反动邪教等，大有卷土重来之势。而且值得注意的是，这种现象，不仅在农村边远地区文化层次低下、愚昧无知的人群中广泛存在，而且在文化相对发达的城市也呈现蔓延之势。迷信的参加者不仅有一般民众，一些名人、大款、甚至"高知"、官员也加入了进来。他们不信科学而信鬼神，不信真理而信邪教，这种现象造成人们的思想混乱，容易使人形成消极的人生观、价值观，失去对崇高的理想、信念的追求。

与正常的宗教信仰不同，迷信只是少数迷信职业者谋财害命的骗术。封建迷信活动场所藏污纳垢，是滋生犯罪的土壤。有调查显示，专门从事封建迷信活动的人，往往都有其他犯罪行为。他们以迷信活动为掩护，进行诈骗、强奸、流氓、杀人等各种违法犯罪活动，扰乱社会治安，破坏社会秩序。对于封建迷信活动，国家是坚决依法取缔的。对组织和利用会道门、邪教组织、迷信活动或宗教活动侵犯国家利益，影响社会稳定和人民财产安全的犯罪分子，要予以坚决打击。对印刷、传播看相、算命、抽签、占卜一类的封建迷信文化制品的，也应该依法予以严肃查处。

（二）迷信信仰型动机犯罪人的心理特征

1. 动机特征。迷信信仰型动机犯罪人的动机一般有以下几种：一是谋取钱财。这类犯罪人大部分是迷信职业者，他们以从事迷信活动为谋生手段，利用人们的无知，装神弄鬼，扮成"大仙""神汉"等，帮人驱"鬼"降"妖"，骗取钱财，残害生命。二是自我炫耀。有的犯罪人权力欲大，自我显示的需求强烈，组织非法的封建宗教小团体或邪教组织，攻击当地公安、政府，搅乱社会

秩序。三是愚昧无知。这类犯罪人文化水平低，愚昧无知，封建迷信思想严重。他们有病求神拜佛，做事相信"神灵""菩萨"，行为荒谬扭曲，制造了许多的家庭悲剧，导致了伤害他人、危害群众的违法犯罪行为发生。他们中许多人迷信行为形成了习惯，即便触犯法律，遭到惩罚后，仍然顽固不化，不思悔改，矫治非常困难。

2. 认识特征。这类犯罪人的封建迷信思想根深蒂固，笃信鬼神，相信超自然的力量。他们大多思维逻辑混乱，分辨能力差，唯心主义色彩较浓；而那些迷信职业者则善于察言观色，工于心计，以此招摇撞骗。

3. 情绪情感特征。这类犯罪人，大多因为愚昧而虔诚狂热，身陷迷途而不自知。而迷信职业者，则情绪情感的伪装性极强。

4. 意志特征。这类犯罪人，意志具有两极性：一方面，他们中很多人意志薄弱，性格软弱。一旦工作、生活或情感受挫，容易接受他人暗示，在封建迷信信仰中寻找精神寄托与安慰。另一方面，犯罪意志坚定，对邪教、迷信等带有神秘色彩的东西狂热追求，明知违背常理和生活常识却要一意孤行，坚持到底。他们以"心诚则灵"作为精神支柱，以期取得有利于自己的结果。

（三）迷信信仰型动机犯罪人的行为特征

1. 行为荒诞离奇。这类犯罪人是在超现实的力量驱使下进行犯罪活动的，行为荒诞离奇。对迷信深信不疑的人，常因得到虚构的神谕而为人所骗，对他人甚至自己的家人实施伤害；而那些封建迷信职业者，往往把自己装扮成神仙下凡，鬼神附体，大肆进行迷信活动，以达到骗人骗财的目的。

2. 行为狂暴。由于受封建迷信思想的支配，迷信信仰型犯罪人进行犯罪时精神上会陷入一种虚妄和癫狂的状态，犯罪行为极其残忍、暴虐、疯狂，造成的后果十分严重。如有的人自杀、自焚，有的人毒杀、甚至活埋亲人等。

第五节　几种特殊类型的犯罪心理

计算机网络犯罪与毒品犯罪是当今世界范围内的两大社会公害。它们因为行为隐蔽性强，社会危害性大，增长速度快，引起了社会的极大关注，是各国政府严厉打击的对象。

一、计算机网络犯罪人的心理与行为特征

互联网是以商务、政府和个人计算机为媒介的世界范围的电子通信网络。它1969年初创于美国，20世纪90年代中后期迅速发展，为普通大众所运用，成为个人计算机用户电子通信的传播媒介。互联网以其信息容量大、传递迅速、搜索简便等特点，吸引了大量的用户，网络人口比例越来越高。

在我国，计算机网络已得到普遍运用，但由于网络发展迅猛，网络的监管制度相对落后，尚未形成完善的法律规范，再加上网民众多，素质参差不齐以及网络的虚拟性、无国界性，互联网这一高科技领域，不断滋生着各种各样的犯罪，如黄、赌、毒犯罪，敲诈勒索，盗窃诈骗，散布流言邪说、反动言论，恶意侵权，侵犯隐私，等等。可以预见，随着网络的迅速普及，计算机与网络技术的不断发展与更新，计算机网络犯罪必将逐年增加，新型的网络犯罪也会层出不穷。目前，我国已成为网络犯罪的高发国和主要受害国。

计算机网络犯罪已严重威胁到我国的政治经济与社会管理秩序，危及国家安全以及老百姓的经济利益和人身安全。

（一）计算机网络犯罪的类型与手段

计算机网络犯罪目前没有权威的定义。综合各家之说，我们认为计算机网络犯罪是指运用计算机技术，非法操作网络实施的严重危害国家、社会和他人的犯罪行为。同传统犯罪相比，计算机网络犯罪具有犯罪成本低、传播迅速、侵害范围广、社会危害性大的特点。计算机网络犯罪的形式多种多样，主要可以概括为两种类型：

1. 以计算机网络为对象实施的犯罪行为。网络的安全和正常运行的核心是计算机信息系统。以网络为对象的犯罪行为主要表现为通过网络对计算机信息系统进行侵害，主要包括：

（1）违反国家规定，非法侵入计算机信息系统。犯罪人利用网络，非法侵入国家事务、国防建设、尖端科学技术领域的计算机信息系统，导致国家机密外泄，侵害国家利益。

（2）破坏计算机信息系统。犯罪人非法对信息系统的功能进行删除、修改、增加、干扰，造成系统运行功能部分或全部丧失，其后果的严重性难以预计。他们更改计算机信息系统的数据或应用程序，蓄意进行破坏，例如，对系统储存、处理、传输的数据进行删除、增加或修改，设置逻辑"炸弹"，制作、传播计算机病毒等。这类犯罪人，大多是计算机网络高手，即人们通常所称的"电脑黑客"，往往以青少年居多，他们作案肆无忌惮，严重威胁到网络的安全，社会危害性巨大。

（3）非法侵扰网络的正常运营秩序。犯罪人违反国家规定，采取各种非法手段侵犯、干扰或中断网络的正常运营秩序。

2. 以网络为工具实施的犯罪行为。网络为传统犯罪提供了有利条件。考察目前网络犯罪的现状，我国《刑法》中所规定的犯罪，几乎绝大多数都可以利用网络来实施。传统领域的犯罪，已经呈现出逐步向互联网渗透的态势，主要表现为：

（1）利用网络进行色情犯罪。表现为利用计算机制作、复制、贩卖、传播色情淫秽物品，或利用网络作为进行色情活动的工具，毒害青少年，污染社会环境。

（2）利用网络侵犯公民人身权利和民主权利。表现为用侮辱性的文字、图像公开他人隐私或对他人进行嘲讽、谩骂、诽谤甚至人身攻击等。

（3）利用网络危害国家安全。在我国主要表现为法轮功邪教组织及其顽固分子，极少数"台独""藏独""东突"等民族分裂分子，利用社交网站、网络应用软件、网络音视频等互联网工具，发动网络袭击，散布恐怖主义思想，煽动骚乱闹事，破坏国家统一和民族团结，企图颠覆社会主义制度。同时，他们还利用网络培训和招募人员，募集恐怖活动资金，制造恐怖气氛，实施恐怖犯罪活动等。

（4）利用网络进行盗窃、诈骗、赌博等犯罪活动。目前，利用互联网进行的侵犯财产犯罪，呈上升趋势。尤其网络与电信结合，线上与线下结合的诈骗犯罪，呈现出高科技、智能型、有组织的特点，犯罪手法五花八门，让人防不胜防。同时，由于犯罪成本低，方法简单，取证难度大，追查抓捕困难，犯罪行为人作案疯狂，给人民财产造成了巨大损失。

（5）互联网金融犯罪。近年来，犯罪人利用 P2P 网络投资平台，非法吸收公共存款，以网络虚假众筹进行集资诈骗，致使网络虚拟信用套现等犯罪活动屡禁不止。非法敛财的方式方法花样翻新，严重侵犯了国家对金融的管理秩序，造成民众财产的巨大损失和极大的心理恐慌。

（6）利用网络教唆或传播犯罪方法。这种犯罪教唆人与被教唆人并不直接见面（如利用微信、QQ 群、论坛等），但有可能产生大量非直接的被教唆对象同时接受相同犯罪内容教唆的严重后果，这种犯罪方式具有极强的隐蔽性、扩散性、社会危害性极大。此外，网络犯罪还有其他多种形式，诸如侵犯知识产权、侵犯个人隐私权、通过网络洗钱等。

总之，随着网络技术的不断发展，传统领域的犯罪与网络的联系越来越密切，利用网络进行的刑事犯罪活动越来越猖獗，案件增速迅猛，造成的社会危害也越来越大。

（二）计算机网络犯罪的动机

目前，网络技术发展迅速，而有关这方面的道德教育、法律规范和社会监管力度不够。再加上网络的虚拟性、匿名性、跨国性，给犯罪提供了一个巨大的空间。因此，网络犯罪的动机也复杂多样。

1. 物质欲望的满足失控。网络世界是一个虚拟的空间，与现实世界的盗窃、抢劫、诈骗等犯罪的真实感受不同，网络犯罪是典型的低投入、低风险、高回报的犯罪。犯罪人的罪责感大大降低。在虚拟的空间里，只要轻点鼠标，稍加操作，便可轻易地获取金钱、享受。因此，犯罪人的物质欲望与其他不法需求会如山洪暴发，一发不可收拾，达到疯狂的状态。这大大刺激了犯罪人的私欲，强化了其犯罪心理。他们利用计算机网络，盗窃、转移银行资金，破译、偷窥他人的账户密码，疯狂盗取他人存款，利用网络进行诈骗、赌博、勒索等各种侵占公私财物的犯罪活动等。

2. 宣泄私愤、报复他人。有的犯罪人，因为在现实中生活、工作或学习受挫而心怀不满，把网络作为他们宣泄愤怒情绪的工具，不加约束地进行报复。他们有的制作计算机病毒，恶意攻击计算机信息系统；有的利用网络传播不实之词，对他人的名誉进行恶意攻击、诋毁、谩骂等。

3. 寻求刺激、自我炫耀。网络的匿名性、虚拟性对人的约束力降低。特别能满足炫耀自我、放纵自我、寻求刺激的青少年的心理需求。这对一些道德法制观念低下的青少年，有着巨大的诱惑力。有的犯罪人非法侵入重要的计算机信息系统，或宣泄私愤，或窥视重要机密，满足其好奇心；或偷窃资金，窃取情报，满足其物质需求；有的犯罪人制造计算机病毒、设立黄色网站或参与其管理，以显示其"能力"。他们这种猎奇和炫耀，往往会超过法律的界限，造成严重后果。网络上为炫耀自己和搞恶作剧的"黑客"入侵案件比比皆是，潜藏着犯罪的巨大可能性和社会危害性。

4. 传播色情，满足生理、物质或精神需求。这类犯罪人有的为了满足其畸形、低级的生理需求，而制作、传播色情淫秽信息；有的是为了非法获利而设立黄色网站，制作、贩卖黄色光盘；有的是为了满足自我显示的虚荣心。如2005年1月安徽警方破获的我国淫秽色情网站第一大案——"九九情色论坛案"。该论坛由一名19岁的福建出境人员创办，他利用网络遥控指挥，与我国境内十多个省、市、区的不法人员相勾结，共同从事网络淫秽色情信息的传播活动，网站注册人员多达30万人，点击量达4亿人次。该网站曾一度在青少年中流行，在大学生中也有很高的知名度。此案涉案人员大多为青少年，其骨干分子中不少是国内一流大学的毕业生，许多人有着正当、令人羡慕的工作。他们一部分人是出于物欲的驱使，而大部分人参与犯罪并不为物质利益，而是为了满足实现自我的需求或填补自己的精神空虚。正如犯罪人之一的史某所说："成为管理人员以后，几万个会员被我管理，听他们恭恭敬敬地叫我校长，心里很有自豪感。"[1]

5. 反动的政治需求。极个别的犯罪分子与国际上的反华势力相勾结，设立

---

〔1〕 "'淫秽色情网站第一大案'折射多少危险信号？"，载中新网 http://news.xinhuanet.com/legal/2005-01-14/content_2458947.htm，2015年3月20日访问。

反动网站，大肆进行反动宣传，蛊惑人心，分裂国家和破坏民族和谐，危害国家安全和社会稳定，以满足个人的权力欲、领袖欲，达到反动的政治目的。如2009 年新疆乌鲁木齐"7·5 事件"，就是"东突"民族分裂分子，为了达到分裂国家和破坏民族和谐的反动政治目的，通过互联网等多种渠道，进行密谋策划，在境外煽动闹事、遥控指挥，在境内具体组织实施的有预谋、有组织的打、砸、抢、烧暴恐活动。

（三）计算机网络犯罪人的心理特征

1. 认识错误，自我评价超高，盲目自负。网络中充斥着大量不良信息，一些错误的人生观、价值观，恶意的政治观点，在网络中得以大行其道，给人们的思想带来极大的冲击。尤其是处于身心成长阶段的青少年，更是无所适从，容易被表面现象迷惑，形成错误的价值观念。

计算机网络犯罪人大都掌握一定的技术。在网络中，他们心里的优越感极强，自认技能超群，对自己操纵网络的能力盲目自负。他们对自己的作案手段、技术和作案能力都极为肯定和欣赏，自信心膨胀，存在着作案后不会被发现的侥幸心理，这使得他们在巨额利益的诱惑下铤而走险。他们或引发挑战心理，攻击网站，制作传播病毒，并发出"我是黑客，我怕谁"的狂言；或侥幸心理严重，认为自己在虚拟的网络空间神不知鬼不觉，法律也奈何不了他。

2. 自控能力降低，行为失控。网络是个虚拟的生活空间，一方面，大量不良信息充斥其中，价值多元而混乱；另一方面，目前社会对网络的管理困难。道德、法律的约束力在网络世界中往往会失去其调控能力。因此，网络犯罪人的自我控制力几乎为零，他们在网络上，如天马行空，自由自在，疯狂地发泄着在现实世界受到抑制的欲望，毫无节制地超越道德法律的界限，行为失控，犯罪不计后果。

3. 情绪情感冷漠、无情、放纵。网络犯罪人的情绪情感，常常不受道德法律规范的约束。他们上网聊天，极尽所能互相谩骂，攻击他人毫不留情；玩游戏，杀人如麻、血腥残暴，毫无现实世界中的恐惧感。网络中的情绪情感冷漠、残忍、放纵，这种情绪情感形成后，一旦与现实发生冲突，或遇到相似的环境，犯罪动机形成就会变得极其简单，引发极强的攻击行为，导致暴力犯罪的产生。

4. 人格缺陷。沉迷于网络中的人，常常有一定的人格缺陷：性格孤僻偏执，过分敏感，不善于与人交往，一切以自我为中心，自私自利，不顾他人感受，做事不计后果。他们迷恋网络的时间越长，其孤独感与抑郁感越强，往往不能面对正常的现实生活，无法与人正常相处，易产生挫折感，造成人际关系紧张，容易导致对他人和网络的攻击行为。

（四）网络犯罪人的行为特征

1. 高智能。网络犯罪是利用高科技手段实施的犯罪行为，犯罪人的智力水平较高，一般具有较高的专业技能。他们或掌握着操纵网络的核心技术，或能熟练地运用网络这一高科技手段，其中许多是受过良好教育和技术培训的专业技术人员，有的还具有该专业的硕士、博士学位。他们洞悉网络的缺陷和漏洞，熟练地运用计算机及网络技术，对网络系统及各种电子数据、资料等信息发动攻击，进行破坏。

2. 犯罪手段的隐蔽性。由于网络的虚拟性，匿名和化名现象充斥网络。因此，网络犯罪手段显得十分隐蔽，犯罪的客观表现不明显，往往不会像传统犯罪那样，有直接看得见的侵害对象和人证、物证。计算机网络犯罪人大多面对机器进行操作，作案机动灵活，不受时空限制，可在瞬间跨国作案，无痕迹、无物证，增加了侦破的难度。

3. 犯罪具有连续性。网络犯罪的隐蔽性，使行为人犯罪心理得以强化，犯罪责任感减轻，从而造成了犯罪行为的无节制。犯罪人在未感受到实际的危险之前，往往会一而再、再而三地重复犯罪，直至被抓获方能停止。

4. 社会危害性巨大。网络犯罪对社会的危害大，主要表现为：①经济损失不可估计，一次犯罪往往会给国家、个人造成几十万、几千万甚至上亿元的损失；②政治、经济机密泄露，国家安全受到巨大威胁；③网络色情泛滥，严重污染社会风气，危害青少年的身心健康；④传统犯罪与网络的联系日益密切，使犯罪更加复杂化。

二、毒品犯罪人的心理特征

根据我国《刑法》第357条的规定，毒品是指鸦片、海洛因、甲基苯丙胺（冰毒）、吗啡、大麻、可卡因以及国家规定管制的其他能够使人形成瘾癖的麻醉药品和精神药品。其中最常见的主要是麻醉药品类中的大麻类、鸦片类和可卡因类。但近年来，随着制贩毒品技术的提高，冰毒、摇头丸、K粉等新型毒品日益猖獗。

毒品犯罪是指以毒品为对象的犯罪活动。其包括非法种植毒品原植物，制造、贩卖、运输、走私、窝藏毒品，非法持有、提供毒品，以及引诱、容留、教唆、强迫他人吸食注射毒品等犯罪活动。

我国毒品犯罪形势十分严峻。毒品犯罪总量居高不下，制贩毒品的技术方法不断翻新，国内毒品消费市场日益扩大，吸毒违法犯罪人数逐年上升。据国家禁毒委发布的《2016年中国毒品形势报告》称：全国吸毒人员总量缓慢增长。截至2016年底，全国现有吸毒人员250.5万名（不含戒断3年未发现复吸人数、死亡人数和离境人数），同比增长6.8%。其中，不满18岁的2.2万名，占0.9%；18岁到35岁的146.4万名，占58.4%；36岁到59岁的100.3万名，占40%；60岁以上的1.6万名，占0.7%。

毒品犯罪严重损害了人们的身心健康，给个人、家庭与社会带来了不可估量的损失，并引发了严重的社会治安问题。始终保持对毒品犯罪的严打高压态势，全面禁绝毒品是全社会的共同责任。

（一）毒品犯罪的特点

1. 毒品犯罪蔓延迅速，涉案毒品的数量增多，危害增大。涉毒地域不断扩大，由西南边陲、沿海发达地区迅速向内陆地区发展，由城市向农村蔓延。利用网络传播制毒技术、买卖制毒物品、贩卖毒品和组织吸毒等网络涉毒犯罪呈快速增长之势。涉毒人数逐年增加，毒品品种不断翻新。毒品犯罪中农民和无业人员占绝大多数，女性涉毒犯罪增多。毒品犯罪再犯的比例也在增大。涉案毒品数量越来越大，毒品数量通常达到千克，过吨的案件也屡有发生。

2. 毒品犯罪手段狡猾，现代化程度高。随着现代科学技术的发展，毒品犯罪也较多地利用各种现代化手段。有的利用现代化的交通、通信工具，或运用高科技手段，隐蔽、快速、安全地实施毒品犯罪活动。有的将毒品溶解于饮料、食品中或将毒品通过特殊方法与颜料混合制成油画，再提炼还原等。随着国内物流业的迅速发展，通过邮政和物流渠道托运毒品的犯罪案例呈上升趋势。

3. 毒品犯罪的武装性。随着各国对毒品犯罪的打击力度加大，毒品犯罪的风险也越来越大。为了保证贩毒成功，毒贩们越来越多地携带武器，甚至雇用或自组非法武装。许多国际贩毒集团拥有精良的武器装备，他们境内外相结合，以武力抗拒缉毒，给侦破毒品犯罪带来了极大的困难与危险。

4. 共同犯罪突出，呈现出集团化、规模化的特点。由于毒品犯罪危险性大，销售的中间环节多，个人很难单独完成。因此，毒品犯罪中多人参与实施的共同犯罪居多，并呈现出集团化、规模化和家族化的趋势。他们组成团伙、集团，人员固定，组织严密，分工明确，由集团的首领进行周密的策划和指挥。他们互相配合，互相牵制，犯罪的有效性和逃避打击的可能性都大大提高。因此，有组织的贩毒对社会造成的危害比单人贩毒的危害要更为严重。

（二）吸毒违法犯罪人的心理特征

我国的吸毒人员从年龄上看，大部分在35岁以下，尤其以青少年居多；从职业上看，以无业人员、个体经营者和农民居多。近年来，吸毒群体向企业事业职工、自由职业者、演艺界人士甚至公务人员等人群扩散。因吸毒引发的侵财性犯罪案件多发，如盗窃、抢劫、诈骗、杀人与卖淫等。同时因吸毒导致的毒驾、袭警抗法、肇事肇祸等极端犯罪时有发生，造成了巨大的经济损失和人身伤亡。

吸毒违法犯罪人的心理特征主要表现在以下几方面：

1. 动机特征。吸毒违法犯罪人以青少年居多，吸毒的动机与其年龄阶段有着密切联系，呈现出相对幼稚的特点。

（1）好奇与逆反心理的驱使。青少年对新异奇特的刺激物极为好奇，处于这一时期的他们逆反心理较大，越是不了解的东西，越是成人反对的东西，越能激起他们冒险一试的欲望。吸毒青少年犯罪人中，很多是因偶尔尝试毒品而陷入其中，不能自拔的。

（2）炫耀、逞能。吸毒违法犯罪青少年涉世不深，抵御不良诱惑的能力差。有的看到别人吸毒，自己也不甘示弱。有的为显示、炫耀自己的胆量、能力、富有而吸食毒品。

（3）空虚、颓废。有的人因为在现实生活中受到挫折或精神空虚，百无聊赖，而借助毒品麻醉、刺激自己。有的人面对工作、情感、婚姻等生活中出现的种种问题与失意，不能以积极的心态去对待和处理，试图用毒品来麻醉自己，排解心中的忧愁空虚而陷入毒品的深渊。

（4）无知、顺从。吸毒违法犯罪人，既是犯罪人，也是受害人。这与他们社会阅历少，辨别能力差有很大关系。有的人对毒品的危害一无所知，盲目相信毒品能减肥、治病，再加上受到他人教唆、影响而上当受骗，染上毒瘾。有的人对合成毒品的成瘾依赖性不甚了解，认为偶尔"玩一玩"不会上瘾，最终深受"时髦"毒品的侵害，不能自拔。一些明星、影星的吸毒也为明辨是非能力较弱的青少年提供了非常恶劣的模仿对象。不少吸毒人员首次吸毒是受所谓的"朋友"影响，尤其是青少年往往难以甄别所谓"朋友"的险恶用心。

2. 认识特征。吸毒者一般年龄偏低，文化程度不高，自身素质较差。他们分析判断能力较差，对直观的、新奇的，尤其是能引起感官刺激的具体事物容易接受；精神世界空虚、颓废，对毒品危害性认识不清，有的人甚至认为毒品可以带来灵感，因而把毒品当作他们的精神寄托。

3. 情绪情感特征。吸毒者情绪情感麻木、低级。由于对毒品的依赖性较大，往往与社会处于隔离状态，高级情感缺乏、情感麻木。消极的心境常居主导地位，烦躁苦闷、焦躁不安、抑郁甚至悲观绝望。情绪波动较大，喜怒无常。毒瘾发作时，会失去常人应该具有的正常情感，冷漠残忍，冲动偏激。更甚者会情绪失控，道德沦丧，无法用理智控制自己，常引发偷盗、抢劫，甚至杀人等其他更为严重的犯罪活动。

4. 意志特征。意志薄弱，自控力差。吸毒犯罪人明明知道毒品的危害性，但由于自控能力差，往往不能摆脱对毒品的依赖，经不住外界的诱惑，戒毒总是反反复复，最后消极心理占了上风，只得复吸，直至越陷越深。

5. 人格特征。吸毒犯罪人人格严重扭曲，表现为追求感官刺激，对毒品的需求具有迫切的倾向性。自我控制、调节能力差，易受暗示和诱惑。个性心理结构偏离常态，极端自私自利。长期吸毒令不少人变得自私自利，不讲礼仪，不知羞耻，而且意志消沉，性格怪僻，谎话连篇，导致人格的变异。

（三）贩毒犯罪人的心理特征

1. 动机特征。对金钱的贪婪与无止境的追求，是绝大多贩毒者犯罪动机产生的根本原因。毒品交易，有着巨大的暴利空间。因此，尽管法律对毒品犯罪打击严厉，但仍有人冒着坐牢乃至杀头危险参与贩毒，有的甚至发展成为家族式的贩毒集团。贩毒犯罪人一旦涉毒，便难以抵挡一夜暴富的诱惑，他们中许多人把贩毒看成是快速致富的捷径，其犯罪行为一发而不可收。还有一些人是因为吸毒而染上毒瘾，为筹集毒资而参与贩毒以达到以贩养吸的目的。

2. 侥幸心理严重。许多贩毒犯罪人把毒品贩卖活动看作是做生意。认为买卖双方都有利可图，加上双方都是打击对象，都很谨慎，交易隐蔽，暴露的可能性不大。因此，侥幸心理、冒险心理极强，往往在巨额利润的驱使下，从事贩卖毒品犯罪活动。

3. 犯罪意志坚强。贩毒犯罪人视贩毒为谋生之道，生存之本，把贩毒当作正常的职业来经营。经过多次的贩毒活动，他们的犯罪心理得到不断强化，犯罪行为成为习惯，实施犯罪的目的明确，犯罪过程中意志也十分坚定、顽固，犯罪行为更加强烈疯狂。

4. 个性多疑、冷酷、残忍、冒险。贩毒犯罪的组织者性格的内倾性较为明显。他们思维缜密、头脑冷静，对贩毒活动计划周密。同时其性格有孤僻、冷漠、多疑、残忍、虚伪等特点。他们工于心计，对组织内部的成员进行拉拢、腐蚀。但是一旦发觉有人泄露计划，就会十分残忍地实施惩罚。贩毒犯罪人个性中的冒险成分较多，他们为了攫取暴利，不惜孤注一掷，铤而走险。

同步练习

1. 物欲型动机犯罪人的需要特征有哪些？
2. 简述盗窃犯罪人的心理特征。
3. 简述抢劫犯罪人的心理特征。
4. 简述诈骗犯罪人的心理特征。
5. 简述贪污、受贿犯罪人的心理特征。
6. 简述情绪型动机犯罪人的心理特征。
7. 政治信仰型犯罪人的心理特征有哪些？
8. 网络犯罪人的心理特征有哪些表现？
9. 吸毒犯罪人的动机特征有哪些？
10. 贩毒犯罪人的心理特征有哪些表现？

拓展阅读

贵州侦破全国最大电信诈骗案

据《贵阳晚报》消息 2015 年底,都匀市一单位账户内的 1.17 亿元神秘消失,贵州警方派出 500 多名警力在全国范围内侦查,结果发现一个庞大的电信诈骗集团;诈骗话务窝点甚至设在乌干达和印度尼西亚;资金经过多次流转后,最终在台湾被取走……

贵州省公安厅通报,该案已被成功侦破——冻结资金上亿元,抓获 62 名犯罪嫌疑人,其中包括 10 名台湾主犯。办案民警揭秘,这是一起全国近年来单笔被骗金额最大的电信诈骗案。

2015 年 12 月 20 日,都匀经济开发区建设局财务主管兼出纳杨某先后接到自称"农业银行总行法务部人员唐勇"和"上海松江公安分局何群警官"的电话,称其在上海办理的信用卡存在问题,需要对其掌握的账号进行清查。此后,自称"孙检察官"和"杨检察官"的人频繁联系杨某,指示其登录虚假的"最高人民检察院"网站,让其看到虚假的"电子通缉令"。杨某对自己掌管的银行账号涉嫌"犯罪"深信不疑,按照对方指令下载相关软件,插入单位资金 U 盘配合"清查",直至 1.17 亿元资金被转走。12 月 29 日 10 时许,黔南州都匀市经济开发区建设局工作人员发现,账户上的 1.17 亿元资金被转走,而杨某已经失联,随即报警。

据办理该案的黔南州公安局刑侦支队长透露,杨某被抓后,专案组通过侦查犯罪嫌疑人向杨某发送"通缉令"的传真电话发现,国内有 11 人具有重大作案嫌疑,而诈骗信息来自非洲乌干达。

此时,专案组的侦查发现,在 2015 年 12 月 22 日至 26 日期间,短短 4 天,受害单位内的 2 个账户共 1.17 亿元,先后被转至 67 个一级账户,再被转入 204 个二级账户,接着被转入 6573 个三级账户,然后转入 2163 个四级账户,最后被转入 127 个五级账户,并迅速被拆分至若干银行卡,在台湾地区被取现。

"通过追查资金的流向,我们锁定了藏身在台湾的犯罪集团。"办案民警说。截至目前,已抓获各类犯罪嫌疑人 62 名,其中,台湾犯罪嫌疑人(主犯)10 名,冻结涉案银行卡 9942 张,资金余额上亿元。

据了解,贵州警方破获的"12.29"特大电信诈骗案,是我国近年来单笔金额最大的一起电信诈骗案。[1]

---

〔1〕 "贵州侦破全国最大电信诈骗案",载《皖东晨刊》http://szbk.chuzhou.cn/wdck/html/2016 - 04 - 25/content_155638.htm, 2016 年 11 月 20 日访问。

第六章

不同经历的犯罪心理

学习目标与任务

了解并掌握初犯、偶犯与累犯、惯犯的犯罪心理与行为特征。

案例导读

惯犯"搬家式"盗窃41起　赃物装满三间物证室

2016年12月，湖北警方通报破获系列入室盗窃案：嫌疑人李某流窜湖北、安徽两省8县，"搬家式"盗窃41起，赃物装满警方三间物证室。48岁的李某自1989年以来，先后因盗窃罪、强奸罪、拐卖人口罪、脱逃罪等罪名入狱6次，5次被判刑，实际服刑24年。出狱后又"重拾旧业"，疯狂作案。侦查中，警方发现李某某盗窃时"从不挑食"，大到65英寸的液晶电视机，小到14寸的黑白电视机；烟酒副食、锅碗瓢盆、米面油盐、桌椅板凳统统搬回家。据统计，追回的赃物共计30余类500余件，放在一起相当于农村一个中型超市。[1]

想一想：李某的犯罪心理与行为具有怎样的特点？

根据犯罪人经历的不同，可以将犯罪人分为初犯和偶犯、累犯和惯犯两大类。从初犯、偶犯到累犯、惯犯，因为犯罪的经历不同，其心理特征和行为特征也表现出一定的差异。认识这些差异，有助于我们从不同的侧面更好地了解犯罪心理，对于提高侦查审讯活动的效率，及时有效地打击犯罪和矫治其犯罪

---

〔1〕 "惯犯'搬家式'盗窃41起　赃物装满三间物证室"，载荆楚网（武汉）http：//news. 163. com/16/1213/20/C86NFGPN000187VG. html，2016年12月23日访问。

心理，都具有十分重要的意义。

第一节　初犯和偶犯的犯罪心理

一、初犯的犯罪心理

（一）初犯的概念

在刑法学和犯罪心理学中，初犯的概念有所不同。因此，初犯的含义，可以从刑法学和犯罪心理学两个方面来理解。

1. 刑法学中初犯的含义。初犯是指第一次犯罪并符合犯罪构成要件，应受相应刑罚处罚的人。

2. 犯罪心理学中初犯的含义。从犯罪心理学角度看，初犯是指第一次实施犯罪而受到刑罚处罚的人，或者是虽有违法犯罪行为，但尚未受刑罚处罚的人。本章所研究的初犯的犯罪心理，采用的是犯罪心理学的含义。

（二）初犯的心理特征

1. 动机特征。一般情况下，初犯在实施犯罪前都有激烈的动机斗争和内心矛盾，犯罪动机、犯罪心理形成的时间较长，具体表现为：一方面，犯罪行为人的不当需要强烈，如对财物的贪欲、对异性强烈的占有欲、对他人的强烈报复心理等，当这些需要无法或不可能以正当的方式和途径得到满足时，犯罪人就只能铤而走险，选择以非法手段即实施犯罪行为来达到个人目的，这便会产生强烈的犯罪冲动；另一方面，多数犯罪人都能认识到其行为的违法性，加上没有犯罪经历，缺乏犯罪经验，出于对法律的畏惧，担心被发现，害怕受到惩罚，尤其是在作案之前，犯罪人内心恐慌，犹豫不定，害怕失去自由，因此又会产生抑制犯罪的动机。

初犯在整个犯罪过程中都会经历一个反反复复的阶段，犯罪人内心矛盾重重，动机斗争激烈，这种内心冲突贯穿于犯罪始终，主要有以下表现：①犯罪之前，突出表现为作案还是不作案的动机冲突。②犯罪过程中，面对着各种犯罪诱惑、法律的制裁及道德良心的谴责，表现为继续犯罪还是终止犯罪的动机斗争。③犯罪之后，则存在着逃避惩处还是投案自首的矛盾冲突。对最终选择犯罪的初犯而言，显然是犯罪动机战胜了抑制犯罪的动机，其中侥幸心理在犯罪行为得以实施的过程中起到了重要的推动作用，而犯罪人对犯罪既得利益的强烈渴求是导致其犯罪的根本原因。

应该看到，初犯由于是第一次犯罪，其犯罪心理并未定型，道德良知尚未完全泯灭，在实施犯罪行为的过程中，犯罪动机良性转化的可能性较大，犯罪行为人时常会感受到法律、道德的约束，并因此而终止犯罪行为。所以，我们研究初犯心理，更应针对这些特点，不失时机地对他们进行最大限度的教育、挽救并扼制其犯罪心理的恶性发展。

2. 认知特征。初犯的认知特征具体表现为：①认知能力低下。初犯认知范围狭窄，对事物缺乏全面深刻的认识，导致其对违法犯罪行为的后果及其严重性无法作出清醒的认识与判断，因此，常常会因经受不住外界的不良诱惑而产生犯罪行为。②盲目自信。初犯过高地估计了犯罪成功的可能性，实施犯罪时只考虑到成功，很少考虑到失败。行为冒险、冲动，侥幸心理突出。③认知内容错误。初犯形成了错误的人生观、价值观、世界观，在这些错误观念支配下，犯罪行为的出现在所难免。

3. 情绪情感特征。初犯的情绪情感的稳定性差，消极情绪情感占主导地位且持续时间较长。这与初犯的犯罪技巧生疏，犯罪经验不足，对犯罪环境适应不良有关，具体表现为：①犯罪前，初犯情绪兴奋、焦虑、紧张、恐惧、易激惹，常因受到外界刺激、诱惑或他人的教唆而发生犯罪行为。②犯罪过程中，初犯情绪惊恐不安，波动起伏。在这种心理状态下，有的犯罪人会由于情绪失去控制而导致行为变形，或手忙脚乱，留下明显作案痕迹，或孤注一掷，实施更为严重的犯罪行为。有的犯罪人会因为心理压力或外界环境压力过大而终止或放弃犯罪行为。③犯罪后，初犯经过了短暂的兴奋之后，极度恐惧的情绪往往会占据主要地位，犯罪人惊慌、焦虑，惟恐罪行败露，受到惩处，因此，常常会坐卧不安，食不甘味，神思恍惚，行为反常。有的犯罪人会产生一定程度的自责、内疚的情绪情感。

4. 意志特征。初犯的意志薄弱，突出表现为：①初犯的自我控制力较差，难以抵御外界不良诱惑与胁迫，常常由于受到暗示、引诱或胁迫而形成犯罪动机，发生犯罪行为。②初犯容易动摇，不仅在犯罪之前，犯罪动机斗争激烈，摇摆不定，而且在犯罪行为实施的过程中，也可能因遇到困难和意外情况终止犯罪。

（三）初犯的行为特征

1. 犯罪行为的预谋性。初犯的犯罪行为大多具有预谋性的特点，表现在从犯罪动机的产生到犯罪心理的形成，都经过了内心激烈的矛盾和斗争，有一个较为明显的动机斗争过程。为了使第一次违法犯罪获得成功，在实施犯罪行为前都要进行周密的考虑和安排，如精心选择作案对象和目标，对作案的时间、地点、环境、地形等会做一番周密的考察与安排，对作案手法、工具等也会做精心的选择，甚至会制订一定的行动计划。

2. 行为的冒险性。初犯犯罪虽然大多具有预谋性，但因为没有犯罪经验，对作案过程中所遇到的诸多情况，很难设想周全，再加上初犯犯罪侥幸心理突出，其犯罪又常常是在外部特殊条件的诱惑下（如他人教唆、怂恿等）进行的，因此，犯罪行为具有盲目、冒险、孤注一掷的特点。作案时往往草率行事，心情紧张，手忙脚乱，容易在作案现场留下指纹、随身携带的物品等犯罪痕迹，有利于公安机关侦破案件。作案时如果遇到困难或受害人的反抗，由于缺乏应变能力，容易诱发孤注一掷的心理状态，导致更为严重的犯罪后果。

3. 作案手段简单。初犯犯罪技巧生疏，犯罪行为方式模仿性较强，他们或模仿影视、传媒中的某些情节、镜头，或临时模仿他人，作案手段简单，作案工具也比较原始。

4. 共同犯罪较多。初犯中不乏单独作案，但总体上说，共同犯罪较多。这是因为初犯首次作案，没有成功的体验，内心恐慌惧怕，因此，在犯罪心理形成的过程中，他们都会自觉或不自觉地寻求心理支持。他们往往刻意寻找支持者，以增强犯罪的勇气。此外，初犯中以青少年居多，合群性是这一时期青少年的一个重要特点，这使得他们容易在同龄伙伴中寻找犯罪的合作者；同时，由于从众心理的影响，会导致责任扩散心理的产生，减轻犯罪时产生的心理压力，使他们的犯罪计划变得更容易实施，但这样也致使初犯犯罪行为的后果更为严重。

二、偶犯的犯罪心理

（一）偶犯的概念

偶犯是指那些存在不良心理因素，在某些特定情境出现时实施犯罪行为的个体。偶犯的犯罪行为带有很大程度的情境性、偶然性。他们的犯罪与某些特定的外部条件或原因相关联，如果这种条件不具备，犯罪行为未必发生，一旦这些条件丧失，行为人便不会再次实施相应的犯罪。因此，他们的首次违法犯罪行为也被设想为最后一次，故称为偶犯。从某种意义上说，偶犯也是初犯，初犯包括偶犯，但其各自的侧重点有所不同。初犯是相对于累犯而言的，强调其实施违法犯罪的次数是初次；而偶犯是相对于惯犯而言的，强调其实施违法犯罪的机会、条件的偶然性、情境性。

（二）偶犯的心理特征

偶犯和初犯都是首次犯罪，都没有犯罪经历或受刑罚处罚的经历，因此，其犯罪心理与行为特征方面有很大的相似性。但由于犯罪时情境的不同，二者的心理与行为存在差异，偶犯表现出特有的心理特征。

1. 需要特征。与其他犯罪人一样，偶犯本身也存在着一些不良需要。例如，他们或渴望一夜暴富，或希望飞黄腾达等，这些不良需要的强度平时与正常人相差不大，但一旦某种特定的情境和特殊诱因出现，便会迅速膨胀，形成一股强大的动力，促使偶犯在极快的时间内迅速产生犯罪动机，导致犯罪行为的瞬间发生。

2. 性格特征。表面上看，偶犯的犯罪具有一定的情境性和偶然性，但究其根本原因，偶犯犯罪行为的发生与其性格的缺陷有很大的关系。偶犯的性格缺陷表现为好冲动、执拗、狭隘、软弱，比较注重个人利益等。因而，遇到问题时，不懂得变通，往往采取最为直接简单的方法应对，而这些方法常常是极端错误的，最终违背了社会道德规范和法律。

3. 动机特征。偶犯的犯罪动机形成时间极短，具有瞬时性，常常是在一定的外部诱因刺激下产生的，因此，偶犯的犯罪动机呈现出典型的"挫折——反应"模式。对于偶犯来说，极少出现如初犯那样激烈的动机斗争，其犯罪动机常常占据绝对优势的地位，抑制犯罪的动机极其微弱，几乎无法察觉。只要犯罪的特定诱因、情境出现，犯罪动机瞬间形成，犯罪行为即时发生，但如果犯罪情境消失，犯罪心理也会随之而消除。

4. 情绪情感特征。偶犯除了没有经历初犯犯罪前的紧张、焦虑、亢奋的情绪波动外，在其短暂的犯罪过程中，偶犯与初犯一样也经历了情绪情感的大起大落。情绪情感主要表现为紧张、亢奋、惊恐不安、极度恐惧和内疚、自责等。这些情绪情感的发生强度有的与初犯相似，有的甚至比初犯情绪情感的发生强度还要大，如偶犯在实施犯罪之后，常常会立即产生内疚、后悔、自责的情绪情感，后悔强度要甚于初犯。另外，在实施犯罪的过程中，偶犯紧张亢奋的强度也常常甚于初犯，这会促使他们短时间内聚积巨大的能量，实施极为惨烈的犯罪行为。

（三）偶犯的行为特征

偶犯的行为特征与犯罪行为的情境性、短暂性和偶然性有直接联系。

1. 无预谋性。偶犯是在客观环境刺激下才实施违法犯罪行为的，因此带有极大的情境性。由于犯罪情境的出现无法预料，犯罪前也难以有完整的时间来计划、考虑，故偶犯犯罪行为的发生具有无预谋性的特点，多属于临时起意的犯罪。

2. 冲动性。冲动性是偶犯实施犯罪时较为突出的行为特征。由于事先没有预谋、规划，缺乏作案时必要的心理准备，面临突然出现的作案环境和机遇，在不良因素的作用下，犯罪人犯罪冲动强烈，基本上是在一种失去理智的激情状态下，实施连其本人都没有预料到的犯罪行为。犯罪行为的冲动性特点，有时会使其危害结果超出了犯罪行为人的想象。

3. 偶发性。与犯罪行为发生的情境性相联系，偶犯的犯罪行为一般是偶然发生的。犯罪人事先在主观上并没有预先期待犯罪结果的发生，因为偶然出现了有利于犯罪的特殊情境，才会发生犯罪行为，如果不存在引发犯罪的特殊情境，那么其犯罪行为则不至于发生。

4. 盲目性。偶犯犯罪具有瞬时性，其犯罪动机简单，犯罪行为受外界情境影响较大，因此，偶犯犯罪行为的实施具有较大的盲目性。

5. 单独性。偶犯的犯罪常常是某种机会型的犯罪，由于机会转瞬即逝，所以，偶犯极少出现结伴犯罪的情形，一般情况下都是独立实施某种犯罪行为，这与初犯的共同犯罪居多有着极大不同。

6. 简单性。偶犯由于没有犯罪预谋，因而实施犯罪的方法一般比较简单，基本不使用预先特制的工具，所用工具常常是随身携带和随手抬来之物。

第二节　累犯和惯犯的犯罪心理

一、累犯的犯罪心理

（一）累犯的概念

根据我国《刑法》的规定，累犯是指因故意犯罪受过一定的刑罚处罚，在刑罚执行完毕或赦免以后，在法定的期限内又犯应处一定刑罚之罪的犯罪行为人。我国《刑法》中的累犯包括一般累犯和特殊累犯。一般累犯，又称普通累犯，根据《刑法》第 65 条的规定，是指被判处有期徒刑以上刑罚的犯罪行为人，在刑罚执行完毕或赦免以后 5 年以内再犯应当判处有期徒刑以上刑罚之罪的犯罪行为人。我国《刑法》还规定，在刑罚执行完毕或赦免以后的危害国家安全的犯罪分子，任何时候再犯危害国家安全罪的，都以累犯论处，这是指我们所讲的特殊累犯。

由于在司法实践中普通累犯较为常见，故我们着重论述普通累犯。普通累犯是至少两次实施故意犯罪的行为人，并且其犯罪所受刑罚都应是有期徒刑以上的刑罚。

累犯有初犯的经历，但由于其至少两次进入监管场所改造，因此又不同于初犯。主要区别在于累犯具有初犯所没有的，比初犯更为全面的犯罪经验。一些学者将这些经验归纳为四个方面：[1]

1. 丰富的作案经验。初犯一般没有作案的直接经验，累犯则具有较全面的犯罪成功和失败的正反两方面的经验。

2. 参加诉讼的经验。累犯由于受过刑罚处罚，经历过刑事诉讼的全过程，对公安机关的侦查、询问，检察机关的提起公诉，审判机关的庭审活动等过程，都有亲身经历，因此，具有较强的反侦查、反审讯的意识。

3. 被监禁的经验。累犯有过监狱生活的经历，因而对监规监纪、监狱与外

---

〔1〕　转引自罗大华主编：《犯罪心理学》，中国政法大学出版社 2003 年版，第 189 页。

界隔绝的环境、罪犯的自由限制、罪犯的强制劳动及罪犯的日常生活都有较深的了解和体验。

4. 重返社会的经验。由于累犯有过重返社会后的生活经历，对再次获释后自己所面临的社会压力、自身的心理变化都有所了解，因此，他们一般都能很快适应重返社会后的生活；而初犯出于对自己名声、前途的顾虑，对重返社会往往感到忐忑不安、困难重重，由于缺乏重返社会的经验，所以不能很快适应重返社会后的生活。

（二）累犯的心理特征

1. 错误的认识特征。累犯认识特征主要表现在其认识内容上的极端错误。累犯在初犯阶段已形成一些错误的认识，但经过监狱改造，由于受狱内不良因素的交叉感染及个人的人格缺陷的影响，其错误认识非但没有得到纠正、消除，反而会变本加厉。这主要表现为：①世界观、人生观、价值观、道德观严重扭曲。②形成了犯罪合理化的观念。他们将自己受监禁的经历视为对以往犯罪的补偿，认为第一次犯罪行为的过错并不在自己，所受的刑罚过于严厉，对自己的打击太大，因此为了弥补自己失去的青春和自由，他们常常会产生"狱内损失狱外补"的心态。持有这种观念的行为人，便会认为自己的再犯罪是对曾受的监禁之苦的一种补偿，将犯罪看成是一种合理化的行为，一旦出狱，便可能重操旧业。③形成了强烈的反社会意识。基于以上的错误认识，累犯把自己被判刑入狱的责任推向国家、社会或他人，认为社会对自己不公平，他人对自己打击报复，司法机关不应对其采取惩罚措施，或认为刑罚过重，罪刑不相当，因此而产生敌视、对抗心理。这种心态在累犯的犯罪过程中，拘押、审判、改造期间乃至释放之后，都有各自不同的表现，他们会想方设法挑战法律的权威，以满足自己，报复社会。

2. 犯罪动机的复杂性。累犯由于有过参与诉讼和被监禁的经验，亲自体验过获罪服刑所带来的身心痛苦，因此重新犯罪时，其动机不同于初犯和惯犯，呈现出复杂性的特点，具体表现为：累犯在第一次再犯罪之前，往往会产生较为激烈的动机斗争。一般而言，当适合犯罪的机遇出现时，他们会产生是选择犯罪以满足自己的欲望，还是远离犯罪以免再受牢狱之苦的内心矛盾。在这种情况下，他们有时根据趋利避害的原则，选择不犯罪；有时难以权衡，则抱着"破罐子破摔"的心理，重蹈覆辙；有时在侥幸心理的驱使下，冒险一试。这样随着犯罪次数的增多，犯罪动机斗争逐渐弱化，犯罪动机的产生呈自动化趋势。但是，具有犯罪合理化意识的累犯，报复社会的心理强烈，作案心安理得，很少有明显的动机斗争。

3. 低级庸俗的需要特征。累犯低级庸俗的需要占据主导地位。在累犯的需要结构中，物质需要、生理需要远远超过了精神需要、社会需要，而且以低级的庸俗的物质和生理需要为主，表现为：①贪婪的物欲。很多累犯认为服刑、被监禁对自己的人生、经济都是很大的损失，从而形成了"狱内损失狱外补"的犯罪补偿心理，一旦出狱后，便会疯狂地攫取财物。②畸变的性欲。有的累犯出狱后，因为受到家庭、社会的冷落，没有正当的生活情趣，只有疯狂的性需求，极力追求感官刺激，追逐、玩弄女性，如遇反抗则会实施各类犯罪行为。③低级的交往需要。因为有过受监禁的经历，累犯的正当的社会交往常常受到阻碍，这使累犯更热衷于在有劣迹的人群中寻求"知音"并形成庸俗的"友谊"，"不求同生，但求同死"，结成犯罪团伙后便会疯狂作案，共同抵御法律的制裁。

4. 情绪情感特征。累犯的情绪情感特征表现为：①稳定性强。累犯因为有一定的犯罪经验，作案方法、技能比较熟练，犯罪心理准备比较充分，因此，作案往往得心应手，犯罪过程中情绪比较稳定，前后变化不大。同时，因为曾受过监禁之苦，所以作案时更为谨慎，如果遇到阻碍，则可能会放弃犯罪，全身而退。②社会性情感缺乏。累犯由于犯罪经历较长，正常的社会交往受阻，他们中很多人已经丧失了正常人所应具有的同情心、自尊心、爱心以及社会责任感，使他们变得寡廉鲜耻。他们在实施犯罪过程中肆无忌惮，根本不会考虑给社会和他人带来的损失和伤害，造成的后果极为惨重。

5. 两极性的意志特征。累犯的意志特征呈现出两极性的特点：一方面，累犯实施犯罪的意志力较强，一旦形成犯罪动机，便会克服各种困难，千方百计地达到犯罪目的；另一方面，抵制犯罪的意志力较弱。但由于对监狱失去自由的生活还心有余悸，与惯犯相比，累犯实施犯罪的意志力要稍微弱一些。如果在实施犯罪的过程中遇到障碍，就有可能暂时放弃犯罪，而重新等待时机。但随着成功体验的增多，累犯抵制犯罪意志力会越来越弱，实施犯罪的意志力会越来越强。

（三）累犯的行为特征

1. 行动计划的周密性。为了逃避打击，累犯在作案之前，都有一个比较详细的作案计划。表现为精心选择作案对象和目标，对作案的时间、地点、方法、工具和如何破坏、伪装犯罪现场以及逃避查处等，都要作仔细而周密的分析和思考，以确保犯罪成功。所以，累犯自案发到被抓获的时间间隔也比初犯要长。

2. 犯罪行为的谨慎性。累犯作案手段狡猾，行为谨慎。原因有三：①累犯由于多次犯罪，积累了丰富的犯罪经验和熟练的作案技能；②畏惧刑罚处罚，不愿轻易被抓获；③作案后认真回顾每一个犯罪细节，找出漏洞，积累了一定的反侦查经验。

3. 犯罪行为的残忍性。累犯由于屡次受到司法机关的打击，对社会、国家极端仇视，报复心理极强，因此，实施犯罪时，往往人性丧失，不择手段，极其残忍疯狂。他们不仅频繁作案，而且敢于作大案、要案和恶性案件。

4. 善结团伙，流窜作案。由于罪犯群体交叉感染的存在，以及一些监狱教育改造工作上的缺陷，累犯在监狱中不仅没有消除原有的犯罪心理，反而又向其他罪犯学会了一些新的犯罪技能，并结识了一些臭味相投的犯罪人。出狱后，他们互相勾结，形成团伙，疯狂作案，为逃避打击，到处流窜，常常制造一些大案、要案，犯罪向多方向恶性发展。

二、惯犯的犯罪心理

（一）惯犯的概念

惯犯是指较多实施同类犯罪，已形成犯罪恶习的犯罪人，也称为"常习犯""常业犯"。在我国，惯犯多见于财产犯罪，如盗窃惯犯、抢劫惯犯、走私惯犯、诈骗惯犯、赌博惯犯等。

累犯、惯犯是两个不同概念。累犯受到过法律的惩处，一般具有监禁经验；而惯犯则不考虑是否受到过刑罚，不一定具有监禁经验；累犯不限于实施一定种类的犯罪，而惯犯在原则上仅实施一定种类的犯罪；惯犯的犯罪生活占据日常生活的大部分，而累犯则不然。由于以上的诸多不同，累犯、惯犯虽然都是多次实施犯罪行为，在主观上都是故意，但在心理和行为特征上还是有一定差异的。

（二）惯犯的心理特征

1. 畸变的需要结构。惯犯的初次犯罪，是由其需要结构中超出常人应有强度的某种需要引发的。而犯罪成功的体验，使这种需要得到部分满足，这样就进一步强化了原有的非分需要，使其成为再次实施同类犯罪的原动力，进而实施一次又一次的犯罪。同时，由于犯罪行为多次重复，使得犯罪行为习惯化、定型化，最后犯罪行为本身也成了惯犯的一种需要。也就是说，许多惯犯的犯罪行为不仅仅是为了满足其非分的需要而犯罪，而是为了犯罪本身而犯罪，他们已将犯罪作为一种满足需要的方式，犯罪的需要结构畸形发展。

2. 顽固的反社会意识。犯罪是违反社会大众意志、违反法律的行为，必将受到社会大众的鄙视与谴责，受到司法机关的打击与制裁。这些都会使惯犯的心理失去平衡，产生一种挫败感，为了消除这种不愉快的感觉，惯犯常常会寻找各种借口和理由为自己辩解。他们把犯罪的原因推向他人，推向社会，久而久之，会逐渐形成犯罪合理化的观念。大多数惯犯都拥有一套自己的犯罪观，他们对犯罪不以为耻，反以为荣，并将犯罪作为谋生的手段，惯犯实施犯罪已经成为其自身需要的一部分，很难停止下来。一些惯犯由于屡次受到处罚，所以其对抗社会的心理十分严重，形成了顽固的反社会意识。他们仇视法律，对抗社会，对其实施的犯罪毫无羞耻之心、悔改之意，作案时疯狂、残忍、不计后果，社会危害极大。

3. 犯罪心理形成的自觉性和主动性较强。惯犯由于反复实施同类犯罪行为，犯罪方式、手段和技巧已经十分熟练，犯罪活动定型化。对于惯犯而言，其犯罪行为已成为其生活中不可或缺的重要内容和一种行为习惯，经常处于引发状态，犯罪过程中的内心冲突越来越小，犯罪心理形成的主动性和自觉性增强。惯犯已没有初犯犯罪心理形成时的种种阻碍，也没有累犯首次犯罪时的种种顾虑，其犯罪心理形成的主动性和自觉性比累犯更强，甚至带有某种自动化的倾向，只要适宜的作案机遇出现，就能激活其犯罪冲动，犯罪行为随即产生。

4. 动机特征。惯犯同累犯一样，犯罪动机斗争十分明显。但与累犯相比，惯犯随着犯罪次数的增多，犯罪行为的定型，犯罪动机斗争更为微弱。在其实施犯罪行为时，已经感觉不到动机斗争的痕迹，犯罪行为坚决果断。但犯罪毕竟要受到法律的严惩，考虑到可能面临受处罚、监禁、失去自由的后果，惯犯在犯罪过程中也不是毫无顾忌，只是动机斗争已不明显。然而，当惯犯在实施难度较大的犯罪时，仍然会紧张、慌乱，为逃避打击，也要权衡利弊，只是此时的动机斗争已不再是犯罪还是不犯罪的斗争，而是选择何种犯罪行为的斗争。

5. 能力特征。惯犯的能力特征表现在两个方面：①由于缺乏健全的家庭、学校、社会教育，惯犯通常知识、智力水平较低，对是非善恶的分辨能力差，不具备必要的生产、生活技能；②由于长期从事同一类犯罪活动，惯犯的犯罪技能高超，操作熟练，几乎达到专业化的水平。

（三）惯犯的行为特征

1. 犯罪行为的习惯性。惯犯由于多次实施犯罪活动，犯罪行为已经形成了动力定型，即犯罪行为习惯化，主要表现为：只要适合犯罪的外部诱因出现，就会立即实施犯罪行为，而无需动机斗争。犯罪行为的习惯化反过来又促使其犯罪心理结构进一步恶化，使其犯罪行为变得更为严重、危险。

2. 犯罪行为的类似性。惯犯由于长期实施同类犯罪行为，重复使用同样的手法作案，因而在实施犯罪的方式、手段和技术等方面形成了自己的特征，即其行为方式具有习惯化、定型化和个性化的特点。这种类似性使惯犯的每一次作案都会留下相同的犯罪痕迹，给案件的侦破工作提供了有利的线索。

3. 犯罪行为的连续性。惯犯的犯罪行为已呈定势，经常会在短时间内连续作案，甚至可以在一次犯罪活动中作案多起。

4. 犯罪行为的坚定性。惯犯的犯罪行为具有坚定性的特点，犯罪行为一旦实施，便会坚持到底，不达目的决不罢休。为了实现犯罪目的，即使受到阻碍也能想方设法克服困难，很少中途停止犯罪。

同步练习

1. 如何理解初犯的概念？
2. 初犯的心理特征有哪些？
3. 什么是偶犯？偶犯的心理特征有哪些？
4. 和初犯相比，累犯的犯罪经验表现在哪些方面？
5. 累犯的心理特征有哪些？
6. 惯犯的心理和行为特征有哪些？

拓展阅读

诈骗惯犯盯上孤寡老人　流窜乡村骗人钱财

56 岁的王某，没有上过学，平时游手好闲，没有正当职业。

1982 年，21 岁的王某因犯盗窃罪，被法院判处有期徒刑 4 年，出狱后没两年，又因犯盗窃罪再次获刑。40 岁后，王某因犯诈骗罪多次入狱，毫无悔改之心的他似乎打算破罐子破摔，在"进宫"的道路上越走越远……

王某虽然没有多少文化，但是深谙人情世故。他通过冒充别人家亲戚，先拉拉家常打打感情牌，等对方的警惕性降低了，再编出做生意没带够钱或者买东西忘了带钱等理由，从老实淳朴的乡民那里骗钱。

2016 年 4 月到 7 月，王某凭借他高超的"演技"作案 4 起，涉案金额 7000元。其中有一起案件，王某提出要借 2000 元钱，面对突然而至的"旧时好友"，开心的薛老汉竟然怕 2000 元不够花，特地多给了王某 1000 元。

仅仅嘴上说是亲戚，对方就会相信？原来，王某作案有个"准则"，专挑 70岁以上的孤寡老人，作案地点也多选择在偏远的乡镇。2016 年 4 月的一个中午，王某来到村里的王老太家里，问王老太认不认识自己，王老太说不认识，王某就说自己是王老太丈夫的舅舅家的女婿，还说王老太丈夫的舅妈死的时候她没有去。王老太一听他说的都对，就相信了，接着王某就有意无意聊起做生意缺钱的事情……

就这样，王某分别来到附近的几个村上，借着门房舅舅、儿子的朋友、发小等身份，从黄大爷（81 岁）、李大爷（81 岁）、杭大爷（70 岁）的手中骗去数千元。[1]

---

〔1〕"诈骗惯犯盯上孤寡老人　流窜乡村骗人钱财"，载 http：//www.wj001.com/news/wanxiangwu-jin/2016 – 09 – 12/1514311.html，2016 年 12 月 11 日访问。

第七章

不同年龄、性别的犯罪心理

学习目标与任务

了解并掌握青少年犯罪心理；简要了解老年人和女性犯罪心理。

案例导读

"外围女"卖淫、诈骗犯罪案

　　2015 年，江苏泰州警方在侦破一个一千多万元诈骗案的过程中，牵出一个顶着模特或者演员的名头，从事非法活动的"外围女"卖淫大案。10 月份，警方一周之内，在上海、昆明、深圳等地先后抓获了 6 名年轻女子。这些年轻女子个个容颜美丽，在网络上搜索，还能找到她们每个人光鲜的资料。资料中，她们都有着一份很是吸人眼球的职业，演员、模特、主持人、歌手等。因为一直是在二、三线发展，无法真正进入到一线的演艺和模特圈发展，她们便利用各种互联网工具，建立起很多快速联络通道，利用互联网从事卖淫活动。这些"外围女"打着网络模特、网络红人、影视明星的幌子，通过网络公司包装，向外推销自己。她们中，大部分是高中、初中文化，也有是知名艺校毕业家境优越的学生，在校期间的成绩也比较优秀。然而快速获得金钱的诱惑、奢侈生活的物质欲望和强烈的虚荣心，使她们麻木自己，放弃自尊，推动着她们一步步滑向深渊。[1]

　　想一想：女性犯罪的犯罪需要与动机有哪些？其心理与行为特点是怎样的？

---

〔1〕"震惊！千万诈骗的背后 竟牵扯出一个'外围网'"，载搜狐网 http://mt.sohu.com/20160511/n448892620.shtml，2016 年 8 月 15 日访问。

按犯罪主体的年龄对犯罪进行分类，一般可以分为青少年、中年和老年犯罪；按犯罪主体的性别可分为男性和女性犯罪。不同年龄、不同性别的犯罪人的犯罪心理和行为有着一定的差异。本章我们着重讨论青少年、老年以及女性的犯罪心理。

第一节　青少年犯罪心理

近年来，青少年犯罪现象日益严重。青少年犯罪以其手段的残忍，犯罪类型的多样，年龄的偏小和犯罪活动的公开化、暴力化而引起了政府和社会各界的广泛关注。青少年犯罪也是犯罪心理学主要的研究领域之一。

青少年阶段，历来都是一个犯罪率高发的年龄段。产生这种现象的原因，除了引发犯罪行为的社会、家庭和学校等客观因素之外，与青少年时期特殊的身心发展特点也有着密切的关系。因此，了解青少年时期身心发展的特点以及与犯罪行为的关系，对揭示青少年犯罪的自身规律和特点，揭露与打击、预防与矫正青少年犯罪有着重要的意义。

一、青少年的生理和心理特征

（一）青少年的年龄界定

我国有关法律中有"青少年"这一称呼，但对其概念并未作出明确的表述和界定。按照心理学关于年龄的划分，青少年包括少年期又称青年初期（十一二岁至十四五岁，）、青年中期（十四五岁至十七八岁）和青年晚期（十七八岁至二十五岁左右）。从十一二岁到十七八岁，即从少年期到青年中期，又称青春期，也是通常所指的少年，即未成年人。这一时期是儿童向青年过渡的时期，是走向成熟而又尚未成熟的时期。处于这一年龄段的青少年，易受外界环境诱因的影响，内心摇摆不定、动荡不安、矛盾重重，所以这一时期，特别是十四五岁到十七八岁，又被称为第二断乳期、危险期、困难期。我国有关法律规定，已满 14 周岁而未满 18 周岁这一年龄段的人犯罪，称为未成年人犯罪。

根据未成年人身心发展的特殊性，为保护其权益，世界各国一般对未成年人犯罪都采取了与成年人犯罪不同的特别措施。如审判采取特别方式，规定从轻或减轻处罚等，在处理上也多采用社会矫正等方式。

青少年时期处于人生成长的一个特殊时期，他们的身心发展有其特殊性。

（二）生理发展特点

这一时期的青少年在生理上发生着急剧的变化，主要表现在以下几个方面：

1. 身体外形的巨变。身体迅速长高，内脏增大，骨骼增长和变粗，肌肉发达，体重增加，十三四岁以后体重已接近成年人。性器官发育成熟，第二性征出现，外形上发生了巨大变化。

2. 生理机能的增强。心肺急剧增大，心跳有力，肺活量增加，力量增强。中枢神经系统迅速发展，特别是大脑的发育，至14周岁时已经接近成年脑量。但这时，由于受体内激素分泌旺盛的影响，高级神经活动的兴奋和抑制过程不稳定。青少年的机体能量代谢大，精力充沛，活泼好动，运动能力明显增长，特别喜欢剧烈的、竞争性的体育运动以显示和宣泄充沛而强大的力量。

3. 性机能发育成熟。青少年时期，性器官和性机能得到迅速发展，第二性征的出现，明显地表现出两性的差异。男性第二性征出现，包括长出体毛、喉结、变声、阴茎和睾丸的发育，精液的分泌，出现男性特有体味等；女性第二性征出现，包括长出体毛，子宫和卵巢的发育，月经初潮，乳房隆起，骨盆扩大，出现女性特有体味等。这时，青少年性欲产生，他们意识到了两性差别，表现出性好奇和接触异性的欲望，也随之开始爱美、爱打扮。

（三）心理发展特征

1. 认识能力，尤其是思维的创造性和批判性显著发展。整个青少年时期，抽象逻辑思维处于优势的地位。他们具有强烈的求知欲和探索精神，兴趣广泛，思维活跃、敏捷，喜欢进行丰富而奇特的幻想，喜欢别出心裁和标新立异，表现出强烈的创造热情。同时，思维的批评性明显增强，能够独立思考，对人对事开始有自己的思想和主张，对别人的见解和思想开始抱有怀疑和批判的态度，这表明他们的思维渐趋成熟。但此时，青少年的思维容易产生片面性和表面性。主要表现在：不能全面、辩证地分析问题，常常以偏概全，抓住一点不计其余；分析思考问题的时候容易绝对化、钻牛角尖，往往身陷其中而不能自拔，严重者容易产生心理和行为问题。

2. 情感丰富，但波动性大。随着身心能力的发展和生活经验的积累，青少年的情绪情感体验日益丰富复杂。有时情绪情感表现温和、细腻，具有内倾性、隐蔽性。但在更多时间，青少年的情绪情感的体验不够稳定，常因一点点称心如意的事情而得意忘形，兴奋不已，也会因一点点委屈而懊丧不已，悲观厌世。情绪变化激烈而带有冲动性，不善于用理智控制自己的情绪，情绪暴发时常常是狂暴猛烈的，容易走极端。情绪情感的紧张度较高，外界的微小刺激也会引起强烈情绪的反应，容易冲动，或变得热情、激动，或发怒、争吵，或悲观、消沉。情绪情感的波动性大，时好时坏，来得快去得也快，显得极不稳定。

3. 意志力有一定发展，但由于情绪不稳定的影响，意志的目的性易变，自觉性和坚持性差。

4. 个性渐趋定型，但易受不良因素影响，形成不良个性，具体表现为：

（1）自我意识的增强。从青春期开始到青年晚期，大约十多年的时间，是青少年自我意识迅速发展并走向成熟的时期。他们更多地关心自我的成长，自我评价能力比以往提高了很多，显得较为成熟，但尚存在局限性和片面性。内心体验丰富，善于内省，有了自己更多的秘密。因此，也易导致个性上的主观偏执性，使得他们听不进别人的意见，又特别在意别人的评价，造成其压抑、孤独而又敏感。青少年时期，自我意识增强的根本标志是独立意识的发展。他们开始意识到自我的力量，自我主张日益增强。他们追求与成年人平等的社会地位和决策权，在观念上也开始了与成年人的碰撞，由于发展水平的限制，其观念具有幼稚性。他们容易与成年人发生争执、冲突，其人格发展进入了一个全面的反抗时期，心理学称之为"第二反抗期"。与此同时，自尊心也开始增强，他们不甘落后，好胜要强，非常希望得到肯定的评价，而害怕否定的评价，无法容忍带侮辱性的言语。这一时期，如果引导不利，容易造成青少年与家庭、学校和社会的对立，正确的观念、道德规范对他们产生的影响减弱，而消极、不良的意识观念却极易影响他们，容易形成个性缺陷。

（2）世界观、人生观和价值观的建立。随着自我意识的高速发展，知识的增长，经验的丰富，青少年开始思考自己的人生和未来，人生观、价值观逐渐确立。但是由于青少年辩证思维发展的不足，影响了他们的人生观和世界观的形成。在他们的心目中，什么是正确的幸福观、友谊观、英雄观、自由观和价值观，都还是个谜。同时，在各种不良因素的作用下，少数青少年还会形成错误的人生观和价值观；在良好的教育影响下，青少年的道德意识和法律观念也得以逐渐形成。但如果受到周围不良因素和自身逆反心理的影响，也有极小部分青少年道德意识不良，法制观念淡薄，进而会给社会和自身带来危害。

二、青少年身心发展的矛盾性与青少年违法犯罪

青少年时期是一个发展迅速的时期，这一时期的青少年，在生理和心理、心理过程诸因素乃至心理与客观现实之间，都存在着许多矛盾。这些矛盾解决不好，往往会给青少年以后的发展带来隐患，产生行为偏差，严重的会导致一部分青少年以身试法，从此走上犯罪道路。这些矛盾主要表现在以下几个方面：

（一）身心发展不同步造成的矛盾

现代社会，由于经济繁荣，物质生活水平提高，营养丰富，青少年的生理发育比以往大大提前，出现了发展加速的现象（作为一代人提前达到成人的成熟标准的现象）。生理学家的研究发现，近百年来，人类生理成熟的年龄普遍提前，这使得青少年生理发育在短期内达到初步成熟，青春期缩短。而与此同时，其心理发育又处于相对缓慢、滞后的状态。这样就带来了青少年适应上的许多矛盾，具体表现为：

1. 过剩的精力与支配能力缺乏的矛盾。青少年身体的迅速长高、强壮，内分泌旺盛，活动范围增大，力量增强，精力充沛，说明他们已经具备了成人具有的体力，这使得他们可以凭借优越的身体条件，逃避面临的压力和问题。而这时的青少年，由于较少接触社会生活，与现实相脱离，心理水平的提高相对缓慢，缺乏正确的调节和支配自己行为的能力，其过剩的精力难免用之不当，特别是在精神空虚时，在不良诱因的影响下，容易出现偏差行为（如逃学、离家出走、打架斗殴等），甚至进行违法犯罪活动。

2. 好动好奇与分不清是非的矛盾。青少年神经系统发育成熟，智力发展到达顶峰，对事物具有强烈的好奇心和求知欲。他们特别喜欢接受新异的刺激，喜欢猎奇、探险。但由于思维发展还不成熟，是非的分辨能力有限，容易片面、偏激，往往因难以找到正确的方式方法而上当受骗，误入歧途。

3. 容易兴奋与控制能力差的矛盾。青少年时期，脑发育迅速，内分泌旺盛，大脑常常处于兴奋状态，高级神经活动的兴奋性强而平衡性差。情绪情感冲动性强，情绪易兴奋，爆发强烈而自我控制力弱，情绪难以保持深刻和持久，因情绪失控而导致的不良行为时有发生。所以，青少年常常因管理不好负面情绪而突发激情性犯罪。

4. 性机能发育成熟与性道德观念形成较晚的矛盾。随着第二性征的出现、性功能的成熟和性意识的萌发，青少年对性机能产生好奇和探究心理，并由此产生一系列的情感体验，进而产生对异性的好感和追求异性的需求，少男少女的早恋现象时有发生。但由于种种原因，青少年的性道德观念的形成却落后于性机能的成熟。他们缺乏正确的性道德教育、性知识教育和性法纪教育，不知道如何正确对待和处理青春期所面临的困惑和问题。有些青少年，或因猎奇，或因控制能力差，或因受到不良的社会文化因素影响，而导致性犯罪的发生。

（二）心理结构内部诸因素发展不协调造成的矛盾

人的各种心理现象之间的关系比较复杂，如认识与情感、情感与意志、认识与意志之间，既有矛盾又有联系，形成相互作用、相互制约的辩证关系。青少年由于心理诸因素发育尚未成熟，使得心理现象之间发展的矛盾性更为突出，主要表现为：

1. 认识与情感的矛盾。人的情绪情感是伴随着认识过程产生的，反过来情绪情感又影响制约着人的认识活动，对认识活动有增力或减力作用。青少年时期，情绪情感发展不成熟、不稳定，容易从自我出发产生肯定或否定的情感。有时不良的情绪情感，会妨碍他们接受正面教育，干扰认识，对形成正确认识造成阻力。他们更容易在同龄人中寻找理解和支持，加之辨别能力差，容易在不良伙伴的影响下形成错误认识，甚至形成反社会的观念与意识。

2. 认识与行为之间的矛盾。青少年认识与行为不一致的现象时有发生，表现为言行脱节，说的是一套而做的又是一套。这与他们的意志力薄弱，情绪情感不稳定有很大关系。在把正确的认识付诸实践的过程中，一遇到困难和阻力，便会轻易放弃行动。如果遇到外界的刺激与诱惑，极易改变初衷，甚至导致错误行为的发生。这种现象，在一些违法犯罪青少年身上屡见不鲜。因此，不能片面地认为，青少年违法犯罪都是由于认识水平低所致。罗大华等人做过这样的研究：被试者为一般青少年385人、违法犯罪青少年214人，要他们对15种犯罪的严重性做出比较判断。结果显示，违法犯罪青少年和一般青少年对各种犯罪严重性判断的排列顺序相当一致，都把杀人、投放危险物质、放火、强奸、抢劫等犯罪看得比较严重。这说明，违法犯罪青少年和一般青少年，对一些问题的认识并无多大差别，但在行动上却大相径庭，这反映了违法犯罪青少年的认识与行为之间有较为突出的矛盾。[1]

3. 情感与意志行为之间的矛盾。情感具有动机性，它能成为意志行动的动力。意志行动是人有意识、有目的的行为，它能调控人的情感。青少年的意志和情感之间相互作用的动力性尚不成熟，他们开始注意锻炼意志力，但由于情感的不稳定性，往往缺乏自制力和坚持性。在情感上，他们敬重英雄，崇拜意志坚强的人，但由于认识的局限性，意志行为中又容易出现偏差，表现出鲁莽、冒险、违反纪律、打架斗殴等破坏性行为，甚至用违法犯罪来显示自己的勇敢、胆量和所谓的英雄气概。

（三）青少年自身发育与客观现实之间的矛盾

客观现实的各种矛盾，都会在人的心理上得到反映：一方面，社会对青少年的发展会提出各种问题、任务和要求；另一方面，青少年的发展又是在其原有的内部心理结构，即已有的心理水平上进行的，二者构成了矛盾的对立面。多数人在这种矛盾中不断适应、发展，使主客体处于一种动态的平衡状态，心理不断走向成熟。而少数人则可能因适应不良，心理发展停滞、倒退，甚至走向极端，主要表现在：

1. 理解、辨别和抵制能力的水平与社会复杂性的矛盾。处于成长中的青少年，辨别是非善恶和抵御外界不良诱因影响的能力都比较差，没有成年人的正确教育，他们很难确立正确的行为标准。由于心理的幼稚性，其低层次吃喝玩乐的需要又极强，因此很容易受到周围环境的消极影响。社会现象纷繁复杂，良莠并存，特别是在目前的变革时期，新旧思想、中西方文化冲突碰撞激烈，价值选择多元化，容易造成人们思想的混乱和社会风气的不良。对于这些复杂的社会现象，如何评价、取舍，青少年往往会感到迷茫、困惑，无所适从，容

---

〔1〕 罗大华、石起才主编：《青少年犯罪心理学》，中国政法大学出版社1989年版，第94页。

易在心理上滋生消极因素，难以抵御内外不良因素的影响，行动容易迷失方向。这时，若家庭、学校和社会对他们的教育、疏导、调控的力量不够，尤其是在家庭和学校的影响力减弱的情况下，他们往往会不顾社会要求而为所欲为。

2. 个人需要与现实可能性的矛盾。随着身心的发展，青少年的活动范围扩大，其个人需求也变得丰富多彩起来，主要表现为：物质需要增加，有时会超出现实的可能性；精神上求异求新求变，有时会做出令成人意想不到的事情。他们的独立性增强，对父母的依赖性减少，一部分人迫切要求摆脱父母、老师对他们的束缚，转而在同龄伙伴中寻求友谊，他们更多地与同龄人为伍，发展同伴间的友谊。因此，很容易建立小的群体，有时会陷入不良的团伙之中，使家庭、学校教育失灵。而这一时期的青少年，还不能深刻分析与理解现实的可能性和需要的满足并非是无止境的，对满足需要的正确方式方法也缺乏了解，往往一时兴起，从自己或同龄伙伴的需要出发，不顾一切，不择手段地去满足某种需要。

综上可见，青春期存在的种种矛盾，使青少年的身心发展变动不居，出现了错综复杂的情况。青少年与成人之间，青少年与社会要求和环境之间，发生着种种冲突与对抗。这些矛盾，如果能够得到正确的疏通和处理，青少年就会顺利度过危险期，否则，就会增加其违法犯罪的可能性。

三、违法犯罪青少年的心理特征

（一）动机特征

1. 物质需求的恶性膨胀。违法犯罪青少年的精神需求不足，而物质需求膨胀。他们一味地追求物质享受，而不顾及现实的可能性。他们常常对社会生活中少数人的出手大方羡慕不已，对影视作品中展示的豪华奢靡的生活方式，想入非非，迷恋向往，以至追求、模仿。他们讲排场，比穿戴，爱吃喝，好逸恶劳，梦想一夜暴富。这种贪婪的物质需求，必然要受到现实条件的制约。这便导致他们通过偷盗、抢劫、诈骗等犯罪手段，侵吞公私财物，来满足其恶性发展的私欲。

2. 强烈的性欲和对异性的占有欲。性意识的萌发，是青春期青少年所面临的共同问题。大多数受到良好教育的青少年，能有意识地调节自己的生理需要，正确处理与异性之间的关系，会把更多的精力投入到学习、生活中。而违法犯罪青少年，由于受到腐朽文化的侵蚀和诱导，趣味低下，推崇所谓"性解放""性自由"，生活放荡，毫无伦理道德，对性产生一种反社会、反人性的变态追求，放任性需要异常发展，表现出低级的动物性。他们在强烈的性欲和对异性的占有欲的驱使下，玩弄异性，猥亵、强奸妇女，奸淫幼女，甚至达到疯狂的程度。

3. 逞强显能，寻求刺激。随着青少年自我意识的觉醒，他们对自尊和自我实现的需求越来越强烈。但违法犯罪青少年自我实现的需求，是建立在错误认知基础上的。所以，他们常常以极端错误的方式表现出来，如打架斗殴、称王称霸、穿着"入时"、故作姿态，以此来显示自己，争强好胜，引人注目，以换取心理上的满足。由于违法犯罪青少年缺乏正常的教育，内心世界极为贫乏，没有正常的精神追求，愚昧无知，所以，他们常常通过各种方式寻求刺激，如四处游逛，寻衅滋事，胡作非为，以此来填补精神上的空虚。许多违法犯罪行为，就是因此而发生的。

4. 犯罪动机的盲目性和未被意识性。与中老年人不同，青少年犯罪动机的盲目性和未被意识性突出。这主要是与青少年的身心发育尚未成熟，意识水平低下有关。他们社会经验少，缺乏对复杂事物的判断和鉴别能力，道德、法制观念淡漠，精力旺盛，好奇好动，但意志力薄弱，稍有诱因，犯罪行为一触即发。犯罪动机直接、简单，相当一部分人的违法犯罪，事先没有预谋，没有明确目的，或是出于一时感情冲动，或是出于盲目好奇，或是出于自我表现，或是由具体的情境刺激引起，带有一定的盲目性和未被意识性。

（二）认识特征

违法犯罪青少年的认识水平低下，他们对学校、家庭和社会的正面教育不感兴趣，许多人过早地脱离了学校、家庭。因此，他们对客观事物的认识，往往缺乏深入的思考，对社会规范、道德和法律的教育根本听不进去，愚昧无知，观念糊涂，甚至颠倒是非，混淆黑白。

1. 认识的片面性、偏激性。违法犯罪青少年大多知识面狭窄，不喜欢读书看报，只愿意看自己感兴趣的内容，如影视作品、体育比赛、文艺娱乐等。对这些能够引起感官刺激的直观形象的内容，他们非常关注，而对能够增强思维理解能力的，抽象性、概括性较强的文化知识毫无兴趣，这往往会导致其认识的偏执性、片面性。同时，由于违法犯罪青少年的情绪对认识的影响较为强烈，认识的主观性明显，所以，他们认识问题总以自己的好恶为标准，为当时的情绪所左右，分析、解决问题容易冲动，缺少深思熟虑，对客观事物的前因后果不能做出正确、理智的判断。这些都影响了他们对行为的正确选择，使他们常常一意孤行，导致了其行为活动的盲目性和非法性。

2. 人生观、道德观与友谊观的颠倒和错误。违法犯罪青少年的人生观、价值观，是以满足本能的享乐为基点的。他们信奉"人生在世，吃穿二字"，吃好穿好玩好是违法犯罪青少年最大的人生向往，很少有高尚的精神追求。道德观错误颠倒，分不清何为"光荣与耻辱""英雄与懦夫"，往往把自己的过去经历（如打架、斗殴、抢劫、诈骗等行为）当作光辉业绩大肆宣扬，认为谁打架多、胆子大、敢拼命，谁就是"英雄"，谁进出公安局次数越多越"光荣"。他们认为，吃喝玩乐的朋友越多就越有能耐。他们推崇的友谊观，就是哥们儿之间的江湖义气、不问青红皂白地为朋友"两肋插刀"。

3. 法制观念淡薄。经过多年的普法教育，青少年对法律规范有一定的了解。但违法犯罪青少年，绝大多数法律意识极其淡漠，法制观念极其模糊，究其原因，是他们对法律的严肃性及其现实剥夺性、惩罚性没有切身的认识。认为遵纪守法的事与己无关，头脑中根本没有守法的观念。因此，他们常常无视法律和执法机关的存在，知法犯法，有的人甚至学法犯法，把自己排除在法律之外；也有个别人，对法律毫无认识，不知什么是违法犯罪，怎样的行为方式才是正确的；有的青少年甚至杀人入狱后，还向家人要书看，准备早点回学校上学。可见，他们的法制观念是多么的淡漠与模糊。

4. 少数违法犯罪青少年具有一定的反社会意识。少数违法犯罪青少年，或是在不良的社会风气、文化影响下，或是陷入不良的小团体，犯罪恶习较深，屡受司法机关处罚，其思想观念与社会主流文化观念格格不入，甚至根本对立。个别人已形成一套较牢固的反社会的思想，对现实不满，甚至一有机会便疯狂地报复社会。

（三）情绪情感特征

1. 情绪情感体验水平低，对社会生活处理能力差。有研究表明：11岁的青少年识别感情的速度低于正常水平的20%以上。在以后的每一年中，反应速度逐渐增加，直到18岁才达到正常水平。[1] 这主要源于青春期大脑某些部分神经联系增加，神经活动剧烈，以至于大脑无法及时处理一些基本信息，表现出对情感与社会生活的处理能力降低。违法犯罪青少年的突出表现，就是对人缺乏起码的同情与爱心，情绪情感体验低级庸俗。他们喜怒哀乐的变化与他们低级庸俗的需要有直接联系，经常沉醉在追求物质和感官享受的不良体验中，缺少社会性情感；其道德感、理智感、美感形成迟缓，甚至扭曲，背离了正常的社会标准。因此，他们不能以正确的方式处理学习、生活、活动中的困难与矛盾，情感体验低下，甚至对父母等最亲近的人也能实施报复、伤害。

2. 情绪极易冲动，行为不计后果。与正常的青少年比较，违法犯罪青少年消极的情绪情感体验较多。他们对同伙讲义气、重感情，对其他人则冷漠、戒备。他们对挫折的承受能力极低，并因此产生巨大的心理压力。所以，每当遇到冲突，受了委屈，或利益受到侵害时，他们便会睚眦必报，迅速进入激情状态，并将活动全部集中在引发冲突的事情上。报复心理极强，手段相当残忍，

---

〔1〕 "青春期焦虑源自脑活动加速"，载《参考消息》2002年11月18日，第7版。

行为不计后果。他们只想着用这样激烈的攻击行为，消除自己的心理压力，待其恢复理智后，面对惨状，多数违法犯罪青少年会追悔莫及，但大错铸成，悔之已晚。

3. 爱憎颠倒，好恶不分。违法犯罪青少年的爱憎、好恶一般没有社会标准，一切从满足其自我需要出发，以追求感官的快乐体验为标准，社会伦理规范对其约束作用很小。他们常把自己的快乐建立在别人的痛苦基础之上，毫无同情心，有的人甚至以欺负弱小为乐趣。他们对与其交往的小团体内的友谊十分看重，甚至可以为了"朋友"，不惜"两肋插刀"，触犯法律，而对来自父母、老师的正面教育，善意劝说，却不屑一顾，甚至反感、抵触和对立。

4. 极端的自尊。自卑感是对自己不满、鄙视、否定的情感。自卑感往往是自尊心受挫的结果，没有自尊心也就不会有自卑感，强烈的自卑感往往又通过极强的自尊心表现出来。违法犯罪青少年内心也渴望受到别人的尊重，但由于外界消极的评价、自身不良的学习生活状况及人际交往和社会适应的不良现状，使他们形成了严重的自卑感。他们极其小心地保护着自己的自尊，容易造成心态失衡，人际交往中容易产生嫉妒、愤怒等情绪，有时为了维护自尊而选择暴力、强奸、抢劫等逞强性的犯罪行为或吸毒、盗窃等发泄性的犯罪行为。

（四）意志特征

违法犯罪青少年的意志特征主要表现在以下两方面：

1. 意志的两极性明显。青少年的违法犯罪行为不是一两天形成的，往往有一个逐渐变化的过程。绝大多数违法犯罪青少年最初是由"后进"演变而来的。他们由于学习不好、操行差等原因受到老师和同学的讥笑、歧视，久而久之，自己也对自己产生了怀疑。其意志的表现极其复杂：一方面，他们自我蔑视，自卑感强，丧失了改正缺点，争取进步的勇气和信心。对社会要求他们完成的工作，他们完成不了，往往显得意志力薄弱。另一方面，在违法犯罪行为上，却千方百计去排除客观障碍，表现出坚定的意志力。他们常常通过一些违反常规的行为来显示自己，表现出极端的自负和强烈的虚荣心。

2. 行为的冒险性、顽固性。违法犯罪青少年由于认知的幼稚性，往往过高地估计自己的能力。尽管他们清楚地知道，其违法犯罪行为早晚会受到法律的制裁，但很多人仍然抱有侥幸心理，敢于铤而走险。有人竟在光天化日之下抢劫银行、金店，其心理往往是"抓住了算我倒霉""跑不掉是我点背"，如果罪行败露，他们或者装疯卖傻、狡辩抵赖，或者避重就轻，企图逃避惩罚。一旦侥幸得逞，他们就会更加疯狂地进行违法犯罪行为。有的违法犯罪青少年，由于多次进出公安机关，行为已成习惯，只能在犯罪的道路上越走越远，违法犯罪表现出极强的顽固性。

（五）性格特征

在违法犯罪青少年的性格形成过程中，过多地受到各方面消极因素的影响，性格中的不良因素明显。有研究成果显示，少年犯罪人的外倾型性格特征较为突出，其性格特征表现出不成熟和严重缺陷。这主要表现在：[1]

1. 缺乏对崇高理想目标的追求，显得精神空虚；
2. 社会性低，社会责任感和规范约束力差；
3. 分辨力差，难以认清是非善恶；
4. 缺乏羞耻心、同情心、怜悯心等，对人冷淡，有敌意；
5. 暴躁，挫折承受能力差，好攻击；
6. 缺少独立性和自控力，易受外界情境和他人影响。

四、违法犯罪青少年的行为特征

（一）模仿性

模仿是一种简单而低级的学习方式。心智水平都较低下的违法犯罪青少年，对他人言行的模仿性特别强。有研究表明，目前很多违法犯罪青少年作案目标、方法和手段的选择乃至反侦查能力的培养，大多受影视作品、书刊杂志及网络游戏中的具体情节的影响。其日常的言行举止，更是与影视作品中的反面人物极其相似。另外，青少年犯罪人之间也存在着互相影响，模仿彼此的行为，或模仿现实社会新近发生的一些作案伎俩，进行犯罪活动。

（二）冲动性

由于情绪的稳定性较差，青少年违法犯罪带有一定的冲动性和情境性。常常因为受到外部因素的刺激而导致激情犯罪，如杀人、抢劫、伤害等。如遇到具体情境，又会诱发临时起意的犯罪，这就决定了青少年犯罪的偶发性、机遇性和冲动性。

（三）凶残性

违法犯罪青少年，由于道德观念淡漠，社会化过程中人格存在缺陷，加上不知道怎样控制自己的不良情绪，或因为情绪冲动而导致行为失常，或由于负性情绪积累而导致恶性报复。他们作起案来十分疯狂、残忍，常常丧失人性、伤及无辜，重大恶性案件时有发生。

（四）戏谑性

青少年的违法犯罪行为表现出戏谑性：①与这一时期青少年的思维活跃，求知欲旺盛，好奇好动有很大关系。②违法犯罪青少年由于知识水平、道德法制观念低下，精神生活空虚，常常采取一些低级的游戏、恶作剧等方式宣泄自

---

〔1〕罗大华主编：《犯罪心理学》，中国政法大学出版社2003年版，第230页。

己的不良情绪,丝毫不考虑会产生的后果。如欺负弱小、纵火取乐、毁坏公物等,肆意妄为,有时会因此而造成严重后果。

（五）反复性

处于身心发展期的青少年可塑性很大,极易受客观环境的影响,这也决定了青少年违法犯罪行为的反复性。违法犯罪青少年受到处罚后,经过教育,往往心有所动,甚至痛哭流涕,表示要痛改前非。但回归社会后,若接触到不良团伙或过去的朋友,就会经不住诱惑,重操旧业。所以,违法犯罪青少年重新犯罪的可能性较大,而且许多大案、要案和恶性案件,多是重新犯罪人所为。

以上我们分析了青少年违法犯罪的心理与行为特征,目的是更好地了解掌握青少年这一特殊的年龄阶段违法犯罪的多样性、复杂性和规律性,为及时有效地预防、制止和惩治青少年犯罪服务。

第二节　老年人犯罪心理

老年期一般是指在 60 岁以后的人生阶段,老年人是人口构成中一个重要的组成部分。

现代社会,由于物质文化生活水平的提高,医疗卫生条件的改善,人类的寿命不断延长,增寿的速度越来越快,老年人在整个人口构成中的比例也迅速增长。据国家统计局最新发布的数据显示,我国已进入老龄化社会。截至 2016 年底,我国 60 周岁及以上人口约 23 086 万人,占总人口的 16.7%；65 周岁及以上人口约 15 003 万人,占总人口的 10.8%。随着老年人在人口中所占比例的增大,老年人犯罪也将随之增多。因此,犯罪心理学应该加大对这部分人犯罪心理研究的力度,这为预防老年人犯罪,并提出合理的对策和措施,具有十分重要的意义。

老年期是人的生理、心理等各方面变化较大的一个时期。该阶段一个最基本的特征就是衰老,在生理机能和心理功能上,都出现了退行性的变化。

一、老年人的生理特点与犯罪

老年期内,人体的各组织器官、结构功能,都逐渐出现种种衰老变化的现象。肌肉组织出现质和量的变化,肌纤维变得瘦小,展性、弹性、兴奋性和传导功能相继减弱,肌肉的耗氧量减小,易疲劳。骨骼组织弹性、韧性减弱、变脆,易发生骨折。心肺功能减弱,血管肌壁层硬化。生殖、泌尿及内分泌系统,随着年龄增长也在不断变化和退缩。这些生理功能的变化,导致老年人身体免疫力降低,比年轻人更易患上躯体疾病,容易引起其紧张、恐惧、惊慌和悲观的消极情绪和不良心境。有的老年人,因不能适应生理的变化,不能冷静客观地对待和解决与周围现实的矛盾和问题，而实施了违法犯罪的行为。

老年人的耐力、体力和负重能力等急剧下降，这就决定了老年人涉及的犯罪领域不可能有年轻人那样多，且犯罪行为常呈现出非暴力的色彩。常见的老年人犯罪有：贪污、受贿、侮辱、诽谤、纵火、投毒、诈骗、拐卖人口和组织卖淫等一般体力需要不大的犯罪活动。

由于物质生活水平的提高，很多老年人的性需求和性机能并没有随着年龄增长而丧失殆尽，尤其是老年男性仍然需要性生活。但在我国传统文化氛围的影响下，老年人的性需求客观存在却没有得到应有的重视。许多在性方面有需求的男性，因无法通过正常的途径满足其生理和心理需求，而采取压抑的方式。另外，一些老年性精神疾病，也会使老年男性的性欲亢进。这样，在特定的时空环境下，如遇刺激，一些法制观念淡薄，自控能力差的人，往往会采取猥亵，甚至强奸等极端方式来满足其性需求。他们常常会把目标锁定在幼女、弱智女性身上，有的老年人也会参与嫖娼、强奸等违法、犯罪活动。有资料显示，我国老年人犯罪，尤其是性犯罪正呈现出逐年上升的态势。

二、老年人的社会适应性与犯罪

从 60 岁开始，许多老年人离开工作岗位，开始离退休的新生活，所以，老年期是一个重要的再适应时期。由于老年人身心方面的衰退，使得他们适应新环境的能力降低，因此，这一时期的老年人，可能会因为社会适应性差而导致违法犯罪。

（一）对生活内容的适应

离开工作岗位后，老年人生活内容发生了一系列的重大变化。如从工作的参加者转为旁观者，从以工作为中心转为以闲暇为中心，从以单位为核心转变为以家庭为核心，接触到的人与事大大减少。生活内容的改变，使他们中的许多人社交活动减少，失去生活目标与重心，个人的能力和价值变得无以体现，这会使其心理产生极大的不适感，造成极大的心理落差。适应这种变化要有一个过程，大部分老年人能逐步适应，寻找到发挥余热的正确途径；也有少部分老年人，尤其是知识水平较低，没有个人爱好的老年人，则可能用不良甚至违法犯罪活动填补生活与精神的空虚。

（二）对生活方式的适应

老年人在离开工作岗位后，由以往正常上下班的紧张、有规律、有约束的生活转为松弛、无规律、无约束的家居生活。那些身体条件尚好的老年人，往往会感到无事可做，空虚无聊，过剩的精力得不到正常的发挥。男性老年人与女性老年人不同，特别是城市老年女性，离开工作岗位后，多数是从社会性劳动转入家庭劳动，退而不休；而男性则很少以家庭为中心，如果文化水平低，找不到修养身心的合理方法，必然会寻求其他的活动来充实生活、消耗精力。这种无所事事，寂寞空虚，闲极无聊的生活状态，极有可能使老年人因控制能力差、法制观念淡漠而从事违法犯罪活动。

（三）家庭关系的适应

随着逐步进入老龄，离开工作岗位，老年人在家庭中的地位也发生着变化。由原来家庭中的支配、主导角色转化为需要他人关心、照顾的对象。老年男性，在家庭中的核心地位、家长权威逐渐发生动摇。这时家庭中的各种关系，如父（母）子（女）关系、婆媳关系、夫妻关系等都存在着需要重新调整和适应的过程。这一时期，有些道德修养较差的子女，会对老年人嫌弃厌恶，不恭不敬，甚至不照顾、赡养父母，造成家庭关系紧张，导致老年人产生悲观厌世、灰心丧气等负性情绪。有的老年人，尤其是老年丧偶又遭受子女虐待、折磨的老年人，由于负性情绪积聚，不堪忍受折磨，而采取过激的犯罪行为以宣泄怨恨，会酿成家庭内部的暴力犯罪悲剧。

老年期家庭关系中另一个需要重新适应的就是夫妻关系。离退休后，双方的家居时间比以往增多，距离拉近，这意味着双方产生矛盾和摩擦的机会增多，化解转移矛盾的机会减少。双方因离退休后对新的生活方式不适应，可能都会产生失落感。尤其是老年男性，往往更加烦躁、沮丧，对妻子无端挑剔，吹毛求疵，甚至无端猜忌指责，导致夫妻间无法沟通交流，纠纷不断，争吵升级，容易诱发犯罪心理及犯罪行为。

三、老年犯罪人的心理特征

与其他年龄阶段的犯罪人不同，老年犯罪人的心理具有显著的特殊性。

（一）需要与动机特征

1. 某些正当的需要得不到满足。由于家庭生活变故或周围环境的变化，一些老年人的正当生活保障、情感需要、生理需求等无法得到满足，有的老年人就会因此而犯罪。

2. 精神空虚，无所寄托。老年人要想使自己生活充实起来，应当培养正当的兴趣爱好，参加各种丰富多彩的适宜性的活动。而有的老年人却因种种原因，无法投入到这些活动中去，面对生活负担的减轻以及充足的时间，他们感到无所适从，精神空虚，寂寞难耐，为填补空虚而想入非非，甚至胡作非为，陷入犯罪的深渊。如比较常见的老年人聚众赌博、参与非法传销、迷信活动等就是精神空虚的典型表现。

3. 追求享受，贪得无厌。有的老年人晚年在世界观、价值观上出现逆转。回顾一生的经历，他们往往从反面总结经验，使世界观、价值观出现根本性错误，致使他们晚年疯狂地聚敛财富、追求享乐。他们或为自己或为家庭或为子女，利用一切机会疯狂地攫取钱财，变得十分贪婪。

4. 动机比较单一。老年人的犯罪动机往往比较简单，常见的有：物欲型犯罪动机、性欲型犯罪动机、愚昧型犯罪动机、消沉型犯罪动机和心理变态型犯罪动机等。老年人犯罪动机的形成，受主体内外因素的影响，但主体外因素往往起着重要作用。如一些外在因素：经济来源、交际范围、性生活等，往往成为犯罪动机产生的诱因。

（二）认识特征

1. 认识能力衰退。老年人的感知觉退缩性变化明显。这主要表现在：感觉阈限升高，感受性下降，视觉、听觉、味觉、嗅觉和触觉等感觉能力以及知觉、记忆和思维能力等方面都出现不同程度的衰退。各种感觉中，老化最明显的是对认识活动作用最大的视觉和听觉。由于视觉器官的功能下降，老年人视力明显降低，老花眼是最常见的视力减弱症状。导致老年人视力减退病变的原因，还有白内障、黄斑病和青光眼。这样使他们对感觉信息的加工速度和捕捉范围下降明显。老年人，尤其是70岁以后，听力下降严重，这些变化使他们对外界刺激的接受能力、认识能力、理解能力和思维能力都受到影响，无法跟上时代发展的步伐。有时，还会因为耳聋眼花所形成的错误分析与判断，产生猜疑、愤恨的情感，致使其在不良个性的影响下加害他人，从而发生报复性的犯罪行为。

2. 认识内容错误。老年人由于认识能力的衰退，许多观念具有凝固性、停滞性的特点，使得其认识无法进步，常常固执己见，甚至形成错误的认知，因此而导致的违法犯罪时有发生。有的老年人，受教育因素和人生阅历的制约，法制观念十分淡薄甚至是法盲，当遇到不法侵害时，不会用法律手段保护自己，却采取违法犯罪的方式来应对，从而由被害者转为犯罪人。有的老年人习惯用原有的传统评价标准，衡量不断变化的社会现实，由牢骚不满演变为危害国家安全和公共安全。也有的老年人受封建意识影响，在家庭生活或人际关系中，缺乏民主平等意识，喜欢指手画脚，发号施令，独断专行，蛮不讲理，容易引发家庭暴力或其他报复性犯罪。

（三）情绪情感与意志特征

1. 不良的情绪情感体验。由于生理、心理、社会地位和人际关系等方面出现的一系列不适应，老年人离开工作岗位时间长了，会产生比较多的消极情绪情感体验，如孤独感、寂寞感、不满感、冷落感和嫉妒焦虑心理，甚至产生了"活得毫无意义"的悲观厌世心理。他们常常抱怨、不满和发牢骚，一些老年人的犯罪，就是这些不良情绪的宣泄。

2. 情绪反应强烈。由于老年期中枢神经系统活动功能弱化，尤其是随着老年人认识能力的下降，很少主动体验和接受新的生活方式，适应环境能力和应变能力减弱，情绪情感的承受能力降低。一旦情绪被激发，便会反应强烈，长时间不能恢复平静。因此，部分老年人犯罪，具有明显的激情性和冲动性。

3. 意志薄弱。在长期的生活经历中，许多老年人的思维、行为都形成了固定的模式，到了老年就更难改变。因此，老年犯罪人意志薄弱，往往表现为自控能力下降。尤其是老年性犯罪，其性冲动的自我控制能力存在明显缺陷。不良观念和行为方式，早已根深蒂固，难以改变。这是老年犯罪人重犯率高，犯罪难以矫正的重要原因。

（四）个性特征

1. 性格变异。当人进入老年后，个性特征会发生一系列变化。随着年龄的增大，他们对待周围环境的态度和方式，常表现出由主动到被动，由朝向外部世界转而朝向内部世界的变化趋势。有的人由年轻时的开朗自信变得敏感多疑，由原来的乐观热情变得悲观冷漠；有的人由敢想敢干变得因循守旧；有的人由善于交际变得疏远亲朋，郁郁寡欢。老年人的违法犯罪，普遍受到性格中的消极因素影响，如因为无端的猜疑、过度敏感等，常发生防御性的犯罪行为。

2. 以自我为中心。老年人的违法犯罪与其性格中的绝对自我中心有关。老年人由于年龄增大，身体机能变差，常常会产生不安全感和孤独感，这使得他们对与自身利益有关的事情看得十分重要。他们特别关注身体健康和经济保障，如果子女、配偶或有关方面对他们关心不够或受到不公正对待，都会有较大的情绪情感反应。老年人的行为拘泥刻板，个性趋于保守，变得十分任性，他们常固执地维护自己的行为习惯和交际方式，并希望别人也按此行事。家庭关系和人际交往也往往因此引发矛盾纠纷，解决不好，就会进而变成老年人的激情犯罪或预谋犯罪。

四、老年人犯罪的行为特征

（一）非暴力性

老年人由于身体能力的衰退，一般很难从事需要极强体力的暴力犯罪。他们所实施的犯罪多为非暴力性，如赌博、纵火、投毒、诈骗、奸幼等。即使是爆发激情式的杀人、伤害、抢劫等犯罪行为，一般也是采取不大需要体力的方式进行，如在受害人意识模糊时，乘人不备进行侵害。

（二）冲动性

老年犯罪人犯罪行为的发生，常与外界环境诱因的直接刺激有关，或与家庭矛盾有关，或与乡邻纠纷有关，或与其受到某些不公正的待遇有关。加上老年人情绪情感自控力差，容易激发老年人实施报复性、攻击性行为，导致激情性犯罪。

（三）反复性

老年犯罪人犯罪行为具有反复性，这是由于老年犯罪人多年形成的思维、行为方式已成定势，很难改变所致。因此，老年人的犯罪行为很难矫正，甚至经过监管改造后，恶习仍然难改，重新犯罪率较高。

第三节　女性犯罪心理

一、女性犯罪的发展趋势

当代社会，随着女性受教育机会的增加，女性参与社会生活更加广泛深入，人际冲突也随之猛增，这也为女性犯罪提供了更多的机会。女性犯罪问题日益严重，犯罪率迅速上升，是目前世界性的问题。近年来，我国的女性犯罪也发生了一些新的变化。大量的司法实践表明：女性犯罪率呈上升趋势；女性犯罪类型不断增加且呈多样化，由过去的种类单一向多样化发展，几乎所有的犯罪类型，都有女性的参加，其中以财产犯罪、暴力犯罪和性犯罪居多；女性重大刑事犯罪有所增加，如杀人、伤害、盗窃、抢劫等以往女性参与较少的案件以及诈骗、拐卖人口等案件增多；女性团伙犯罪突出，在一般情况下，女性与男性合伙作案较多，女性在团伙中常处于胁从或者附属地位，但近年来，以女性为主的犯罪团伙和纯女性犯罪团伙有较大幅度的增长，如组织卖淫、拐卖人口等；女性犯罪手段的暴力倾向呈上升趋势，当前女性犯罪尤其是未成年女性犯罪，如杀人、抢劫、伤害等案件时有发生，成年女性因婚恋纠纷、家庭暴力也易导致报复性的暴力犯罪，表现出男性化的发展趋势；另外，女性的智能型犯罪较多，女性由于身体的力量不如男性，进行犯罪活动时，常采取一些较隐蔽的、有预谋的方式作案，如有的女性在进行盗窃、诈骗等犯罪活动时，常以色相、花言巧语为掩护进行，她们工于心计，善于察言观色，具有较强的交往和应变能力，犯罪的智能性突出，成功率较大。

目前，女性犯罪已成为犯罪现象的一个重要部分，而且，呈现出不断发展的趋势。

二、女性犯罪的心理特征

男女由于性别的不同，在犯罪心理与犯罪行为上存在着很大的差异。一般来说，男性涉及的犯罪领域比女性要大得多，犯罪率也比女性要高得多，女性的犯罪率从总体上来说大大低于男性。此外，女性受性别角色、生理特点和传统文化的影响，其犯罪心理有许多不同于男性的特点，她们的心理状态要比男性复杂得多。

（一）需要与动机特征

1. 低层次需要恶性膨胀。女性犯罪人一般文化水平较低，特别是来自农村的女性犯罪人，很多是半文盲或文盲，因此，她们的需要仅限于生理需要或低级的精神需要，对金钱、物质生活等低层次追求尤为强烈。为了吃好玩好，有的人甚至把出卖肉体作为谋生、享受生活的手段，如遇不良的外界诱惑，很快就能转化为犯罪动机。

2. 畸形的性需求。女性犯罪人，尤其是青少年女性，在进入青春期后，由于受一些不良诱因，如黄色书刊、影视传媒的影响，会使正常的性爱心理发展脱离了正常的轨道，而向纯动物方向发展，产生一种淫乱的思想，性需求畸形。在这种畸形的性需求支配下，她们会任意玩弄异性，追求性解放，寻求性刺激。

3. 物欲型动机占主导地位。一般而言，女性的犯罪动机集中在物欲型动机、性欲型动机、报复型动机和妒忌型动机等类型，其中物欲型动机所占比重最大。许多女性犯罪人，是因为对物质财富的无止境追求，而走上犯罪道路的。她们贪图享乐、好逸恶劳，即使在性欲型犯罪中，也有许多女性是出于对物质的需求而触犯刑律的。

4. 报复型动机明显。由于诸多心理、社会因素的影响，女性犯罪人心胸狭窄，其虚荣心理、攀比心理、妒忌心理比较强烈。当这些心理需求受到挫折时，容易导致报复型犯罪的动机。尤其是在处理恋爱、婚姻和家庭关系时，常会因情感纠葛，出于维系家庭、保护孩子的目的置法律于不顾，实施报复行为。

5. 犯罪动机形成的被动性。就一般状况而言，在女性犯罪动机形成的过程中，很多犯罪人经历了从被害者到侵害者的转化，如长期受虐待、受性侵害、被拐卖等。若这些情况因各种原因（如知识水平低、个性懦弱、碍于面子、外界压力强大等）得不到根本改变时，常常会导致其心理发生逆转，产生犯罪动机。

（二）认识特征

1. 认知水平低下。女性犯罪人除少数受过高等教育外，一般文化水平都比较低，有的还是半文盲或文盲。即使少数女性犯罪人接受过一定的文化教育，但也大多是有文凭无水平。知识水准的欠缺，必然使她们的视野受到限制，造成其认知范围狭窄，观察分析问题缺乏广阔性和深刻性。她们把眼光只放在身边琐碎的小事上，对工作、事业毫不关心，理解、辨别能力差，容易被表面现象迷惑，不能正确分辨良莠并存的社会现实。有时，甚至会产生混淆或颠倒的认知。当受到社会不良因素影响时，她们往往难以抵制，容易受小恩小惠诱惑，以致走上犯罪道路。

2. 道德感缺失。许多女性犯罪人一般不懂得什么是社会责任心、义务感，在她们心中没有祖国、集体的位置。她们追求腐朽的生活方式，虚荣心强，把贪图享乐作为生活的唯一目标，为了享乐，可以置道德、人格于不顾。在道德观念方面，推崇西方所谓性解放、性自由，许多犯罪女性头脑中正确的性道德几乎是一片空白，道德水平低下，个人的尊严和女性的贞操观等均不复存在，剩下的只是动物性的赤裸裸的性欲。

3. 法律意识淡薄。由于认知水平低下，知识内容狭窄，理解能力差，许多女性犯罪人对法律条文或知之甚少或一无所知，法制观念淡薄。因此，不知法、不懂法、不畏法的现象相当普遍。发生问题或受到不法侵害时，常常不懂得用法律手段解决纠纷，维护自己的利益，而是采取极端错误的方法解决问题。所以，一旦犯罪，受到法律的惩罚，她们往往痛哭流涕，悔之莫及。

（三）情绪特征

1. 情绪情感的不稳定性。一般来说，女性的情感体验细腻、丰富，情绪色彩较重，遇事容易感情用事，其突出表现就是情绪情感的稳定性差。有的女性犯罪人情感依赖性强，这会使她们失去独立意识，一旦遇到挫折，或感情受到欺骗，婚姻生活不美满甚至受虐待，她们往往无法调适，容易在激情状态下实施报复性的杀人、伤害等犯罪行为。女性处于特殊的生理周期（如青春期、更年期、月经期等），机体的内分泌水平会产生一定的变化，常常影响到她们的情绪情感的变化，容易产生焦虑、烦躁、抑郁、激动等消极情绪，导致自控能力下降等。这些特殊时期形成的负性情绪，也会导致极端行为的产生。

2. 情绪情感自私冷酷。情绪情感的产生与需要密切相关。一般女性犯罪人的低级需要强烈，因此，其情绪情感体验中低级的情绪情感占主导地位。在这种情绪情感的支配下，她们自私而冷酷，对自身利益斤斤计较，胡搅蛮缠，为了满足本能的欲望，自私的需求，往往残忍、狠毒，不择手段地寻衅滋事，攻击他人。

（四）女性犯罪人的性格特征

许多女性犯罪人，在成长的过程中性格存在着缺陷，消极因素明显。有的人爱慕虚荣、贪图享受、好逸恶劳；有的人偏激、狭隘，行为冲动极端；有的人自私、嫉妒，报复心理强烈；有的人性格懦弱，逆来顺受，但在积怨难消的情况下，又会采取极端的犯罪手段；有的人意志力薄弱，克服挫折能力差，容易放纵自己，自暴自弃。这些性格上的缺陷，是导致女性违法犯罪的重要原因。

三、女性犯罪的行为特征

与女性犯罪者的心理特征相联系，女性犯罪人的行为特征亦有其独特性。

1. 犯罪行为的依赖性。女性的生理特点，决定了其体力上不如男性。加之固有的依附心理，她们实施犯罪行为时，多依附于男性或犯罪团伙，自己往往居于次要地位，充当次要角色。近年来，以女性为主的犯罪虽然有所增加，但毕竟是少数。

2. 犯罪行为的冲动性。由于女性犯罪人的情绪稳定性差，心胸狭窄，因此，女性犯罪常常与外界不良因素的刺激有关。在其情绪消极或失控、自制力差时，容易引发个体情境性的犯罪。

3. 犯罪行为的欺骗性。由于男女两性在生理、社会角色等方面存在着差异，女性常被看作群体中的弱者而受社会的保护。人们对女性的戒备之心远远低于男性。利用这种心理，女性犯罪人从事犯罪活动的隐蔽性、欺骗性相当大，常用姿色、花言巧语、身体的柔弱来麻痹受害者，作案容易得手。有统计显示，女性盗窃、诈骗等犯罪成功率远远高于男性。

4. 犯罪行为具有较浓的性色彩。多数情况下，女性的犯罪与性有密切关系。有的人以性为诱饵进行诈骗、盗窃、抢劫等犯罪活动；有的人自甘堕落，为了满足物欲，从事卖淫或强迫他人从事色情活动；有的人因为陷入两性情感的纠葛中，而导致报复、杀人等情感型犯罪。

总之，男女性别的差异，形成了女性犯罪不同于男性犯罪的心理与行为特征。但就犯罪的结果而言，犯罪给社会带来的危害性质是相同的。由于女性承担着特殊的社会角色，他们或为人妻，或为人母，从某种意义上说，女性犯罪对社会造成的不良影响比男性更为严重，它不仅使女性个体受到伤害，而且其犯罪行为会潜移默化地影响下一代，在一定程度上造成了恶性循环。因此，犯罪心理学应加大对女性犯罪心理的研究力度，总结规律，以便更加有力地预防和矫治女性犯罪。

同步练习

1. 简述违法犯罪青少年的动机特征。
2. 简述违法犯罪青少年的情绪情感特征。
3. 简述违法犯罪青少年的性格特征。
4. 简述老年犯罪人的需要与动机特征。
5. 简述老年犯罪人的情绪情感与意志特征。
6. 简述女性犯罪人的认识特征。

拓展阅读

奶西村少年暴力事件：光背男群殴少年暴戾何来

2014 年 5 月，奶西村少年暴力事件引起了社会各界的广泛关注，一则实拍"光背男子群殴少年 8 分 40 秒"的视频在网上疯传。视频中，3 名男子围殴一少年达 8 分 40 秒，他们用肘击、脚踢、石块砸，少年被打得几次倒地，还有男子在倒地少年头上撒尿……而今，3 名犯罪嫌疑人已经全部落网，但人们仍旧纷纷在问，这是怎么了？到底是什么让少年们如此暴戾？

新闻解读：暴戾何来，是个深远的社会问题

群殴发生地曾与两起轰动全国的新闻相关，显示了独特的边缘化生态。

事实上，群殴发生地奶西村是个"大名鼎鼎"的地方，曾经两起轰动一时的涉及北京外来人员的新闻都与它有关，而本案算是第三起。从中也可看出，本地有着非常特殊的生态，本次事件也并非偶然。

第一起事件：2005 年的"艾氏 911 血案"，凶手正是来自事发地奶西村。

当时的新闻稿是这么说的：2005 年 9 月 11 日 10 时许，一位叫艾某强的人刺死一名出租车司机，劫车后在北京王府井先后将 9 名行人撞倒，造成了严重的伤亡事件……这场"艾氏 911 血案"引发了全国关于仇富问题的大讨论。

凶手艾某强正是来自奶西村——此次少年围殴事件发生的村子。严格地说，他只是此地的一名租客。

多年前起，奶西村就是典型的城乡接合部，聚集上万城市"边缘人"。

当时一篇报道用了这样的小标题："乡村主人成了城市边缘人"，详尽描述了艾某强如何从农村走向城市，在奶西村这样一个城乡接合部居住，工资被拖欠，婚姻又失败的他养成了强烈的仇富情绪，最终走向"一个人的恐怖主义"。

差不多从 2006 年开始，奶西村就频频以进京务工外地人聚居的城乡接合部姿态见诸媒体。本地农民有了租金收入，却也因为生活环境的恶化屡与外地人发生冲突。在 2006 年的时候，奶西村村委会在村民的强烈要求下，开始向外地人收取"车辆进村费"，不交者还被联防队员殴打。而根据当时的报道，该村有村民 2000，租客却已经有 2 万之多。

第二起事件：2010 年、2011 年的"打工子弟学校关停"，奶西村学校也遭此厄运。

2010 年、2011 年，北京许多打工子弟学校被关停。在《中国青年报》的报道中，详尽地讲述了奶西村文德学校的故事。联防队员给门上了锁，师生进不去了，而后施工队进入。原因是，根据北京市朝阳区于 2009 年 7 月召开的"推进城乡一体化暨土地储备工作动员会"，朝阳区"将启动 26.2 平方公里农村地区的土地储备"，文德学校所在的崔各庄乡就位于其中。奶西村村委会的一名工作人员告诉记者，尽管他们并未接到关于腾退和拆迁具体时间的通知，但因为政府预计在今年年中进行拆迁，因此已经"开始着手准备了"。这些准备就包括村集体于 1 月中旬解除与学校的房东张某（本村村民）的合同，收回文德学校所在的"地和地上物"。

打工子弟始终处于"动荡"之中，孩子们的边缘化体验感更加强烈。

事实上，在文德学校这样的打工子弟学校中也收容着不少从别的同类学校转学而来的学生。这个学校拆了转去那个学校，那个学校拆了再转去更远的学校。有的学生干脆就不上学了，本次事件中的三个施暴未成年人都没读书。打工子弟学校本就是条件远远不如公办学校的"边缘化学校"。如若稳定，好歹还能给学生一些庇护，例如，有的打工子弟学校老师陪学生到晚上8点才放学，就是怕因父母早出晚归而使他们在课余时间"学坏"。可不断地关停带来相当的"震荡"，让孩子们被"边缘化"的体验更浓。

两起事件都指向独特而恶劣的奶西村边缘化生态，且而今越演越烈。

生存环境恶劣致使抱团来的归属感产生"暴力文化"。

人口的膨胀带来的是当地环境的进一步恶化，公共资源也远远跟不上人口速度，遑论教育。夸张到什么程度？全村有四十多个垃圾池，平均每天要清理一百多吨垃圾。当地村民相当不满，有人说空气都难闻。而当地人和外乡人的福利差距也是越来越大，当地人因为土地有分红有补贴。

于是，这里的外乡人，特别是孩子们的边缘化生态越演越烈。

总而言之，奶西村就是一个高度膨胀的边缘化社区，而在这里的外来务工人员子女更是边缘化的典型存在。

这样的边缘化生态下，青少年暴戾就一点不稀奇，边缘化让外来青少年很难在居住地找到任何归属感。

没有社区归属感，外来人员和当地人之间存在隔阂，并且在上学等各种福利上都"低人一等"；没有学校归属感，很多人为了上学要四处奔波，今天上学的这所学校很可能明天就被关停，也有很多人干脆就辍学了；甚至连家庭归属感也欠缺，未成年人的父母为了生计早出晚归，无暇顾及他们，还存在教育方法不当的问题；当然，更没有家乡归属感，从小就随着父母来到城市的他们更不可能在家乡找到什么归属感。

于是，很多人就通过抱团来寻求归属感。

在视频中，是三个少年在一起欺凌别人，很多未成年欺凌现象都是团体性行为。这是因为，找不到归属感的青少年，往往通过相互抱团来寻求一种团体归属感。这是有理论支撑的：在国外一项以1万名初高中生为研究对象的实验中，学者Blum和Rinehart发现那些报告在校归属感高的学生，很少出现逃学、毒品滥用、暴力行为等问题行为。而另一位学者Nichols使用问卷调查的方法也得到了相似的结论。学者就解释称，大部分未成年人们渴望被接纳，成为团体中的一员。一旦被主流给拒绝之后，就会去寻找自己的归属感，形成小团体，使自己得到满足。当然，这个研究是针对校园归属感的。而城乡接合部这些青少年，很多人别提校园归属感，对社区也没有任何归属感，想要抱团的欲望就更为强烈了。

这样的抱团找归属感往往产生"暴力文化"，怎么残忍都可能。

……《法制日报》报道过，北京一家教育服务机构的创始人郭斌，曾进行过流动人口子女犯罪状况实证调查。他向记者出示了一张问卷统计，上面写着一些孩子参加少年帮派的原因："加入帮派威风""被人欺负了加入帮派报仇""加入帮派好玩"……暴力非常容易成为这些青年认为的获取尊重、满足自尊的主要手段。因为暴力，以强凌弱，把别人打得跪地求饶，能够有一种非常直观的"我是强者"的快感。

当然，这还可能与少年儿童的养育方式有关。在大人们都很忙碌的城乡接合部，大小孩带小孩，小孩带小小孩是一种普遍现象。小孩带小孩，更会不耐烦，而在带孩子的过程中，很可能就使用暴力让孩子听话，形成一种习惯，并且当是团体进行暴力时，个体就被淹没在群体中，不仅从众，还觉得责任被别人分担着，内在的道德束缚也就消失了。所以，手段怎么残忍都有可能。

所以，本案绝不只是骇人听闻的个案，值得关注和警惕的是，城乡接合部未成年人从事不法行为的现象也越来越普遍。

青少年欺凌现象在全球都存在，不过不足以说明此次独特背景下的事件，所谓的社会闲散青年或者边缘青少年也太过笼统，归因时，也不能说这是个别极端行为，记者在当地调查时发现，少年间的欺凌其实在当地很普遍。而根据一些统计数据，在城乡接合部，青少年发生不法行为的比例很高，2010年，中国青少年犯罪研究会一个涉及18个省的调研就显示，经济发展迅猛、外来人口集聚的城乡接合部或新兴城镇的未成年人犯罪，要远远多于原来经济、文化管理相对较好的老城区。据统计，山东省在押未成年犯中犯罪作案地点属于"城乡接合部""新兴城镇"的占72.29%。北京、上海、广东一些地域性的调查也是这个趋势。[1]

---

〔1〕"奶西村少年暴力事件：光背男群殴少年暴戾何来"，载《齐鲁晚报》http://www.qlwb.com.cn/2014-05-28/139722.shtml，2014年5月28日访问。

第八章

群体犯罪心理

学习目标与任务

简要了解群体犯罪心理概述、一般共同犯罪心理；了解并掌握有组织犯罪、团伙犯罪和集群犯罪心理与行为特征。

案例导读

陈某涉黑案件

2009 年 6 月 3 日凌晨，重庆市渝中区居民李某在江北区爱丁堡小区门口，被一名陌生青年男子持手枪射击死亡。案件发生后，公安部高度重视，重庆市公安机关迅速立案侦查。案件侦破过程中，公安机关发现该案与黑恶势力有关，同时发现以陈某为首的犯罪组织在重庆市主城区恣意欺压群众，即成立专案组开展侦查。

经查，自 2001 年，陈某、马某在渝中区大世界酒店开办了云梦阁俱乐部以来，通过参股分红、共同经营的方式，笼络、吸纳了一大批社会闲散人员，结成犯罪组织，进行组织、介绍、容留卖淫和容留他人吸毒等活动。为加强对组织成员的管理和控制，陈某规定组织成员必须听从安排、指挥、调度，做到听话、懂事。为敛取钱财，该组织通过绑架、敲诈勒索、组织妇女卖淫等，非法获利上亿元。实力壮大后，该犯罪组织在重庆市主城区恣意欺压群众，先后进行故意杀人、故意伤害、敲诈勒索、绑架等违法犯罪活动，作案近百起，致 3 人死亡、2 人重伤、1 人轻伤，对群众造成了极大的心理恐惧，严重影响到社会治安稳定及正常生活、经济秩序。

2009 年 6 月，专案组在掌握确凿证据的基础上，果断出击，一举抓获组织头目陈某以及骨干成员雷某某、周某等 47 人，破获刑事案件 24 起，缴获枪支 4

支，扣押涉案资产8000多万元，查获一些涉嫌充当该犯罪组织"保护伞"的国家工作人员。[1]

想一想：有组织犯罪形成的原因有哪些？其心理与行为特征有哪些？

第一节 群体犯罪心理概述

一、群体犯罪

（一）群体的概念

群体是指两个以上个体在社会交往的基础上形成的具有一定凝聚力的共同体，又称社会群体或社会团体。其特征主要表现为：①由两个以上的个体组合而成。②其成员由于需要进行共同的活动而结合在一起，并且在共同活动过程中彼此进行社会交往和心理交流。③具有一定的组织结构或接触形式，并由此产生一定的行为规范。④具有一定的凝聚力。

根据不同的标准，可以把群体分为不同的类型。如根据群体的构成原则和方式，可分为正式群体和非正式群体；根据群体的存在时间长短可分为临时群体和固定群体；根据群体的规模大小，可以分为大型群体和小型群体等。

（二）群体犯罪的概念

群体犯罪是指两个以上的犯罪主体，通过相互交往，在犯罪目的一致或暂时达成一致的基础上，联合实施的犯罪行为。它不是一个严格的法律概念，而是一个社会学概念。刑法中规定的共同犯罪可视为群体犯罪的常见形式，但群体犯罪不仅限于共同犯罪，在司法实践中经常使用的团伙犯罪、刑法中规定的法人犯罪以及由集群行为导致的集群犯罪等都具有群体犯罪的特点。所以说，群体犯罪的概念比共同犯罪更为宽泛。

群体犯罪的主要特点表现为：①群体犯罪主体的整体性。即群体犯罪行为人的活动具有整体的特性与效应，从两个以上的行为人联合实施犯罪行为时起，他们就不仅仅是以个人身份出现的犯罪主体，而且是以联合功能出现的社会心理学意义上的犯罪群体。②群体犯罪行为人犯罪目标的一致性。即参加群体犯罪的成员一般具有共同的心理感受，受过相似的反社会文化的影响，容易在主观上达成共同的犯罪意向，从而成为具有同一犯罪目的的行为人。③群体犯罪行为人之间的互动性。即参加群体犯罪的行为人之间通过相互交往，在其内部

---

〔1〕 "陈某涉黑案件"，载中国新闻网 http://www.chinanews.com/gn/news/2009 - 09 - 1/1845007. shtml，2015年12月21日访问。

产生互动，进行信息、情绪和情感的交流，从而使他们在选择犯罪方向时更能达成共识。④群体犯罪的标志是联合实施犯罪行为。是否构成群体犯罪，要以有无共同实施的犯罪行为导致的犯罪结果来加以判断和认定。

（三）群体犯罪的类型

由群体行为导致的犯罪，在司法实践中有多种表现。根据不同的标准，可以把群体犯罪分为不同的类型：①以实施犯罪种类多少为标准，可分为单一类型的群体犯罪和多种类型的群体犯罪。②以成员间心理接触程度为标准，可分为事先有通谋的群体犯罪、事先无通谋的群体犯罪和无通谋但有共同违法行为的群体犯罪（如聚众犯罪）等。③以犯罪恶性程度为标准，可分为危害国家安全性质的群体犯罪、重大恶性案件的群体犯罪和一般刑事案件的群体犯罪等。④以群体的组成形态为标准，可分为以一定契合的结构形态为特征的共同犯罪、以有严密组织的结构形态为特征的有组织犯罪、以组织松散的结构形态为特征的团伙犯罪以及以自发产生的非正式结构形态为特征的聚众犯罪等（本章主要以此类标准进行各种类型的群体犯罪心理分析）。

二、群体犯罪心理

（一）群体犯罪心理的概念

群体犯罪心理是指群体各成员之间在犯罪意向、动机和目的相互影响相互作用下而形成的，适合于犯罪的群体气氛或共同的心理倾向。它是个体犯罪心理的集中反映。在群体犯罪中，各成员之间的互动与交流、感染与模仿都会产生一定的社会心理现象，在此基础之上会出现一种融合群体成员共同心理特征的群体心理。所以，群体犯罪心理来源于个人的犯罪心理，又超越个人的犯罪心理，它是一种共同的心理倾向。共同的犯罪目的是群体犯罪心理的核心，犯罪目的的变化，犯罪欲望的满足，又增强了犯罪群体的凝聚力，从而使犯罪群体更加稳定并进一步发展。

（二）群体犯罪心理产生的原因

分析群体犯罪心理的形成因素，可以从群体内在心理需要和外部环境影响两个方面来加以探讨。

1. 内在心理因素。

（1）需要与习惯。人是一种群居的社会动物，个体都有一种害怕孤独，愿意和他人在一起的心理倾向。在人类发展进程中，个人不能脱离集体生活，在从事某种活动时，在内心总是需要并习惯与别人合作，共同来完成。群体犯罪也是如此，其成员往往出于这种内心需要和习惯来从事某种特定的犯罪活动，以摆脱孤独感。

（2）交往与互动。交往是社会成员用一定表达方式或手段传递信息的过程，而互动则是社会成员之间在行为和心理上相互影响、相互作用的过程。在群体犯罪中，其成员往往是基于某种关系（如老乡、亲戚、兴趣、利益等）聚集在一起相互交流和互动，共同完成群体犯罪行为。

（3）模仿与暗示。模仿是行为人有意或无意地受他人影响，仿照他人，并与之相一致的心理趋势；暗示则是行为人用语言、表情以及各种符号等间接含蓄的方式方法传递信息，对他人的心理和行为产生影响的过程。模仿与暗示和群体犯罪的关系极为密切。许多犯罪的方式、技能和行为的实施都是靠模仿学习，靠暗示影响习得的。如在群体犯罪中，一般成员会以核心成员、骨干分子为榜样，学习模仿他们的犯罪方法和技能，从思想、行为和兴趣等方面趋同他们的反社会倾向；而核心成员或骨干分子则常常以肢体语言如手势、眼神等以及隐语、暗语等方式传递信息，来影响和控制群体成员的心理和行为，从而进行群体犯罪活动。

（4）互补与代偿。在群体犯罪中，行为人的个人性格、行为习惯和犯罪动机并不完全相同，但他们能够组成一个犯罪群体，实施同一种犯罪行为。这是因为，他们在这个犯罪群体中能够产生代偿与互补作用，取长补短，来满足自身的某种需要，特别是青少年群体犯罪更是如此。

2. 外部环境因素。

（1）社会结构不稳定的影响。通常情况下，社会结构的不稳定为犯罪群体的滋生提供了合适的气候和土壤。这是因为，在社会动乱或者社会机制转型过程中，会造成意识形态混乱，出现许多社会矛盾，而这时社会控制系统往往失调，导致社会不稳定，给犯罪活动造成可乘之机，为群体犯罪的发生和蔓延创造了有利条件。

（2）不良榜样的作用。社会环境中出现越来越多的有组织犯罪、黑社会性质的犯罪组织以及色情文化、反社会文化等诸多不良文化，经过各种媒介包括广播、影视、网络、报刊等的演绎、渲染和传播，不仅为犯罪群体提供了许多学习和模仿的榜样，而且能使他们受到很大的启发，从而加速了犯罪群体的产生、犯罪行为的蔓延和犯罪势头的发展。

（3）社会压力的负效应影响。犯罪行为的发生会受到法律的制裁和社会舆论的谴责，从而对犯罪行为人和犯罪群体产生一定的威慑，形成一定的压力。社会的压力可以加速犯罪群体的分化和解体，但如果运用不当，也有可能从相反方面促使犯罪群体更具凝聚力，加速其形成共同的反社会倾向。

（4）社会发展出现的诸多不稳定因素的影响。社会发展过程中存在的一些不确定因素往往会导致一些新的矛盾产生，如人员流动的增大、贫富差距的加大、社会竞争的加剧以及社会不公、腐败现象的存在等，都为群体犯罪的发生提供人员力量和客观机遇。这些社会发展的不稳定因素，易于造成群体行为与聚众犯罪，使群体犯罪案件的发生大大增加。

（三）群体犯罪心理形成的过程

群体犯罪心理的形成有一定的过程，一般来说要经过以下几个环节：

1. 犯意表达。这是组成群体犯罪的试探性步骤。犯意表达是犯罪意念的流露，具体地说，是一个人产生某种犯罪意念之后，以口头、书面或某种肢体语言等形式将这种犯罪意念表露于外部，包括一方的单独表达和多方的共同表达等。通过犯意表达，使群体成员之间了解彼此的犯罪意向。

2. 犯意交流。这是群体犯罪心理产生的前奏。在犯罪意念流露的前提下，行为人进行双向或多向的犯意交流，使原有的犯意表达在单向输出的基础上更进一步，获得了相互之间信息反馈。

3. 犯意沟通。这是组成犯罪群体和形成犯罪心理的中心环节。犯意沟通是行为人对共同存在的犯罪意念产生共鸣，进而对其进行可行性讨论、评价并达成初步默契的过程。

4. 犯罪决策。这是群体犯罪心理发展的关键阶段。在交流、沟通的基础上，行为人进行犯罪实施阶段的具体谋划、行为选择以及做出最后的决定。犯罪决策的确定，是行为人协调彼此之间不同的犯罪动机、意向以及相互之间矛盾从而达成相对一致的结果。

（四）群体犯罪心理的一般特点

群体犯罪发生的种类复杂，层次多样，不同类型的群体犯罪心理上也有相当的差异。一般来说，对各种类型的群体犯罪进行分析，群体犯罪心理的共同特点大体上可以概括为：

1. 相同与相似性。具有不同性格、习惯和能力的行为人结成一个犯罪群体，说明他们之间具有某种相同或相似之处。这种相同或相似之处具体表现在：①相互之间某种欲求与目的基本相同。②相互之间视为同类，具有认同感。③相互之间情感相近，心理相容等。

2. 相异与互补性。在犯罪群体中，行为人各方面不可能都达到一致，个性和能力方面都可能存在矛盾和差异。这些矛盾和差异可以通过调整达到统一效果，又能在具体的犯罪活动过程中起到互相支持与互相补充的作用。特别是犯罪手段和能力的差异，可以使行为人在具体犯罪中发挥个人的专长，达到犯罪的目的。

3. 群体效应与互动性。犯罪群体与其他社会群体一样，也会在内部产生某种群体心理的互动效应。这主要表现为：①整体效应。即犯罪群体的整体能量来源于却又大于单个成员能量总和，实施犯罪行为时常常会产生一呼百应的整体效应。②感染效应。即犯罪群体作为一个亚文化群体，其成员之间常常会有意无意地在情绪上相互感染，在行为上相互模仿，使群体的心理经常表现为一种适合群体犯罪的群体气氛和心理倾向。③犯罪心理的助长和责任扩散效应。由于犯罪群体具有消极性的支持力量，往往使犯罪群体成员之间产生作案责任分担的心理，助长了行为人单独作案时不敢或很难做出的犯罪行为。④权威与服从效应。在犯罪群体中，行为人由于能力不同，往往处于不同的地位，具有不同的作用。犯罪群体的头目在群体中具有一定的权威，可以统一指挥犯罪群体的行动，而其他成员则必须自觉地服从其领导，由此形成有组织的犯罪力量。

第二节　一般共同犯罪心理

一、共同犯罪

（一）共同犯罪的概念

共同犯罪是指两人以上共同实施的故意犯罪行为，简称共犯，是群体犯罪的基本形式。它是相对于个人犯罪而言的，是犯罪的一种特殊形式。一般来说，共同犯罪要比个人犯罪具有更大的社会危害性，其作案规模大，手段狡猾，行动周密，反侦查的能力强，造成的危害结果也大。

为了强调共同犯罪必须具有共同犯罪故意，我国《刑法》规定，2人以上共同过失犯罪，不以共同犯罪论处。这一规定是对前述共同犯罪概念的重要补充。

（二）共同犯罪的类型

根据不同的标准，可以将共同犯罪划分为不同的类型：以共同犯罪故意形成的时间为标准，可分为事前通谋的共同犯罪、事前无通谋的共同犯罪和集团犯罪等；以共同犯罪是否能够任意形成为标准，可分为任意共同犯罪和必要共同犯罪；以共同犯罪行为人之间有无分工为标准，可以分为简单的共同犯罪和复杂的共同犯罪；以共同犯罪行为人之间的紧密程度为标准，可以分为一般共同犯罪和特殊共同犯罪（含有组织犯罪、团伙犯罪等）；等等。不同的犯罪形式具有不同的心理特点和社会危害程度。本节我们应该主要了解一般共同犯罪的心理（特殊共同犯罪的心理本章将分节列举）。

二、一般共同犯罪的心理特征

（一）共同意向性

共同意向性是共同犯罪心理的前提和基础。从共同故意形成的时间来看，共同犯罪可以分为事前有通谋的共同犯罪、事先无通谋的共同犯罪和犯罪集团三种。事先有通谋是指共同犯罪行为人的犯罪意向是事先经过商量的，并确定了犯罪的目的、时间、地点、方法和分工等；事先无通谋是指共同犯罪行为人的犯罪意向事先没有经过商量，而是在着手实行犯罪的刚开始或者正在进行的过程中形成的；犯罪集团是指以从事犯罪活动为目的，有比较严格而又稳固的组织和周密而又具体的犯罪行动计划，分工明确的犯罪团体。无论哪种类型，共同意向性都是他们共同犯罪的本质特征，其差别仅仅在于共同犯罪意向产生的时间不同。在犯罪集团中，早就存在共同意向，因为每一个成员都是以参与共同犯罪为目的而集结为非法组织的。所以，无论某一成员对某一案件是否知情，只要参与了犯罪活动，都视为共同犯罪。

（二）目的统一性

目的统一性是指在共同犯罪中存在着共同的犯罪目的，这是维系共同犯罪的内在动力。犯罪人的行为是为了促使犯罪目的的实现，在共同犯罪中，犯罪人由于实施的行为和所扮演的角色不同，其所处的地位和所起的作用也各不相同。其中，起组织领导、策划指挥作用的是主犯，起次要辅助作用的是从犯，引导、唆使他人实施犯罪的是教唆犯等。无论何种情况，他们的目的都是实现共同希望达到的犯罪结果，因而具有目的统一性。

（三）心理趋同性

在共同犯罪中，共同的犯罪意向、共同的犯罪目的和共同的犯罪动机的产生是心理趋同的结果。如果没有心理趋同性，就不可能有统一的意志和统一的犯罪行动。无论是事先通谋的共同犯罪，还是事先无通谋的共同犯罪，犯罪人相互之间的动机和目的往往都是有差异的，有时甚至是相互矛盾的。只有通过合谋即共同犯罪行为人相互之间进行犯罪意向的沟通、犯罪动机的调整、取舍和犯罪目的的统一，才有共同犯罪的实施。而在整个过程中，心理趋同性是必不可少的关键环节。

（四）心理相容性

在共同犯罪中，犯罪人之间在犯罪意向、犯罪动机和犯罪目的以及与此相联的兴趣、爱好、能力、情感等方面相互吸引、相互信任、彼此相悦或能够接受，通过相互影响、渗透、感染、传递和统一，呈现出一种相容的心理气氛，能够形成共同的犯罪心理，从而实施共同犯罪。

三、一般共同犯罪中不同角色的心理

在共同犯罪中，犯罪人由于所处的地位和所发挥的作用不同，因而也表现出不同的心理特点。

（一）主犯的犯罪心理

主犯是指在共同犯罪中起组织、领导或发挥主要作用的犯罪行为人。主犯的心理特点主要表现为：

1. 犯罪决意的主导性。主犯在共同犯罪中处于组织领导地位，有着丰富的犯罪经验，因此，他们实施犯罪的决心最大。他们的意见对共同犯罪的决策往往起着主导作用，对犯罪行为的发生也会起决定性的作用。

2. 犯罪实施的权威性。主犯在共同犯罪中发挥核心作用，负责对共同犯罪进行组织、协调和指挥，一般具有较高的威信和影响力，决定犯罪的意图、计划、手段和分工等，对其他共同犯罪人的犯罪行为进行支配，并通过行使权威来保证共同犯罪行为的实施。

3. 犯罪心理和行为的影响性。由于所处的特殊地位，在共同犯罪中，主犯往往通过各种方式来笼络人心，依靠各种手段来控制其他成员，运用各种措施来制裁"违规"人员，能够对犯罪成员的心理和行为产生影响。

（二）从犯的犯罪心理

从犯是指在共同犯罪中起次要或辅助作用的犯罪行为人，即共同犯罪的一般成员。从犯的心理特点主要表现为：

1. 积极自愿心态。在共同犯罪中，从犯的地位仅次于主犯。尽管只起次要或辅助作用，对犯罪计划、安排也不一定了解，但为了表现自我，他们能够自愿配合、主动帮助主犯实施共同犯罪活动，对犯罪结果的发生抱有积极的态度。

2. 盲从或服从心理。在共同犯罪中，从犯常感到来自主犯和群体的压力，受到主犯或其他成员的命令、指挥或威胁，缺乏独立性，行动极不自由，处于从属和被动的地位，具有盲从或服从的心理。

3. 常有罪责感。在共同犯罪中，从犯大多是受蒙骗加入到犯罪组织中，主观恶性程度较轻。犯罪后，一般容易出现悔恨、自责、茫然的心态，会处于畏罪的恐惧中，常有罪责感。

4. 情感极不稳定。在共同犯罪中，从犯好感情用事，自控能力差，易冲动，常逞强好胜，以此来显示自己，易受人指使实施暴力犯罪或其他恶性犯罪，情感通常表现出不稳定性。

第三节 有组织犯罪心理

一、有组织犯罪概述

（一）有组织犯罪的概念

有组织犯罪是指多人故意实施的有一定组织形态的共同犯罪，又称集团犯罪。它是现代社会发展过程中出现的一种日趋严重的犯罪现象。

有组织犯罪突出的特征在于犯罪的有组织性，具体表现为：①成员人数多（3 人以上），且有明确分工。主要犯罪成员固定或者基本固定，有明显的首领和骨干。②犯罪组织的严密性和计划性。犯罪集团以一定的严密组织形式存在，经常有计划地实施犯罪活动。③具有一定的区域性。由于受人员、资金等方面的限制，我国有组织犯罪主要利用区域控制优势，在一定区域范围内实施犯罪活动。④犯罪手段具有暴力性、多样性和疯狂性。犯罪集团经常采用暴力手段，疯狂地实施形式多样的犯罪活动。

（二）有组织犯罪的类型

有组织犯罪，以不同的标准，从不同的角度可以进行不同的划分。一般来说，根据犯罪组织的不同发展阶段和形态层次的具体表现形式，可以将有组织犯罪分为一般性的犯罪集团、黑社会性质的犯罪集团和黑社会组织等，犯罪活动的有组织性是其共同特点。具体地说，我国目前存在的有组织犯罪的主要类型有：走私与贩毒犯罪组织；称霸一方的流氓黑恶势力组织；贩卖人口的犯罪组织；开设赌场、强迫妇女卖淫的犯罪组织；制造、贩卖淫秽书刊、视听制品和非法出版物的犯罪组织；盗窃、窝赃、销赃的犯罪组织，等等。

二、有组织犯罪产生的原因

（一）政治原因

有组织犯罪的产生，往往是现代社会政治力量异化的反映。有组织犯罪通常也具有一定的政治目的，某些力量为了登上政治舞台，谋求一定利益，需要在一定范围内处于领导地位，以合法的外衣掩盖其非法目的，在寻求不到社会正常力量支持或正常力量支持不够的情况下，很有可能去寻求有组织犯罪力量的支持。一旦受到有组织犯罪力量支持的某些力量登上政治舞台，必然会或明或暗地保护其支持者的利益。加上犯罪集团为了寻求"保护伞"，也会与某些官员或有关部门的公职人员进行勾结，有组织犯罪力量会进一步扩大或蔓延。这种现象，在当代西方国家已司空见惯。

（二）社会原因

社会原因是有组织犯罪形成的重要原因。由于社会发展过程中出现许多突出的矛盾，如社会两极分化严重，城乡差距扩大，贫富悬殊加剧，社会竞争激烈等，这些问题如果得不到及时解决，一部分处于贫困地位、缺乏竞争能力的人极有可能参加到群体犯罪中，实施有组织犯罪。特别是在农村社会城镇化的过程中，如果社会的分配不公，贫富差距的悬殊，腐败现象的存在等问题不能很好地解决，诱发有组织犯罪的可能性就会增加。

（三）经济原因

有组织犯罪的产生，一般是以实现一定经济利益为目的的。社会财富积累主要是通过正常劳动、合法经营取得的，而某些不愿付出劳动，缺少合法经营本领又急于掠夺社会财富的人，就会利用一定的组织形式，以从事非法经营或违法活动（如走私、贩毒和聚赌）等方式来聚敛财富，从而导致有组织犯罪的发生。

（四）社会心理原因

当社会腐败严重，不正之风盛行，经济收入不平衡，社会分配不公，就业压力增大，百姓生活困难时，民众就会产生对社会的不满情绪。其中，具有某种特殊共同利益需要的人，便会产生依赖违法手段取得财富，从而参与有组织犯罪的心理倾向，或加入一定的犯罪群体或另组新的犯罪团体，去实施有组织犯罪。

三、有组织犯罪群体的心理特征

（一）极强的感染和互动心理

情绪上的相互感染、相互影响以及行为上的互动和模仿是一般群体共有的社会心理现象，有组织犯罪群体体现得尤为明显。在有组织犯罪群体中，犯罪人之间通过交流、沟通犯罪意愿和意图，情绪相互感染，使他们的行为趋于一致，使有组织犯罪的社会危害性加大。这种感染和互动，使有组织犯罪集团内部的凝聚力和严密性得以巩固和加强。

（二）对组织的归属心理

犯罪组织成员的观念和行为会受到社会规范的压力、社会舆论的谴责和法律制度的否定，从而会造成行为人社会角色的紧张、恐惧，与正常社会心理上的对立。在有组织犯罪中，犯罪人归属于一定的群体，因而成员之间容易相互理解、心理相容，从而达到相互认同与支持。所以，犯罪人对犯罪组织有强烈的归属心理，他们愿意聚集在一起共同行动，希望在群体中获得支持的力量以缓解心理的紧张与压力。

（三）强烈的责任扩散心理

在有组织犯罪中，其成员心理上会产生"法不责众"或"责任分担"的责任扩散心理，从而降低了个人承受的心理压力，缓解了罪责感。在犯罪组织中，犯罪人会去实施一般个体不会或不敢做的犯罪行为。责任扩散心理使犯罪组织成员在有组织犯罪过程中，自我意识受到集团意识的抑制，自我控制力下降，使有组织犯罪心理向恶性方向发展，实施犯罪行为的可能性增大，危害性增强。并且在犯罪时，往往丧失理智，行为极端凶残。

（四）对首领的权威和组织规范的服从心理

在有组织犯罪中，有严格（成文或不成文）的组织规范和等级观念，这是其赖以生存与发展的根本保证。黑社会组织更是等级森严，要求自己的成员"讲义气""重规矩"，一般以首领的命令为最高行动准则。在犯罪组织中，首领的地位一旦确立，就会产生极大的号召力。首领人物也常常会以其丰富的犯罪经历、经验和对犯罪技能的掌握以及残暴的性格，取得成员的敬佩和畏惧，从而不断树立自己的权威，强化从众心理，并要求一般成员按其指示办事，一般成员也会自动放弃自己的独立意志，只有服从的义务而无反对的权利，无条件地接受首领人物的指挥。

第四节　团伙犯罪心理

一、团伙犯罪概述

（一）团伙犯罪的概念

团伙犯罪是指多人共同实施的，以纠合型松散结构为特征的一种犯罪组织形式，又称帮伙犯罪。它是我国青少年犯罪的一种主要类型，也是群体犯罪的一种特定形式。

团伙犯罪有其明显的特征，主要表现在：①参加成员为 3 人以上，且一般以青少年为主。青少年往往具有相同或相似的经历或体验，容易交往和产生共鸣。②具有纠合性。团伙犯罪的成员，年龄相近，爱好相似，臭味相投，具有一致的不良需求。在交往互动的过程中，他们会很快相互吸引，自发地聚合在一起，特别是团伙形成的初始阶段具有明显的纠合性特征。③具有松散性。团伙的形成具有自发性，并无严密的组织机构，形式松散，成员也不固定。团伙内也无明显或固定的从属关系，只是存在一种松散的相互利用关系，时聚时散，主要依靠共同的不良需求或相似的经历形成的"义气"来维系。

（二）团伙犯罪产生的原因

1. 社会原因。在社会不安定，法制不健全，社会规范体系混乱或失效的社会转型期，容易产生团伙犯罪。社会转型和社会改革给人们的观念和行为都带来许多变化，产生许多矛盾，诸如理想与现实、供给与需求、付出与收入等矛盾，一时无法解决，容易导致社会消极因素增多，成为滋生不良群体和违法犯罪团伙的重要社会原因。

2. 文化原因。我国传统的帮派文化根深蒂固，在封建社会乃至旧中国都十分盛行。在社会转型期，具有浓厚封建色彩的帮派文化，诸如"讲义气"、"重规矩"、崇尚暴力，与具有享乐主义色彩的西方文化，诸如追求高消费的享乐观、为所欲为的自由观、恣意放纵的性爱观等相结合，构成犯罪亚文化。这种犯罪文化，既为滋生不良团伙提供文化氛围，又是团伙犯罪的精神支柱和行动指南。

3. 心理原因。团伙犯罪以青少年为主，他们处于特殊的年龄阶段，普遍具有合群交往的需要和归属的意识。随着年龄的增长，青少年自我意识逐渐增强，自主意识也非常迫切，促使他们走向社会，相互交往，寻求志趣相投的朋友。当具有相似经历或不良个性品质的青少年聚集在一起时，容易结成团伙，产生不良需求。在实施违法犯罪活动中，产生责任扩散和共同分担的心理，使他们情绪相互感染，行为相互支持，从而强化了他们的犯罪心理。

二、团伙犯罪的心理特征

（一）团伙意识的凝聚效应

团伙一旦形成，就会在团伙成员的心理上形成团伙意识。团伙意识反映了团伙成员对客观事物认知上的共同性、情感上的趋同性和行动上的一致性。团伙意识在团伙成员心理始终占有主导地位，它是犯罪团伙维系的主要心理原因。这种意识使得团伙成员之间的内聚力增强，产生凝聚效应，在个体成员心理上形成一种团伙压力，很难摆脱团伙的束缚；同时，也使他们对外具有强烈的排他性，很难接受家庭和社会的教育。

（二）情绪情感的感染效应

团伙犯罪在强烈的团伙意识基础上，会形成相应的团伙情感。这种团伙情感会迅速传递，产生强烈的情绪感染效应。在实施团伙犯罪的过程中，团伙成员接受外部刺激的反应强烈，情绪变化大，容易形成共同的情绪情感，并在团伙内部蔓延，成为内在推动力，使团伙成员陷入疯狂的激情状态，采取共同行动。例如，在团伙斗殴中，团伙成员在强烈的团伙情绪情感的感染下，会疯狂地参与殴斗，从而造成人员伤亡、财物毁坏等严重后果。

（三）首领权威的统制效应

在团伙犯罪中，具有犯罪阅历、经验、能力和个性优势的人，会成为核心人物，充当团伙首领，其他成员便会自觉不自觉地表示依附和服从。核心人物在团伙犯罪中的首领地位一旦确立，便表现出强烈的领袖欲，显示自我，树立权威，发挥其统治作用，发号施令，出谋划策，并以团伙成员的绝对服从、听命和崇拜自己为最大荣誉和心理满足。一般情况下，核心人物在团伙犯罪中具有绝对的号召力和影响力，一般成员也会为了维护团伙利益和自身的需要，放弃自我，好好表现，无条件地接受指挥，臣服于首领的统制。

（四）暗示、模仿的诱发效应

在团伙犯罪中，首领的示范和成员间的模仿容易产生诱发效应，暗示可以运用语言也可以运用肢体等方式进行。首领的行为和多数人的行为容易对其他成员发生暗示作用。例如，犯罪团伙中的手势、隐语等都会起到暗示作用，诱发其成员实施犯罪行为。青少年由于年龄相仿，习性相近，心理相容，兴趣爱好相似，在团伙犯罪中，特别容易通过模仿，获得犯罪技能，学习犯罪方式。例如，通过播放收看淫秽录像，导致团伙中的集体淫乱行为，特别是一些怪癖、嗜好、下流动作和污言秽语等，更容易被团伙成员互相模仿。

第五节　集群犯罪心理

一、集群犯罪概述

（一）集群犯罪的概念

集群犯罪是指人们在激烈的互动中自发产生的，无明确目的的，由众多人的狂热行为导致的一种犯罪形式，又称聚众犯罪、群集犯罪和集群行为犯罪等，它是群体犯罪的一种特殊形式。

集群犯罪有其明显的特征，主要表现为：①人数众多。参加集群犯罪的人数众多，且彼此之间一般并不相识，行为人是由于参加某一活动或由某一事件引发而在一定时间、地点聚集在一起的。②偶然性。参加集群犯罪的人，一般只是在激烈的互动中偶然聚合在一起，事前没有交往、沟通与联系。集群犯罪案件的发生也只是在特定的情境下由偶然事件诱发的。③松散性。在集群犯罪中，从整体上说，除少数首犯、积极分子外，绝大多数成员之间并无组织联系，只是因为受某一事件刺激，发生了情绪的感染而聚集在一起的，并无明显的目的和指导，一旦犯罪事件平息，便会迅速自动解散。

（二）集群犯罪的类型

集群犯罪的种类较多，从不同角度，按照不同的标准，可以有不同的划分。按照行为人犯罪动机和目的的不同，我国发生的集群犯罪大体上可以分为如下几种类型：

1. 公共场所的暴力事件。公共场所的暴力事件，主要包括：①公共娱乐场所的暴力事件。通常是一些人基于某种特殊的际遇或受到不公正的对待，因无法正确面对或解决而在公共娱乐场所实施的发泄不满情绪的暴力行为。这种现象在西方国家比较普遍和严重，在我国也时有发生，比较典型的是发生在球场的足球流氓斗殴事件。②广场街头暴力事件。主要包括因为各种诱发因素，发生在街头、广场等公共场所的聚众滋扰、斗殴，侮辱妇女，甚至恣意实施纵火、打砸抢等恶性暴力行为。

2. 聚众哄抢财物事件。主要是指对收购、运输、储存过程中的物资和资金，基于某种特殊原因，多人集聚哄抢财物的事件。如近年来时有发生的聚众哄抢商场、超市或遇险车辆中财物的事件等。

3. 政治动乱或骚乱事件。主要是指由一定的政治原因或社会问题引起的，受境外势力或某些别有用心的人利用或操纵而发生的事件。

（三）集群犯罪的人员构成

参与集群犯罪的人员众多，成分极其复杂。由于是临时聚合，对参与的人员应就其在犯罪中的行为表现和所起的作用做如下划分：

1. 核心人员。他们是在集群犯罪事件中处于核心地位的首犯和主犯，具有高于其他人的影响力。在集群犯罪中，他们的行为表现和所起作用的情况也不尽相同，或是本为普通一员，临时被人推荐或拥戴而出面指挥；或是事先另有图谋，借机纠合群众，煽风点火；或是故意躲在幕后，借势策划指挥；或是亲自出面，动手实施最严重的犯罪行为；等等。

2. 积极分子。担任这一角色的人是集群犯罪核心群体的外围人员，他们对集群犯罪行为不仅思想上认同，而且行动上积极参与，他们虽未参与指挥，但在犯罪活动中确实参与了打、砸、抢、烧或侮辱妇女等严重犯罪行为，造成了相当严重的危害社会的后果。

3. 同情附和人员。他们在行动上没有直接参与实施犯罪行为，但在内心里是支持认同的，情感上也有共鸣。他们在现场或喧嚣助势，摇旗呐喊；或呼喊口号，擂鼓助威，对犯罪势头的发展蔓延产生一定的影响。这一部分人数较多，很有可能发展成为积极分子。

4. 围观人员。集群犯罪之所以出现声势浩大不可收拾的局面，为数众多的围观人员的存在也是一个非常重要的原因。他们行动上虽未亲自参与犯罪，但情绪上的同情支持或出于好奇围观，客观上助长了集群犯罪行为的发展和激化。围观人员人数较多，也很容易受情绪感染或被煽动参与集群犯罪。

上述第一、二类人员是少数，他们的行为属于集群犯罪；第三、四类人员是多数或大多数，他们在集群犯罪事件中不应作为犯罪人员来对待，对他们应当做好耐心疏导和批评教育工作，对他们的行为应及时加以劝阻和制止。

（四）集群犯罪发生的原因

集群犯罪是一种比较特殊的犯罪，发生的原因也比较复杂。从心理和社会两个方面来分析，集群犯罪发生的主要原因有以下几个方面：

1. 社会矛盾的积聚和社会心理的躁动。社会主义市场经济体制的建立，打破了以往单一的利益格局，原有的利益关系发生了显著而深刻的变化，社会群体间的利益分化与冲突日益加剧并呈现出集聚效应。台湾学者蔡墩铭认为，引发集群犯罪的直接原因是群众的心理原因，即在社会公众中产生的普遍之不平、普遍之失望、普遍之憎恶、普遍之恐惧。就我国现状而言，改革开放以来，社会经济建设成就巨大，人民生活水平显著提高。但由于改革和建设缺乏经验，出现了一些诸如社会分配不公、贫富差距加大以及贪污腐败等现象，这必然会引起群众的不满。同时，群众对各级组织都抱有极高的期望，加之竞争压力加大，心理承受力过低，如果宣传服务工作做得不细致周到，便可能造成社会矛盾积聚和民众心理的躁动不安。如果这种消极心理不断积淀而未能及时疏导，那么一旦遇到适宜的条件和环境，少数别有用心的人就有可能借机发泄，煽动不明真相的群众闹事，从而诱发群体犯罪的产生。

2. 法制观念淡薄。我国法制建设取得了一定成就，但法律制度还不够健全，执法环境还不够完善。普法教育取得一定成绩，但效果还不够显著，往往只注重灌输法律知识和背诵法律条文，而对法律意识、守法态度和行为的培养不够，加之一些人思想上存在"法不责众"和责任扩散的心理，因此，容易造成群体行为失控，酿成集群犯罪。

3. 情绪发泄和自我表现的心理。从心理动因上来分析，大多数参与集群犯罪的人的犯罪目的，并不在于颠覆政府或捞取钱财，而在于发泄内心的不满，或通过犯罪行为的实施，求得暂时的心理平衡。有些积极参与人员在集群互动中，力求表现自我，引起别人的关注或取得他人的赞赏，以寻求心理上的自我显示、自我安慰和自我满足。当然，也有少数参与集群犯罪的人，是为了借机达到抢劫财物、侮辱妇女的犯罪目的。

4. 对各种媒介传播的消极因素的模仿。随着网络、影视、报刊等传播媒介在社会生活中的普及运用，使相对封闭的公众能够通过各种媒介，了解在世界各地发生的（如公共场所暴力、街头骚乱等）集群事件的直观形象，因此，在不满和躁动的心态下，加以模仿，常常引发或参与集群犯罪活动。

5. 发生集群事件的主客观条件的具备。集群犯罪大多发生在城市，尤其是人口较多相对发达的大城市，极少发生在偏僻的农村。这主要是因为城市人口相对密集，对发生的某些焦点事件，有的人具有强烈表达个人意识的愿望，又加上网络信息发布的及时性，交通方便等这些主客观条件的具备，一旦遇到诱因，就可能导致集群犯罪行为的发生。

二、集群犯罪的心理和行为特征

（一）集群犯罪群体的心理特征

1. 从众心理。从众心理是集群犯罪行为人突出的心理特征。参与集群犯罪活动的人往往抱有"法不责众"的想法，在这种心理的作用下，明知实施某种行为是违法或犯罪的，一个人可能不会单独去做，但在某一群体中就可能去做，特别是在当时就能够看到明显利益的时候，个体就会受从众心理的支配，加入到群体违法犯罪活动中去。

2. 个性的丧失。在集群犯罪中，大多数人在特定情境下，会失去自我，表现出去个性化，几乎不能采取自觉的行为。在以共同的兴趣、目标和利益为中心构成的人群中，随着情绪的相互感染，个人独立的人格就会完全失去，融入狂热的集群行为中去。

3. 个人判断力的缺乏。处于集群行为中的人，在激烈的气氛感染作用下，在一定程度上就会丧失个人的判断能力和自我控制能力，做出失去理智的行为，从而参与群体违法犯罪。

4. 极强的易暗示性。在狂热的氛围中，行为人的判断能力削弱，相互之间的暗示作用极易增强，言行所带来的认同感迅速地在成员中传播，再转化成相同或更为激烈的言行，这样更加剧了集群互动的效应，使犯罪群体声势逐渐扩大，行为逐步升级。

5. 无责任性。在集群犯罪活动中，大家通常互不认识，这样就容易使行为人解除个人对行为负责的戒备心理，认为参与集群犯罪行为不易被察觉或者个人不会受到惩罚，因而丧失责任心，随意放纵言行，实施不负责任的行为。

（二）集群犯罪的行为特征

1. 行为的自发性。集群犯罪不是预先有组织有计划的，而是在特定的情境中，受到偶然的刺激，由情绪激动的人自发地汇集到一起产生的群体犯罪行为。它既无组织也无领导，既无规范也无计划，更无法预料它的发展趋势。

2. 情绪的狂热性。集群犯罪的行为人几乎都处于情绪亢奋的狂热状态，在疯狂的情绪感染支配下，往往缺乏理智，发泄情绪，盲目从众，言行激烈，不计后果。

3. 时间的短暂性。集群犯罪行为是参与者受情绪感染、一时冲动而实施的无组织无计划行为。行为人一旦情绪得到发泄，心理压力减轻，头脑渐趋清醒，事态就会平息，集群犯罪行为就会随之结束。集群犯罪行为持续的时间较为短暂，一般为几十分钟或几个小时，最长也不过数日。

三、集群犯罪发生的过程

集群犯罪从发生、发展到高潮，大体上经历如下几个阶段：

（一）高度刺激和暗示阶段

集群犯罪的初始阶段，人们往往是由于某个共同关心的热点问题而自发地聚集在一起。在这种特定的场合下，人们的注意力高度集中，思想和情感高度一致，与此同时，人们的思维狭窄，认知只顾一点而不及其余。如果发生意外事件，群体正常的秩序就会在高度刺激的作用下被打乱，人们便会探究事件发生的原因，即刻寻找解决的对策。此时，如果缺乏正确引导、信息沟通的渠道不畅、虚假信息或流言占主导地位，群体就会迅速做出反应，而个体便会在知觉、判断、情绪上表现出与多数人相一致的趋同现象，从而变得特别敏感，极易接受别人的暗示，引发情绪冲动和狂热，加入群体行为。

（二）情绪感染和模仿阶段

在人群密集的场合，人们的情绪会受到感染，相互之间的情绪蔓延迅速。情绪感染大致有两种方式：①循环式感染。此即一个人的情绪感染别人，反过来又受别人的感染，使自己的情绪更加激动。②链锁式感染。此即一个人的情绪感染别人，别人的情绪又感染另外一个人，如此蔓延，使在场的每一个人都受到情绪感染而激动起来。情绪感染能够吸引和影响许多人，大家在情绪和行为上互相模仿，从而一起卷入到激动的情绪和狂热的行为之中。

（三）情绪爆发和失控阶段

这一阶段，群体成员受情绪感染，相互刺激，相互强化，相互模仿，群情激奋，愈演愈烈，逐渐使无组织无纪律的人群自发地形成一个有共同意向、共同态度和共同追求的松散群体。躁动的气氛笼罩着整个人群，最后导致情绪爆发，逐渐失控，引起狂热的冲动行为。

（四）行为越轨或犯罪阶段

这一阶段，随着集群事件现场情绪感染的加剧，以及局势的失控，导致许多人情绪爆发，丧失自我，失去控制能力，出现越轨行为。这时，如果有人不顾法律和道德的约束做出破坏性行为，如打、砸、抢、烧等，其他人就会一哄而起。其中有些品行不端的人就会试图以"勇敢行为"表现自己，希望得到他人的赞赏而表现得更加积极。由于从众效应，破坏性行为会不断升级、恶化，导致集群犯罪，直到整个人群的情绪发泄完毕，或因有关部门采取措施加以制止，集群犯罪行为才会渐趋平息结束。

四、集群犯罪的预防及处置对策

集群犯罪是一种特殊类型的犯罪，它反映了群众中广泛的心理状态和情绪倾向，是社会生活矛盾的反映。预防集群犯罪的发生和及时处理好集群犯罪案件都是非常重要的工作。

（一）调查了解，及时引导

集群事件往往是由人们关注的某种问题没能及时有效地解决而引发的。要预防集群犯罪的发生，各级单位或组织要注重建立各种畅通的信访渠道，沟通民意，倾听群众的呼声，及时化解矛盾纠纷；此外，还要定期开展社会心理调查，进行民意测验，了解情况，掌握大众所关注的社会热点和亟待解决的实际问题，利用各种力量及时帮助解决和加以疏导，化解集群事件发生的诱因，将突出问题化解在基层，解决在萌芽状态。同时，发挥思想政治工作的优势，利用各级组织和各种媒介，全面搭建平等对话的平台，做好宣传解释工作，加强舆论的正确引导，有效地防止集群犯罪的发生。

（二）发现苗头，劝阻疏导

集群事件的发生往往是突发的，一哄而起的。有关单位必须加强信息工作，保持信息渠道的畅通，主动搜集并传递信息，掌握集群行为的动态。一旦发现苗头，公安机关应迅速、准确、及时地弄清情况，正确分析判断事件的性质，预测事态可能发展的趋势，确定处置方案，准备应急力量。一方面，及时部署警力，加强戒备，以防止事态的发生和扩大；另一方面，要依据国家法律法规，利用各种有效工具，对处于集群事件中的群众进行劝阻和疏导，说服教育他们认识到个人的违法言行可能造成的严重后果和要承担的法律责任，破除"法不责众"的侥幸心理，将其言行引导到遵纪守法的轨道上来。

（三）控制事态，分化瓦解

集群事件一旦发生，公安机关除在有关部门的配合下继续做好疏导劝阻工作外，还要及时采取切实有效的措施进行控制，分化瓦解，防止事态的进一步发展而引发暴力事件的发生。可采取的具体办法有：①调集警力赶赴现场维护秩序，防止被少数不法分子利用，制造暴力事件，趁机打、砸、抢、烧和进行流氓等犯罪活动，保护人民群众的生命财产安全。对于公开煽动群众制造暴力活动的人可以采取果断措施予以强制隔离或拘留，以防止更多无辜群众卷入事件。②积极开展宣传攻势，动之以情，晓之以理，明之以法，引导疏散围观的群众脱离事发现场，控制事态发展。

（四）强行驱散，制止暴力

一旦暴力犯罪行为发生，对于参与集群闹事，不听劝阻且不肯脱离现场的人员，公安机关有权依据国家有关法律法规，采取一切必要手段强行驱散；对于拒不服从的人员要采取强制措施带离现场或者立即予以拘留。无论采取何种处理措施来制止暴力，都应尽量避免事态的进一步恶化，尽量防止人员伤亡和减少财物损失。

（五）依法处理，平息事件

对参与集群犯罪活动的人员，应当根据不同情况、不同层次依法处理。其中，对实施犯罪行为者，应当依照刑法规定移交司法机关，追究其刑事责任；对违反治安管理法规者，应给予治安管理处罚；对违反党纪政纪者，要分别给予党纪政纪处分；对于绝大多数群众，应以批评教育为主，向他们讲清危害，分清是非，总结经验，吸取教训，同时帮助他们解决实际问题，以防止类似群体事件的再次发生。

同步练习

1. 群体犯罪心理形成一般经过几个环节？
2. 群体犯罪心理的一般特点有哪些表现？
3. 有组织犯罪群体的心理特征有哪些？
4. 简述团伙犯罪的心理特征。
5. 简述集群犯罪群体的心理特征。
6. 怎样预防和处置集群犯罪？

张某犯罪集团覆灭记

2000年的9月，震惊全国的"9.1"持枪杀人抢劫运钞车案告破，公安机关一举端掉了以张某为首的黑社会性质的犯罪团伙，其有组织、有计划地制造的一系列骇人听闻的恶性案件得以一一侦破。张某犯罪集团非法买卖枪支弹药、疯狂抢劫、故意杀人，纵横数省8年，犯案十余起，杀死、杀伤近五十人，犯下的滔天罪行令人发指。

张某，1966年出生于一个普通的农民家庭，家中同父异母兄弟7个，他是最小的，因而倍受父母溺爱。父母的偏袒使处处占强，骄横霸道的他从小养成了好逸恶劳，贪图享受的恶习。初中时期，厌学好玩的张某便沉迷于武侠小说与武侠电影之中，成日与校外的混混聚集在一起，酗酒、打架、抽烟、侮辱女生。高中时期的某一天，张某因把同校的一名学生打得晕死而被学校开除学籍，从而结束了他的学生生涯。

辍学在家的张某恶习难改，仍然处处横行霸道，而且开始拉帮结派，有了组织团伙的意识。很快，在他17岁那年，张君加入团伙因参加打架斗殴、劫人钱财等犯罪活动而被判处有期徒刑3年，送进了少年管教所。

3年之后，张某从少管所出来，不仅恶性不改，而且在犯罪的道路上越滑越远。先是持匕首跑到初中一女同学家里，威胁逼迫其家人将女儿嫁给他，摄于张某的威逼，女生被迫嫁作其妻。然而婚后的他不但不珍惜家庭，反而更进一步暴露其豺狼之性，经常与不三不四的女人在外鬼混，并对妻子百般折磨。与此同时，张某开始自制钢珠枪实施抢劫，打伤受害者后逃之夭夭。继而又伙同同伙再次实施抢劫犯罪，在打伤受害者的同时误伤了同伙。残忍成性的张某嫌弃受伤的同伙是"拖累"而凶残地将其杀害并弃尸而逃，由此犯下了第一桩命案，并开始了他长达十几年的逃亡生涯。

张某外逃后，深感作案装备的落后和反侦查知识的不够，于是开始"自学成才"，研究反侦查知识并偷越国境到越南买枪，被越南警察以非法越境抓住后遣送回国，没几日，张某再次从看守所潜逃。

出逃后的张某来到云南开远市，在那里遇到了他犯罪生涯中第一个助纣为虐的女人严某，他凭借这个女人坐台卖淫筹集的资金，买下了第一支五四式军用手枪和二百多发子弹，以及一颗军用手榴弹。有了真正杀人利器的张某丧心病狂地找了两个曾经得罪过他的坐台小姐试枪，枪杀了她们。

张某有了杀人经验之后，想干"大事"的念头越来越强烈。先是流窜到重庆，在一公厕内开枪杀害受害人后抢得现金六千余元。由于频频得手，他胆子愈来愈大，自叹：反正是杀人，要搞就要搞大的。于是他开始在银行附近踩点，决定从银行取款人中的大户下手。他要严某做帮手，在严某的掩护下跟踪一取款人，开枪射击后，抢得现金5万元，然后靠严某做掩护潜伏下来。这时，张某总结了一条经验：他的身边不能没有女人，而且还要极为贴心的才有安全的避风港，才能逃避打击。这也是张某犯罪生涯里物色女人并把她们一个个拉下水，组成"红粉兵团"的重要原因。

之后，张某边在重庆物色女人建立"根据地"，边着眼亲朋，发展骨干力量，加快了物色干将、组织团伙的步伐。短短的3年的时间，张某不仅无耻地玩弄和利用女人，同时还绞尽脑汁地让她们为他卖命。他从女人那里起家，由流浪转向扎寨，由无枪到有枪，同时在亲朋好友中物色人选，先后把自己的表外甥以及同乡等多人拉入他的黑社会性质的杀人抢劫犯罪团伙，他拉人入伙的手段极其的残忍和狡诈，每一个团伙成员的入伙他都会制造一起命案，把无辜生命的鲜血染在同伙的手上，使得他们死心塌地地跟随其左右，而一笔笔的血债将几名团伙成员牢牢地捆绑在一起，共同走上了一条充满罪恶与血腥的不归路。

有了严密的组织和精良的装备后，张某从抢劫个人财产步入了团伙抢劫黄金首饰店（柜）和银行的道路。先后在4年的时间里，流窜至渝、鄂、湘等省市策划组织实施多起抢劫黄金首饰案件，金额达数百万元，打死打伤十余人。由于张某对团伙成员的严密管理，该团伙通过"打一枪换一地"以及多处"根据地"的掩护而得以逃避警方追踪。他对团伙成员实行严格的管理，所有成员除他之外平时都不许带枪，作案前统一发放，案后再一件不漏地收齐并集中管理，人员分散隐匿。每一次作案前，他都要精心组织，反复筹划，到作案现场反复踩点、演练。其作案手段的残忍也是令人发指，只要有碍他们作案和暴露其行踪的，无论男女老幼，都给予杀人灭口。

屡屡得手之后，张某团伙变得更加丧心病狂、胆大妄为起来。张某利用越是危险的地方越安全的反向思维，把魔掌伸向了自己的家乡，他们超出"兔子不吃窝边草"的常规，开始策划踩点抢劫银行押运车，准备大捞一笔后休养生息一段日子。然而，天网恢恢，疏而不漏，"9.1"大案的发生敲响了张某黑社会团伙的丧钟。

案发之后，张某遣散了团伙成员并开始在他建立的"根据地"里轮流藏匿。但是"9.1"劫案的失败，没有给张某以往犯罪后隐匿的安逸感，他时刻如惊弓之鸟般，总感觉一张无形的法网在铺天盖地地向他网来，一种死亡前的恐惧逼迫他做最后的垂死挣扎。2000年9月19日，张某已经预感到自己末日的到来，他通知其重庆的情妇全某，安排她将他藏匿在她那里的枪支弹药送给他，张某决定带着这批武器做最后的逃亡准备——劫机外逃。然而，张某自以为聪明狡猾一世，却怎么也没想到警方在如此短的时间内就已经锁定了他，19 日傍晚时分，就在两人约定的交货地点，混世魔王张某被警方抓获。

随着张某的供述，警方迅速搜查了他在重庆的"根据地"，缴获了该团伙藏匿其中的武器与作案用的化妆工具以及大量的存折、信用卡和金银首饰等，并抓获了十多名"红粉兵团"成员。至此，张某犯罪团伙成员相继全部落网，不到 1 个月的时间，这个横行渝、湘、鄂 8 年之久的黑社会犯罪团伙终于被警方一举歼灭。[1]

---

〔1〕 "张某犯罪集团覆灭记"，载 http：//bbs. tiexue. net/post_ 3019987_ 1. html，2017 年 1 月 9 日访问。

第九章

过失犯罪的心理

学习目标与任务

简要了解过失犯罪及其影响因素；了解并掌握过失犯罪的心理及行为特点。

案例导读

董某过失犯罪案

43 岁的董某在一家建筑安装公司打工。2014 年 9 月的一天，董某在距离地面约 13 米的高楼上作业。为了图省事，他在明知楼下有人打扫卫生的情况下，向楼下抛掷建筑垃圾，致使扔下的彩钢瓦砸中孙某，造成孙某重度颅脑损伤，后经医院全力抢救无效死亡。

法院经审理认为，董某在已经预见到自己的行为可能造成他人伤亡的情况下，仍抱有侥幸心理而实施该行为，致使他人死亡，其行为已经构成过失致人死亡罪。

想一想：过失犯罪的动机有哪些？过失犯罪具有怎样的心理与行为特征？

第一节　过失犯罪的概述

一、过失犯罪的概念

过失犯罪是指行为人应当预见自己的行为可能发生危害社会的结果，因为疏忽大意没有预见，或者已经预见而轻信能够避免，以致发生这种结果，构成犯罪的行为。过失犯罪的主观心理状态是过失，其主要形式可以分为疏忽大意过失和过于自信过失两种。

（一）疏忽大意过失

疏忽大意过失是指行为人应当预见其行为可能造成危害社会的结果，因为疏忽大意而没有预见，以致发生了这种危害结果的心理状态。疏忽大意过失具有两个特征：一是行为人本来应当能够预见自己的行为可能发生危害社会的结果；二是行为人因为疏忽大意而没有预见，以致发生这种结果。例如，某驾驶员出车时，由于疏忽大意没有检查刹车，在行车途中将人撞死。对疏忽大意过失的认定，关键在于判断行为人对自己的行为可能发生的危害结果是否"应当预见"。所谓"应当预见"，是指行为人有义务（包括一般义务和职业义务）预见而且根据其知识水平等主客观条件也能够预见。判断行为人是否应当预见有主观和客观两种标准：主观标准是以行为人的智力、发育状况、文化水平、经验等为标准，来分析其是否具有应当预见自己行为会带来危害的能力和条件；客观标准是以在社会中绝大多数人应当预见，行为人也应当预见为标准。

（二）过于自信过失

过于自信过失是指行为人对其行为的危害结果虽有预见，但轻信能够避免，以致发生这种结果的心理状态。过于自信过失具有两个特征：一是行为人已经预见到自己的行为可能发生危害社会的结果，即行为人对自己的行为客观方面是有认识的，并非故意实施；二是行为人轻信所预见到的危害结果能够避免。过于自信过失的行为人对这种危害结果的发生持否定态度，自认为凭借自己的能力、客观条件等，这种结果真的就不会发生。但是这种自信由于缺乏充分的理由和根据，因而仍然发生了危害社会的结果。所谓"轻信"，就意味着行为人过高地估计了自己的能力及客观条件的有利因素，而过低地估计了自己的错误行为导致危害结果发生的各种可能性。例如，某驾驶员出车时，已经发现刹车不灵，但自恃其经验丰富，车技高超，结果在途中因刹车不灵将行人撞死。这是因为行为人高估了抑制危害结果发生的有利因素，低估了促使危害结果发生的不利因素，从而导致危害结果的发生。对过于自信过失的认定，必须查明行为人是否已经预见到危害结果发生的可能性，其主观上是否具有避免危害结果发生的愿望，客观上是否存在避免危害结果发生的条件以及行为人是否利用过这些条件等。

疏忽大意过失和过于自信过失都属于犯罪的过失，两者的相同点是行为人都不希望危害结果的发生，但在主观上都存在着罪过；所不同的是，疏忽大意过失的行为人没有预见到危害结果发生的可能性，过于自信过失的行为人已经预见到危害结果发生的可能性，而轻信能够避免。

二、过失犯罪与故意犯罪心理和行为的异同

（一）过失犯罪与故意犯罪心理和行为的相同点

有关资料显示，在实际发生的犯罪案件中，故意犯罪占绝大多数，过失犯罪只占很少一部分。两者相比较，其相同之处主要有：

1. 都具有社会危害性。过失犯罪和故意犯罪同属危害社会的犯罪行为，其行为的后果都会对社会造成一定的危害，都具有社会危害性。特别是在科技高度发达的现代社会里，随着高科技的广泛应用，在一些关键性的行业中，行为人如果缺乏高度的责任心或不谨慎，稍不注意就有可能给社会带来严重的危害，如重大交通事故、重大工程事故、矿井安全事故、核辐射泄漏等，都会造成严重的人员伤亡和财产损失。

2. 都受犯罪心理支配。任何行为都是在行为人的心理意识支配下实施的，过失犯罪和故意犯罪也是如此，只不过故意犯罪行为是在行为人的故意犯罪心理支配下发生的，过失犯罪是在过失犯罪心理支配下发生的。

3. 都具有罪过。过失犯罪行为人与故意犯罪行为人都具有主观方面的要件——罪过。罪过是指犯罪行为人在对待自己的犯罪行为及其后果上持有的故意和过失的心理态度。如果行为人的行为虽给社会带来危害，但其主观上既无故意也无过失，这只是意外事件，行为人便没有罪过，不能构成犯罪。

（二）过失犯罪与故意犯罪心理和行为的不同点

过失犯罪与故意犯罪心理和行为的不同点，可以从法学和心理学等不同角度加以比较：

1. 从法学角度来看，过失犯罪与故意犯罪在社会危害、主观恶性、刑事责任等方面都有很大不同：

（1）在社会危害性方面：过失犯罪是行为人由于过失而造成对社会危害的行为，故意犯罪则是行为人在主观意识支配下故意实施的危害社会的行为。如果仅从客观后果方面看，某些过失犯罪所造成的社会危害性或许超过了某些故意犯罪案件，但从犯罪行为人主观态度看，以故意犯罪的社会危害性为大；如果从犯罪的主客观两方面看，在更大的范围内比较，仍是故意犯罪社会危害性大。

（2）在主体方面：法律对两者承担刑事责任的年龄规定不完全一致。按我国《刑法》规定，对于少数严重的故意犯罪，行为人年满 14 周岁不满 16 周岁也要负刑事责任；而过失犯罪，行为人不满 16 周岁的一概不承担刑事责任。

（3）在主观方面：两者的不同主要表现为各自所包含的意识和意志因素的区别。意识在这里是指犯罪行为人对自己的行为所造成的危害结果在发生之前的认识程度。过失犯罪行为人的意识表现为"预见"，而故意犯罪行为人的意识

则表现为"明知"。意志在这里是指犯罪行为人对自己的行为所造成的危害结果在发生之前所采取的一种态度。过失犯罪行为人的意志表现为疏忽大意或轻信危害结果能够避免，而故意犯罪行为人的意志则表现为希望或放任危害结果的发生。

（4）在客体方面：过失犯罪所侵害的只能是物质性客体，不可能是非物质性客体；故意犯罪所侵害的既可以是物质性客体，也可以是非物质性客体。

（5）在客观方面：两者在行为、结果、因果关系以及犯罪的对象、时间、地点和方法等方面都有一定的区别。例如，过失犯罪的行为目的不是其危害结果，而是行为人希望发生而没有发生的结果；而故意犯罪行为的目的所指向的正是其行为所造成的那个危害结果。也可以说，在过失犯罪中，行为人的行为目的与行为结果是矛盾的；而在故意犯罪中，行为人的行为目的与行为结果则是统一的。在因果关系上，过失犯罪的因果关系比故意犯罪因果关系更复杂。多数过失犯罪都带有一定的偶然因素或条件因素，而故意犯罪行为人的行为目的明确，因果关系则比较单一。在犯罪的时间、地点和方法上，故意犯罪都是行为人有意识选择的；而过失犯罪的时间、地点不具有选择性，并且不存在犯罪方法。

（6）在刑事责任方面：过失犯罪的法定刑明显比故意犯罪轻。在司法实践中，适用缓刑的过失犯罪比故意犯罪多。过失犯罪在《刑法》中没有规定附加刑，而故意犯罪在《刑法》的不少条文中都规定了附加刑。

2. 从心理学角度看，过失犯罪与故意犯罪在心理内容、心理状态和心理机制等方面也有很大不同：

（1）在心理准备方面：过失犯罪行为人没有犯罪的故意，对犯罪所造成的危害结果没有心理准备；而故意犯罪行为人抱有犯罪故意，心理准备充分。

（2）在心理动力方面：过失犯罪行为人不存在犯罪意向和犯罪决意，对其造成的过失，虽有动机，但不是造成危害结果的犯罪动机；而故意犯罪行为人所实施的犯罪行为直接受其犯罪动机驱使。

（3）在心理品质方面：过失犯罪行为人一般没有反社会的恶劣心理品质，其过失犯罪行为是他们消极心理品质与客观因素相互作用的结果；而故意犯罪的行为人则具有明显的反社会的恶劣心理品质。

（4）在心理原因方面：过失犯罪的发生带有一定的偶然性、情境性，外部因素常常起到重要的引发作用；而故意犯罪的结果正是犯罪行为人所追求的，行为与结果之间存在着一种必然的联系。

（5）在心理因素成分方面：过失犯罪行为人的主要心理因素是不注意；而故意犯罪行为人的心理成分与之截然不同，故意犯罪行为人对其侵害的对象和自己的行为都是极为注意的，以求达到预期的犯罪目的。

（6）在心理状态方面：过失犯罪行为人并不希望自己的行为造成危害结果，对已经发生的危害结果往往采取否定态度，绝大多数人反省自己，后悔莫及；而故意犯罪行为人追求结果的发生，犯罪目的的实现，使其产生满足感。

第二节 影响过失犯罪的因素

一、影响过失犯罪的主体因素

过失犯罪的发生，其主体因素不容忽视，影响过失犯罪的主体因素主要包括行为人的生理因素、心理因素以及行为因素等方面。

（一）生理因素

过失犯罪行为人的不良生理状态是造成某些过失犯罪的一种主体因素。有生理疾病或缺陷的人（如色盲、聋哑等）在感知觉和行动方面有诸多不便，有可能造成过失。就一般正常人来说，存在下列易造成过失犯罪的生理因素：

1. 疲劳。疲劳是指人因持久或过度的活动而导致身体感觉不适或工作效率减退的抑制状态。它是一种正常的生理现象，通过适当休息或调整可以得到解除。疲劳大致可以分为生理疲劳和心理疲劳两种情况。一般情况下，人如果长时间使用肌肉，容易产生生理疲劳；如果长时间使用大脑，则容易产生心理疲劳。当处于疲劳状态时，人常常对外界刺激无法做出应有的反应，对应注意的危险，也会因未能予以足够的关注而引发事故的发生。有关资料显示，疲劳驾驶是引发道路交通事故的重要原因。因此，为了防止事故的发生，危险行业的操作者应当控制自己不要在疲劳的状态下进行工作，这是防止事故发生的重要方法之一。

2. 生物节律。生物节律是指人体内有节奏、有规律性的生理循环。据研究表明，人体内大约存在一百余种节律，但对人体影响最大的主要表现在两个方面：

（1）人体生物三节律，即23天周期的体力循环节律、28天周期的情绪循环节律和33天周期的智力循环节律。据研究，人体生理活动有周而复始的变化周期，在生物节律的每一个循环周期，这种节律都会表现为高潮期、低潮期与高潮期和低潮期相互过渡的临界期，这就是生物三节律。生物三节律理论认为：在每一种节律的高潮期、低潮期和临界期，人体都会有不同的生理和心理表现，人的体力、情绪和智力状况等在高潮期最好，低潮期较差，临界期最差。在临界期内，人们的生命活动变化紊乱而不稳定，人体各个部分生理机能均处于短暂的失调状态，对人们的学习、生活和工作都会产生一定的不良影响，容易出现差错、失误甚至事故。

（2）人体昼夜生物钟节律，又称生理时钟节律。人体的生物过程和节律性活动呈现 24 小时的昼夜周期，显示出规律性波动，周期内各阶段神经功能的情况有很大不同。有关资料显示，人的活动效率最高的时候是上午 9 点至 10 点。离开高峰时间越远，身心就越会处于相对抑制的状态。如果一个人的生活缺乏规律或者超负荷运转时间过长，生物钟会发生紊乱，导致人体各种机能下降或出现障碍，容易引发事故，造成过失犯罪。

3. 年龄。处于不同年龄段的人，心理的成熟程度与知识经验的积累有所不同，因而会影响到其心理和行为表现的成熟性和稳定性。有关研究发现，在其他条件相同的情况下，年轻人更容易发生事故，这与他们的生活经验、年龄特征和身心弱点有关，具体表现在：

（1）技术不十分熟练，缺乏意外情况应急处理能力；

（2）容易冲动，常常会为一些小事而陷入激情状态；

（3）寻求刺激，易受无关刺激吸引，注意力不集中；

（4）好胜心强，自以为是，常有意违反工作纪律和操作规程；

（5）喜欢冒险，往往无视安全规则，盲目自信，对冒险性的操作行为导致的后果认识不足。

以上这些弱点正是导致年轻人过失事故较多的主要原因。

4. 性别差异。男女之间的性别差异也会对过失犯罪造成某种影响。一般来说，男性较为粗心急躁，喜欢冒险，注意力容易分散，因而过失犯罪的概率增大；女性较为细心谨慎，不爱冒险，注意力比较集中，不容易造成事故。有关统计数据显示，在过失犯罪案件中，男性明显多于女性。但是否因过失对社会造成危害，更多的还是与行为人的事业心、责任感、知识、经验以及性格等因素有关，性别差异只起次要的影响作用。

5. 身体机能缺陷。身体机能是否健全是一个人能否正确认识事物和做出反应的生理基础。若一个人的身体机能有缺陷，尤其是感知觉系统有缺陷，其认识能力和反应能力会出现不同程度的偏差。在特定情况下，容易造成过失犯罪。有研究表明，视觉和听觉的机能缺陷是导致过失犯罪的重要感知觉因素。现实生活中，人们对光感、色感、视野、视度以及听觉的感受性、辨别声源的方位能力等是不同的。一部分人有可能因为身体机能的某一方面存在不同程度的缺陷，从而影响其对外界事物的正确感知和注意，容易导致行为失误，甚至酿成重大事故。

（二）心理因素

在过失犯罪的主体因素中，心理因素更具有决定性作用。一般情况下，心理素质欠佳的人，容易导致行为偏差和错误。可以说，不良的心理因素是导致过失犯罪的直接动因。

1. 态度。态度是指个体对于各种事物和现象所持有的一种协调一致的、有组织的、习惯化的行为准备状态和心理倾向。它和人的思想意识密切相关，对人的行为具有指导性和动力性的影响。一般来说，行为人对他人及客观事物的态度不良时，容易做出不恰当的决定，实施不恰当的行为，严重时会对社会造成危害，构成过失犯罪。容易导致过失犯罪的不良态度主要有：

（1）不负责。工作不负责任，潜藏着发生事故的极大可能性。尤其是从事危险职业的人，如果缺乏责任心，作风拖沓，自由散漫，做事马虎，注意力不集中，一旦遇到险情，往往手足无措，甚至临阵脱逃，置国家利益与人民的生命财产安全于不顾，极易引起重大责任事故，构成过失犯罪。

（2）对抗。对上级领导或管理部门心怀不满，有抵制情绪的人，工作易缺乏主动性、积极性，注意力难以集中。他们不遵守纪律，不能采纳正确的意见，不能接受正确的批评。这种强烈的对抗态度，使人在完成工作任务时，容易注意力分散，各种活动无法顺利进行，从而引发事故，造成过失犯罪。

（3）傲慢与固执。态度傲慢与固执的人，会狂妄自大，目空一切，固执己见，自以为是，听不进别人的意见和建议，往往武断、鲁莽行事，容易在实际工作中产生行为偏差和错误。这种人若是决策和指挥者，更容易造成重大人身伤亡和财产安全事故，导致严重的过失犯罪。

（4）自私自利。自私自利的人，把个人利益奉为至上，在工作中往往损人利己、损公肥私，或擅离职守，或分散精力，可能造成重大责任事故。

2. 注意。注意是指心理活动在某一时刻所处的态度，表现为对一定对象的指向和集中，它是人适应环境、掌握知识、从事实践活动的必要条件。注意涣散与分心是造成过失犯罪的重要心理因素之一。过失犯罪无论是疏忽大意的过失，还是过于自信的过失，都是以"注意"的缺陷或"不注意"为前提的。注意可分为有意注意、无意注意和有意后注意。有意注意是有预定目的的，受人的意志努力支配的注意；无意注意是事先没有目的的，也不需要意志努力的注意；有意后注意是经过意志努力后形成的习惯性的注意。在实际工作中，大多需要行为人处于有意注意状态或有意后注意状态，注意力集中，不受其他因素的干扰，工作才能准确无误地进行。通常，在无意注意干扰了有意注意、注意失去控制或注意分配与转移不当的情况下，都可能产生不注意状态，造成过失，而不注意和分心，则是一种注意过程中的失误。在一些工作领域内发生的责任事故多是由于行为人不注意和分心而导致的。

3. 记忆。记忆是人脑对以往经验的保持、提取的心理过程。记忆缺乏与失误，会造成行为偏离正确方向，如遗忘、回忆中的障碍以及记忆过程中的抑制等，都有可能使主体对外界事物的认识发生差错，从而导致行为的失误。在现实生活中，由于记忆失误而造成的过失行为时常发生。从事任何工作，都必须有高度的责任心。保持清晰记忆，防止有用信息遗忘或形成记忆缺陷，这样才不至于对工作造成失误，对社会造成损害。

4. 认知与思维。不正确的认知与思维是过失犯罪的重要心理因素。过失犯罪与不正确的思维和认知密切相关。思维的正确与否，应以主观与客观是否相一致作为标准予以判断。如果主观与客观相背离，自我观察失当，自我评价过高，自我监督放松，就很容易导致行为的失误。例如，过于自信的过失犯罪，就是行为人虽已预见到行为可能造成社会危害，但由于其思维的片面性和自我认知的错误，产生轻信能够避免危害结果发生的心理状态，从而导致危害结果的发生，造成过失犯罪。

5. 智能与经验。智能与经验也是过失犯罪的相关心理因素。智能低的人发生过失的情况要比常人多。一方面，智能低的人对容易发生危险的技术操作有困难或对其社会危害估计不足；另一方面，由于智能低，反而无所顾忌，胆大妄为，从而易于出现过失。有些智能高的人因为自以为是、过于自信而忽视危险性的存在，也会造成过失。同样，经验多的人发生过失的情况要比经验少的人少。因为实践活动的成败，通常与人积累的知识经验的多少有关。行为人的知识经验不足，往往会对行为的危害性认知不够，缺乏经验，一旦发生危险不能有效地摆脱，从而对社会造成危害，导致过失犯罪的发生。

6. 情绪与情感。情绪情感变化与过失犯罪的关系十分密切，因为情绪情感对人的全部心理活动和行为都会产生重要的影响。特别是在强烈刺激作用下产生的情绪，诸如愤怒、狂喜、绝望、悲哀等都会影响人的行为，容易使人出现决策失误，造成过失。例如，在愤怒的情绪状态下，行为人容易失去理智，做出令人意想不到的事情。过度紧张和焦虑的情绪，会使行为人内心失去平衡，面对危险不知所措，也极易导致过失行为，发生伤害、杀人等犯罪行为，从而构成过失犯罪。

7. 性格与气质。性格是在长期的社会生活实践中形成的对事物的稳定的态度和习惯化的行为方式。气质是人生来就有的稳定的心理活动的动力特征，对性格和气质的类型有种种划分，很难说哪一种容易导致过失犯罪。但大量的实例表明，性格中的许多不良因素，都有可能形成过失心理状态。例如，急躁、任性、自傲、粗心、懒惰、悲观失望以及反应迟钝等，在某种条件下，都可能酿成过失行为，造成过失犯罪。

（三）行为因素

1. 技能与熟练。技能是人运用已有的知识、经验，通过练习而掌握的操作技术系统；熟练是人通过多次反复练习而获得的、有意识的、自动化的动作。心理学研究认为，人要完成某项活动，必须具备与此项活动相关的一定技能和熟练程度。如果行为人没有掌握一定的技能，或者掌握的技能达不到熟练程度，就不能轻松自如地进行操作，使大脑总是处于紧张状态，这样，便很容易出错，引发事故，甚至造成生命财产的重大损失，构成过失犯罪。

2. 习惯。习惯是因多次重复某种行为而形成的活动倾向。习惯一旦形成，当遇到相关刺激时，行为人不需要意志的努力，就会自觉或不自觉地出现一系列的反应。习惯可以分为良好的习惯和不良的习惯。良好的习惯是有益的，不良的习惯则是有害的，容易引起过失行为。当人习惯性地从事某种不良行为时，往往认识不到甚至忽视这种行为所包含的危险，预见不到可能发生的危害后果或轻信能够避免这种后果，从而导致过失犯罪。如习惯卧床吸烟的人容易酿成火灾；喜欢用危险方式开玩笑的人，容易造成过失，使人伤亡；有超速开车习惯的人，则容易导致交通事故的发生；等等。

二、影响过失犯罪的环境因素

（一）意外情境

意外情境是指自然现象和社会现象中各种正常联系或关系的中断或突变。由于这种中断或突变是在行为人无心理准备的情况下发生的，并且超出其经验与认识的处置能力，就可能对行为人的心理和行为产生不良的影响。因此，一旦意外情况出现，行为人就可能会惊慌失措，应激不良。意外情境一般来自自然和社会两个方面。

1. 自然方面的意外情境主要有：

（1）自然灾害。自然灾害是不以人们的主观意志为转移而由自然原因引起的灾害，如地震、海啸、水灾、火灾等。根据法律的规定，在自然灾害来临时，负有特定义务的人，如警察、军队、抢险救灾人员以及从事特定职业的人应当忠于职守，不能擅离自己的岗位，不能紧急避险，否则，对造成危害后果的应负法律责任。

（2）危险工作情境。如易燃、易爆物品的生产及管理，有毒、核辐射的工作环境，高空作业、带电作业以及其他特殊危险工作环境等，往往使行为人在工作时产生恐惧、不安和焦虑心理，一旦操作与处置不当，便可能造成危害性后果。

2. 社会方面的意外情境主要有：

（1）挫折。个体遭受挫折后，容易造成心理的焦虑、沮丧，如竞争失败、情感受挫、职业无保障等，都可能导致其产生过失行为。

（2）变故。当事人遇到亲人死亡、失踪、婚变以及其他重大变故等，情绪会受到较大影响，心理出现波动，也可能导致其产生过失行为。

（3）纠纷。人处于各种矛盾纠纷之中，如财产纠纷、名誉纠纷、知识产权纠纷等，往往心绪不宁、烦躁不安、无心工作，容易产生过失行为。

（二）舆论环境

舆论是指在大致相对集中的时空内，多数人对人们所关心而又有争议的问题所持的共同意见或态度。某种舆论一旦形成，就可能在客观上成为一种社会压力或社会支持，对有关的人或事产生影响。舆论有很强的导向作用，如果舆论不正确，便会形成错误的行为导向，可能促使有关当事人产生过失或故意的犯罪行为。

（三）工具因素

工具是人从事生产需要依赖的物质条件。工具的先进与否、好坏与否会对生产效率产生重大影响。工具因素也是造成过失的重要因素之一。一般说来，行为人在使用熟练工具、陈旧工具、高科技工具时都易于产生过失，引发事故：①行为人对自己经常使用且已熟悉其性能、特点、运用自如的工具，容易产生疏忽大意或过于自信的心理，造成过失犯罪。②行为人使用时间较长、性能有所减退或超过使用年限的工具也容易带来损害后果。若给社会带来严重危害的，也构成过失犯罪。③高科技工具的使用造成危险源增加，使从事危险工作的人数增多，对从业人员的素质要求增高，心理负担加重，也增加了过失犯罪发生的可能性。

（四）被害人因素

被害人因素也是导致过失犯罪的重要因素。过失犯罪，尤其是交通运输方面的过失犯罪，有一些案件与被害人的过错有关。交通事故的发生，可能是当事人一方或双方违反交通规则所致，各自应负不同程度的责任。可以说，被害人的违法、违规及过错行为，也是导致过失犯罪的客观原因。

第三节　过失犯罪的心理特点

一、疏忽大意过失犯罪的心理特点

（一）疏忽大意过失犯罪的概念

疏忽大意过失犯罪是指行为人应当预见自己的行为可能造成危害社会的结果，因为疏忽大意而没有预见，以致造成危害社会结果发生的犯罪行为。

导致行为人疏忽大意过失犯罪的主要心理因素有：

1. 事业心、责任感不强，工作粗心草率，不负责任；

2. 注意品质不良，如注意的稳定性差，广度不够，注意力易受外部情况干扰等；

3. 性格粗心大意，感知记忆模糊，思维判断有片面性；

4. 缺乏必要的专业知识和技能，在紧急情况下，应激不良、判断失误等。

（二）应当预见且能够预见的过失犯罪的心理特点

应当预见就是行为人负有预见的义务，而且主观上与客观上具有预见的能力和条件，即能够预见。对于危害结果的发生，是否应当预见，是衡量行为人是否构成疏忽大意过失犯罪的基本前提。负有预见义务的人，还应当达到能够预见的程度：主观上具有预见的能力，即行为人达到法定的责任年龄，精神状态正常，并且具有相应的知识和经验；客观上具有预见的条件，即在气候、环境、时间、地点、光线和声响等方面都不妨碍行为人对危害结果的预见。当负有预见义务的行为人，主观上具有预见的能力，同时客观上也具有预见的条件时，才能认定其既应当预见又能够预见。

应当预见且又能够预见的疏忽大意过失犯罪，其主要心理特点是注意的分心。注意的分心是指行为人在实施行为时，没有将其心理活动在必要的时间和空间范围内，充分地指向或集中于应该指向或集中的对象，或完全离开了当时所应指向或集中的对象，而指向或集中在与注意义务无关的对象上。

（三）没有预见的过失犯罪的心理特点

在具备应当预见而又能够预见的条件下，行为人仍然没有预见导致危害结果的发生，而造成的犯罪是没有预见的过失犯罪。没有预见通常包括两种情况：一是对行为性质和危害结果都没有预见；二是对行为性质有所意识但对危害结果没有预见。

没有预见的过失犯罪，其突出的心理特点是疏忽大意。疏忽大意是指行为人粗心、忽略、不注意、违反了注意义务，这既可能与其感知不确切、判断错误以及情绪、意志、个性的缺陷有关，又可能与一定的环境因素有关，是这两方面因素相互作用的结果。

没有预见的过失犯罪的心理特点还表现在行为人的激情或冲动、无知或无能、无意识性或习惯性等。在激情状况下，行为人认识狭窄，理智丧失，往往不能正确评价自己的行为，也不能预见自己所应当或可能预见的危害后果，如激情状态下的过失伤害、过失杀人等。行为人也往往由于无知或无能而无法预见其应当预见的危害后果，或使已发生的危害后果无法防止或控制。

二、过于自信过失犯罪的心理特点

（一）过于自信过失犯罪的概念

过于自信过失犯罪是指行为人已经预见到自己的行为可能发生危害社会的结果，但由于轻信能够避免没有采取必要的防范措施，以致造成危害结果发生的犯罪行为。

导致行为人过于自信过失犯罪的主要心理因素有：

1. 注意的缺乏。注意的缺乏是指行为人对危害结果虽有所注意，但缺乏足够的重视，因此在紧急情况下出现了判断失误或没有采取足够的措施，或应激不良，导致危害结果的发生。

2. 自我评价过高。自我评价过高是指行为人对自己的注意能力、应变能力估计过高，认为自己有经验或能力消除可能出现的危险，避免危害结果的发生，而实际上由于客观危险因素大于主观能力，仍然造成了危害结果的发生。

（二）已经预见但轻信能够避免的过失犯罪的心理特点

行为人已经预见到危害结果发生的可能性但又轻信能够避免，可见，自信或侥幸是该类过失犯罪的主要心理特点。

自信是这类过失犯罪行为人的突出心理特点。行为人虽然预见到其行为可能发生危害社会的结果，却过于自信能够避免，最终导致过失犯罪。造成这种危害结果，是因为行为人主观认识上发生错误，或过高地估计了自己的能力、技术、经验和体力等，或过高地估计了客观上的有利条件，或两者兼而有之。

侥幸也是这类过失犯罪行为人的心理特点。当已经预见到可能发生的危害结果时，行为人不是采取措施加以防止，而是希望危害结果不会发生。这不仅是行为人认识上的错误，也是主观意志的缺陷，导致其决策失误。这种寄希望于"偶然"的侥幸意念，与行为人主观的强烈动机相联系。侥幸心理常常是建立在一系列毫无把握的或然性判断或封建迷信基础上，会给社会造成不同程度的危害结果。

（三）已经预见却未能防止的过失犯罪的心理特点

行为人已经预见到危害社会的结果，却没能防止结果的发生，是由于行为人面对突发的危机，高度紧张，不能及时准确地采取应变措施，导致了危害结果的发生。过失犯罪的心理特点主要是应激不良，应激是行为人在出乎意料的紧急情况下所产生的高度紧张的情绪状态。人在工作和生活中，遇到突发的事件或偶发的危险，要求行为人迅速地集中自己的智慧和力量，及时作出决定，以应付紧急情况。如果行为人在极度紧张的情况下，不能准确地实施符合当时目的的行为，如出现不必要的动作、语无伦次、情绪紧张、思维混乱、分析判断能力减弱以及注意力的分散与转移困难等，就是应激不良。应激不良容易给社会造成危害，导致过失犯罪。

三、过失犯罪的动机

（一）过失犯罪动机的性质

过失犯罪行为人，尽管主观意识没有追求危害社会结果或放任危害结果发生的动机和目的，但其过失行为绝大多数是在有意识的行为过程中发生的。因此，其中必定存在一定的行为动机。这种动机仍然是为了达到一定的目的，满足一定需要而萌发的内心起因。过失犯罪动机的性质因过失犯罪本身的复杂性而表现为复杂多样。其中，既可能有某种程度的积极动机，如驾驶员为更多更快地完成任务而抢时间高速行车而导致交通事故的发生，或行为人为制止犯罪而防卫过当等，即"好心办错事"；也有中性动机，如行为人因好奇、探究而造成的过失等；还有消极动机，如行为人为谋求私利，争强好胜而造成的过失等；以及混合型动机，即积极动机与消极动机二者兼而有之。在各种各样的过失犯罪中，绝大多数行为人的动机是消极动机。如果行为人的某种消极动机过于强烈，成为其主导动机时，他的行为活动将受消极动机的驱使去达到其所追求的目的。此时，行为人一心想实现其追求的目的，往往会对可能出现的危害后果疏忽大意，或者虽然预见可能发生的危害后果，却轻信能够避免，这样就导致了过失犯罪行为的发生。深入分析过失犯罪行为人的消极行为动机，可以促使其认真反省并改正自己的错误。

（二）过失犯罪动机的类型

在过失犯罪中，消极动机占多数，即使在表面上的积极动机中，也会掩盖着某种消极动机。因此，这里扼要列举导致过失犯罪的主要动机。

1. 贪利。具有贪利动机的人，因财迷心窍，贪财图利而在行动中往往不顾安全，置危险因素于不顾，或实施违章行为，或实施冒险行为，从而导致过失犯罪。

2. 自我显示。自我显示即行为人自我炫耀。自我显示欲极强的人，往往在虚荣心驱使下，夸大其词，自我吹嘘，常忽视安全因素，不顾自身条件的限制和有关规章制度，冒险作业或贸然行事，从而导致危害结果的发生，构成过失犯罪。

3. 晋升或图名。有些人为了博得上级的好感或谋求某种荣誉或奖赏，达到个人晋升或扬名的目的，会不顾危险因素，或实施违章冒险作业，造成人身伤亡事故；或为了追求利润，弄虚作假，生产伪劣产品，造成严重后果；或越权签订合同，受骗上当造成重大经济损失；等等。

4. 不负责任。严重缺乏责任感的人，在具体工作中，往往不负责任，粗心大意，忽视可能的危险，因而给社会造成危害，构成过失犯罪。

5. 报复。具有报复心的人，往往会为一己私愤而采取报复行动，实施损害他人人身或财产的行为。这种情况多数是故意犯罪，但行为人在实施损害行为时，有的会把握不准，造成超出意料之外的危害结果，从而构成过失犯罪。

6. 游戏。游戏动机在过失犯罪中也较为常见，主要表现为以恶作剧的形式或用危险的方法开玩笑的行为。在日常生活中,有些人常常用危险的方法开玩笑或吓唬人,搞恶作剧,忽视自己所开玩笑可能带来的严重后果,从而导致危害结果的发生,构成过失犯罪。

过失犯罪的动机如何,是判断行为人犯罪性质和考虑量刑轻重的情节之一。研究过失犯罪的动机,可以帮助诊断过失犯罪行为人的心理问题,矫治其心理缺陷,教育犯罪行为人悔过自新,达到认真改造的目的。

同步练习

1. 试比较过失犯罪与故意犯罪心理和行为的异同。
2. 怎样看待过失犯罪的动机性质?
3. 导致过失犯罪的主要动机有哪些?

拓展阅读

旅客景区住店 煤气中毒死亡 店主构成过失致人死亡罪

周某在某旅游区开办了一家旅店。2002 年,江先生等十余人到旅游区旅游。在周某的旅店住宿时,江先生要求住有火炕的房间。周某考虑到有火炕的房间可能存在不安全因素,本不想租,但又想到只要开着窗户,就不至于发生危险。于是,便将有火炕,但长期没有使用的储藏室租给江先生住宿,并提醒江先生睡觉时不要关窗。储藏室不在周某依法核准的旅店经营范围内,不属于可出租房屋。晚上,周某一直没有在旅店内巡查。次日早晨,江先生被发现因一氧化碳中毒死亡。最终,周某以过失致人死亡罪被判处有期徒刑 1 年,缓刑 1 年。

变态心理与犯罪

学习目标与任务

简要了解变态心理的概述；变态人格与犯罪行为的关系。

案例导读

邱某华杀人案

2006年7月，汉阴县发生一起罕见的恶性凶杀案，10名群众在汉阴县平梁镇凤凰山山顶上的铁瓦殿被刀斧砍死，死者9男1女，年龄最大的62岁，最小的年仅12岁。据知情群众介绍，死者中7人是铁瓦殿工作人员，3人为附近群众。10名受害人的致命伤口大都在头部，系斧头类利器所伤。死者中担任道观住持的熊某某双眼被割，心、肺被掏出，且被下锅炒熟，切成片放在盘中，其余死者则尸身完整。现场十分血腥，墙上还留有血写的"该杀"等极度仇恨字眼。警方经过侦查很快锁定了犯罪嫌疑人邱某华，案发起因是犯罪嫌疑人与铁瓦殿工作人员之间的琐事纠纷。

想一想：查找邱某华的详细资料，结合本章拓展阅读，分析邱某华病态人格特点与其犯罪有着怎样的联系？

按犯罪行为人精神正常与否，可以把犯罪划分为常态心理犯罪和变态心理犯罪。在变态心理支配下所实施的犯罪活动，有异于正常人犯罪的特点，我国刑法对这部分人的责任认定不同，所处刑罚各异。随着生活工作节奏的日益加快，人们的压力越来越大，各种心理问题凸显，心理变态者也日益增多，由此，我们对这部分人心理与行为表现也应有所了解。本章扼要地介绍一下变态心理产生的原因、主要类型以及与犯罪的关联，以便对这类犯罪有一个大概的认识和鉴别。

第一节　变态心理概述

一、变态心理

（一）变态心理的概念

变态心理又称病态心理，是指人的知、情、意活动和个性心理特征以及行为表现超出了正常范围，某种程度地丧失了辨识能力或控制能力。通常也称为"心理异常"或"精神异常"，是人们心理不健康的表现。

（二）变态心理常见类型

变态心理包括的范围很广，一般有狭义与广义之分。狭义的变态心理通常是指变态人格和神经症，广义的变态心理主要包括以下几类：

1. 变态人格，又称人格障碍，包括偏执型、分裂型、爆发型、癔症型、强迫型、衰弱型等；

2. 性变态，如恋物癖、恋童癖等；

3. 精神发育不全，包括愚鲁、痴愚、白痴等；

4. 神经症，旧称神经官能症，包括恐怖症、焦虑症、强迫症、疑病症、癔症、神经衰弱等；

5. 精神病，如精神分裂症、偏执性精神症、反应性精神病等。

犯罪心理学的研究采用广义的变态心理说。本章，我们主要介绍变态人格、性变态、精神病及精神发育不全等四类与犯罪关系较为密切的变态心理类型。

（三）变态心理与常态心理的区别标准

人的心理活动是极为复杂的。心理活动的正常与异常之间的差别是相对的，往往很难划出一条截然的界线，而且由于变态心理表现受到诸多因素的影响，包括环境条件、主观经验、心理状态、人际关系和社会文化背景等。因此，对于心理正常与异常，国内外学者很难给出一个公认的统一的标准。目前，通常采用的主要标准有：

1. 经验标准。这一标准有两种含义：①是指个体的主观体验，即自己觉得有焦虑、抑郁或说不出明显原因的不舒适感，或不能适当地控制自己的行为，因而需要寻求他人的支持和帮助。这种情况，在某些神经症病人身上常有体现。但是，若有人坚决否认自己有"不正常"的现象存在，反而正好证明其行为的异常，这实际上也运用了主观经验的标准。②是从观察者而言，即观察者根据自己的经验作出被观察对象心理正常与否的判断。这种标准具有很大的主观性，其标准因人而异,即不同的观察者有各自的评定标准。这里又分为两种情况:一是一般人的经验,认为凡是符合众人评价的心理和行为表现便属于常态,否则就属于变态,这种标准有很大的片面性;二是接受过专业训练以及临床实践的具有心理学或医学经验的人,他们的观察,可以形成大致相近的评价标准,对大多数的变态心理判断比较准确,然而对少数仍可能出现分歧,甚至截然相反的评判。

2. 社会适应标准。以社会适应标准来判断心理的正常与否,主要是与行为的社会常模(即社会的正常状态)相比较而言的。在正常情况下,人的行为与社会环境是协调统一的。正常人的行为符合社会的准则,能根据社会要求和道德规范行事,也就是说其行为符合社会常模,是适应性行为。如果产生不适应现象,则认定为心理出现了异常。当然,社会适应的标准也不是一成不变的,它受时间、地域、习俗、文化等条件的影响而也会有所变化。

3. 病因与症状存在与否标准。有些异常症状或致病因素,如药物中毒性心理障碍等,在常人身上是不存在的。若在某人身上发现这些致病因素或疾病的症状,则可判断为异常。这一标准比较客观,但运用范围比较狭窄。因为有些既有病史,又有症状的人,若不主动求医,便无法使用这一标准。

4. 统计学标准。这是以数量统计值为依据的划分标准,来源于对正常心理特征的测量。在普通人群中,对人们心理特征进行测量的结果常常显示常态分布,其中大多数人属于心理正常范围,而远离中间的两端则被视为"异常"。因此,决定一个人的心理正常与否,就以其心理特征是否偏离统计得出的平均值的程度来决定,偏离的程度越大,则越不正常。在临床上,常用心理测验来鉴别病人的心理状态,因为这种方法提供的数量资料比较客观,便于操作和比较,但其作用也不能扩大化。

上述标准对重症变态心理的判别均可采用,但对于临界状态(即常态心理向变态心理过渡的边缘状态),则很难使用某种标准来识别,往往需要更丰富的临床经验和综合运用几种标准来判别。

二、变态心理产生的原因

关于变态心理产生的原因,不同的心理学流派,不同学者的理论观点有一定的差异。归纳起来主要有三种代表性观点:即生物学模式、心理学模式和社会学模式。它们从不同角度出发,认为导致变态心理产生的因素有生理、心理和社会文化三种因素。

(一)生理因素

导致心理变态的生理因素,主要包括遗传因素、高级神经活动类型、神经生化因素和大脑的器质性病变因素等。例如,有关研究表明,在精神疾病中,尤其是分裂症、躁狂症和癫痫等精神疾病，遗传占主要地位；精神发育不全、人格障碍及某些类型的性变态者，也不同程度地受遗传因素的影响；后天造成的大脑器质性病变或损伤也可导致心理的变态；对脑的神经化学研究表明，生化过程的代谢失常可能诱发精神障碍。

（二）心理因素

导致心理变态的心理因素多种多样，包括认知倾向、情绪情感、经验、动机、习惯以及自幼形成的各种人格特征等。精神分析理论认为：幼年情绪发展中遭受挫折，并由此形成的情绪是后来一生各发展阶段上出现心理障碍的根本原因；性变态的发生是个人早期心理发育障碍所导致的结果；强烈或长时间的精神紧张和消极情绪，会导致行为失常、精神错乱等。认知疗法的创始人贝克认为，由于人的意识与潜意识的临界处存在的"模糊意识"作用，人会形成一些错误的认知模式，用这种错误的认知模式去评价环境或自我，会出现偏离，从而产生异常情绪，导致心理变态等。

（三）社会文化因素

社会文化因素包括社会制度、经济状况、物质生产水平、社会交往、风俗习惯、民族文化传统、道德伦理观念、教育方式、家庭模式和历史背景等。社会文化因素对人的心理活动会产生极大的影响。例如，人格形成过程中，家庭教养模式的错误，会使儿童形成不同程度的人格障碍。婴儿期社会剥夺（如与社会交往、受教育的机会被剥夺，尤其是缺乏母爱的情感剥夺等）会造成精神发育的不全。特别是当今世界，由于社会高度发展而带来的心理适应问题越来越多，危害人们身心健康的因素也比以往增多，人们心理也面临着巨大的压力和挑战。

综上所述，生理因素、心理因素和社会文化因素都是导致心理变态的重要因素。就某一具体心理变态者而言，变态的原因可能是单一的，也可能是多种因素综合作用的结果。

第二节　变态人格与犯罪

一、变态人格的概述

（一）人格与变态人格

1. 人格。人格是指个人后天形成的稳定的具有一定倾向性的心理特征的总和，又称个性。

人格表现出个体的心理倾向和行为模式的差异性，它是由兴趣、动机、理想、信念、能力、气质和性格等多种心理因素的独特组合所构成的整体。如果上述心理成分之间的关系协调，人格的调节、控制能力正常，人的心理和行为便会处于常态。否则，各种心理成分失调，就会出现人格变态。

人格的形成有一个较长的过程。一个人的人格是以先天生理因素为基础，在后天社会化的过程中，通过交往、学习和实践逐步形成的。人格一旦形成，就具有稳定性，这种稳定性，使人的行为表现出一贯性的特点，但同时人格又不是一成不变的，又具有可塑性。

2. 变态人格。变态人格又称病态人格或人格障碍，是一种人格发展的内在不协调或人格特征明显偏离正常的状态，它使个体形成了一贯的反映个人生活风格和人际关系的异常行为模式。通常开始于童年或少年期，并长期持续发展至成年或终生。

变态人格主要表现在人格结构和它的组成部分在均衡发展上产生障碍，突出表现为情感和意志明显偏离正常，而不存在认知过程和智能障碍。这种偏离是广泛的、稳定的和长期的，主要表现为：①对人和事物的感知和解释（即认知）的异常。难以对周围环境刺激做出恰当的反应，难以对自己与他人的行为做出正确的评判，思维抽象能力过分发展，容易使人陷入幻想之中，想入非非，感情用事。②情感反应的异常偏离。对他人和社会缺乏责任感、同情心，情趣低级，行为偏离正轨，高级情感活动缺乏，理智活动发展不足。③控制冲动及对满足个人需要的异常偏离。缺乏调节情绪和行为冲动的能力，个人的本能需要畸形发展。④人际关系和社会行为的明显偏离。难以正确处理复杂的人际关系，很难与人相处，经常与他人甚至家人发生冲突，以致无法适应正常的社会生活，或做出危害社会的行为。

变态人格是在某种不健全人格的基础上，在后天不良的社会文化环境的影响下逐渐形成的。其一旦形成就很难矫正，仅有少数人成年后在一定程度上会有所改善。

（二）变态人格的特征

变态人格的表现和特征十分复杂，中外学者的见解各不相同，难以进行归纳。我国学者一般认为，变态人格的特征主要表现为：

1. 人格的自知与自制力明显缺乏。即缺乏自知之明，对自身能力和水平没有正确的认识，常常自我感觉良好，遭遇挫折后不能总结经验，吸取教训；有时虽有自知力，但缺乏自我控制能力，始终不能以正确的认识来指导自己的行动，以致很难适应周围的环境。

2. 年龄上一般从幼年开始，但迹象不明显，到青春期开始明显暴露。

3. 情绪情感严重变异。情绪情感极不稳定，好走极端，易激惹，爱激动。对人淡漠或冷酷无情，情感变化无常。

4. 行为的目的和动机短浅。行为缺乏目的性、计划性，只顾眼前，不计后果，易为偶然的动机或本能欲望所支配，自制力差，易与周围的人发生冲突。

5. 矫治困难。变态人格具有相对的稳定性，一旦形成便难以改变。到中年以后，有的人症状会部分或全部自动缓解，但相当一部分会持续终生，很难矫治。

二、变态人格与犯罪

（一）变态人格的犯罪特点

由于变态人格会造成人的社会适应不良，出现偏离社会规范的行为，所以极易引发犯罪。在西方发达国家中，变态人格犯罪已成为一个严重的社会问题。在我国，由变态人格导致的犯罪也逐年增加，在各种刑事犯罪行为人中，尤其是累犯、惯犯，存在变态人格的比例也较大。与正常人相比，变态人格的犯罪主要有以下特点：

1. 随机冲动性强。变态人格行为人犯罪一般事前少预谋，冲动性强，作案情节离奇怪诞或手法残忍，动机模糊，难以用常理解释。

2. 作案手法不隐蔽，易于暴露。作案一般没有经过周密的计划和认真的准备，缺乏自我保护意识。

3. 常具有攻击性、报复性。变态人格行为人，由于人格畸变，在病理激情的支配下，易实施报复性的伤害、凶杀、破坏、纵火等恶性犯罪。

4. 犯罪多单独进行，且常持续从事同类型的犯罪活动。变态人格行为人实施犯罪一般单独进行，犯罪中的行为习惯难以改变，常常伴有性变态心理出现。

5. 犯罪行为的残忍性。变态人格行为人由于自知力和自制力缺乏，行为不计后果，犯罪手段十分残忍。

（二）常见的易于犯罪的变态人格类型

变态人格的类型较为复杂，涉及刑事犯罪的变态人格，主要有以下几种常见类型：

1. 反社会型变态人格。反社会型变态人格是具有反社会倾向的病态人格。具有这种病态人格的人，不能正常地适应社会生活，行为不符合社会规范，常违背伦理道德和社会常理，对人冷酷无情，缺乏责任心，极端自私，自尊心强，但无羞耻感，最易实施违法犯罪行为，常表现为危害国家安全罪、经济犯罪、暴力犯罪和性犯罪等。

2. 情感型变态人格。情感型变态人格是介于情感性精神病人与正常人之间的似病非病状态，主要包括抑郁型、躁狂型、躁郁型人格等。具有这种病态人格的人，情绪不稳定，喜怒无常，变化反复；喜猜忌，易自卑，常因此引起焦虑甚至悲观厌世情绪；容易被激怒，一些微不足道的琐事就能引起其强烈的冲动，在暴怒状态下，甚至可能出现毁物伤人等不顾后果的破坏性行为。

3. 爆发型变态人格。爆发型变态人格又称冲动型变态人格，具有这种病态人格的人，个性极强，过分主观，易激惹。不发作时一切正常，一旦有微小的刺激就会引起暴怒和冲动，进而实施暴力和破坏行为；多次爆发后能感到内疚或后悔，但稍有刺激又会陷入狂怒而不能自控状态，极易发生偶发性、应激性及激情性犯罪。

4. 偏执型变态人格。偏执型变态人格又称妄想型变态人格，具有这种病态人格的人，主观固执、敏感、多疑；好妒忌，报复心强；缺乏正确的自我认识，狂妄自大，总是坚信自己的言行正确；对人极为警惕，总以为别人会加害自己。在这种病态的心理支配下，易实施杀人、纵火、投毒等严重的报复性或攻击性的犯罪行为。

5. 分裂型变态人格。分裂型变态人格又称精神分裂症人格，具有这种病态人格的人，言行怪异，孤僻懒散，情感冷漠，人际关系淡薄，不爱社交，对他人及周围事物缺乏兴趣；好想入非非，脱离现实；意志消沉，做事缺乏毅力，无进取心；情绪易波动，好无事生非，寻衅滋事乃至违法犯罪。

6. 怪癖型变态人格。具有这种病态人格的人，具有违背社会法纪和伦理道德的为社会所不允许的顽固的异常癖好，如纵火癖、偷窃癖、谎言癖、赌癖和怪恋等。其中，最为常见也最为严重的是纵火癖和偷窃癖。行为人能够预见到自己行为的社会危害性，但无法控制自己，因而行动后既会出现轻松感、满足感，也会出现紧张焦虑、自责和后悔的情绪情感。

7. 意志薄弱型变态人格。具有这种病态人格的人优柔寡断，缺乏意志，对任何事情都缺乏主见，做事缺乏主动性和持续力；既不相信他人也不相信自己，总感到自己无能，常怕别人加害自己，缺乏抵抗力。长期的过度紧张和抑郁，也会突然转化为强烈的兴奋而出现攻击性与破坏性行为。

三、性变态与犯罪

（一）性变态的概述

性变态是指寻求性满足的对象或满足性欲的方式出现异常，是变态心理的一种具体表现形式，又称性倒错或性心理变态。具有性变态心理的人常常会用一些奇特的方式、方法获得性兴奋或性满足。对性变态心理的理解和判断，受时间、地域、民族习俗、社会状况和经济文化水平等因素的影响，世界各地不完全一致。

性心理变态，一般可以归纳为两大类：一类是性欲满足对象倒错或变态，如恋物癖、恋童癖和恋尸癖等；另一类是性欲满足方式倒错或变态，如裸露癖、窥阴癖、异装癖、摩擦癖、施虐癖和受虐癖等。

（二）性欲满足对象倒错与犯罪

1. 恋物癖。恋物癖是指将性欲的对象指向异性的衣物等以获得性满足的一种变态心理行为，这是一种常见的性变态心理，多见于成年男性。恋物癖的形成，往往与行为人的性意识受到压抑或挫折有关，由于行为人不能通过正常途径获得性满足，因而出现性欲满足对象倒错。其特征是：行为人通过与异性特定的衣物等相接触而获得性兴奋与满足，如异性的贴身衣裤、发带、乳罩和头巾等。恋物者为了收集所恋之物，常常不惜采用非法手段，实施盗窃或流氓等违法犯罪行为。

2. 恋童癖。恋童癖是指性欲的对象指向儿童以获得性满足的一种变态性心理行为，多见于成年男性。其特征是：行为人专以性发育未成熟的同性或异性儿童作为性行为的对象而获得性兴奋与满足。如果指向近亲则为乱伦。造成恋童癖的因素可能很多，其中比较明显的主要是，与行为人性心理、性生理发育不成熟有关。恋童癖者往往反复出现强奸或猥亵儿童的性暴力行为，对儿童身心健康造成严重的危害，是严重的犯罪行为。

（三）性欲满足方式倒错与犯罪

1. 裸露癖。裸露癖是指在异性面前裸露生殖器等以获得性满足的一种变态性心理行为，又称露阴癖。绝大多数为男性，个别案例是女性。行为人为了唤起性欲向陌生异性暴露自己生殖器或裸露身体，甚至在暴露时污言秽语并伴有手淫，从而获得性兴奋和性满足。一般不会有性暴力行为，但对异性人格的侮辱和社会秩序的危害极大。裸露癖的成因，或是性生活受到压抑，或是缺乏与异性交往的能力，或是从小受到不良性教育而造成的，其中有不少人有家庭遗传病史。恶习一旦形成，很难矫治。

2. 窥阴癖。窥阴癖是指寻机窥视异性身体或他人性行为以获得性满足的一种变态性心理行为，多数为男性。行为人为了唤起性兴奋，常常不择手段，伺机窥视异性裸体或他人性行为以得到性满足，其中不少人伴有性功能缺陷。一般不会有性暴力行为，但会造成不良的社会影响。这种性变态的形成，与儿童期受到家庭不正当性教育或父母性生活不检点等有关。

3. 施虐、受虐癖。施虐癖是指通过虐待性对象使其产生肉体上的疼痛与心理上的屈辱，从中获得性满足的一种变态性心理行为，多为男性，其伤害的对象可能是素不相识的异性，也可能是自己的配偶。受虐癖的表现与施虐癖相反，是指通过受到异性施予的疼痛或屈辱以获得性满足的一种性变态心理行为，多见于女性。这是一组最严重、危害最大的性变态心理行为，特别是施虐癖，常引发伤害、杀人等严重的违法犯罪行为。

此外，还有一些类型的性变态，如恋尸癖、异装癖等也会对社会造成一定的影响或危害，在此不再一一赘述。

第三节　精神病与犯罪

一、精神病概述

（一）精神病的概念

精神病是指由于人的大脑机能失调，精神状态和行为表现异常，不能应付日常生活要求或不能保持对现实恰当接触的疾病，它是变态心理系统中最为严重的一种。日常生活中所说的精神病、痴呆等都是精神疾病的表现形式。

精神病和变态人格都属于变态心理范畴，但精神病与变态人格又有明显的区别：①人格畸变的程度不同。精神病人由于精神的完全解体或分裂而使整个人发生变化；而变态人格者只是部分人格发生了变化。②智力受损程度不同。精神病人的智力受到严重损伤，难以适应日常生活；变态人格者智力保持良好，具备基本生活能力，能够对周围环境及日常生活做出合理的调整。③机理病变程度不同。精神病人常伴有大脑神经系统可观察到的病变或生理机能改变，同时伴有变态人格；而单纯的变态人格者一般观察不到生理性病变。④外在症状表现不同。精神病人常表现有妄想或幻觉，精神低落或情绪高涨等；而变态人格者则不然，外在症状几乎没有，与正常人无差别。

（二）精神病的主要类型

精神病主要可分为两大类型：器质性精神病和功能性精神病。

1. 器质性精神病。器质性精神病是指由于外伤或脑组织病变引起的精神疾病，主要包括：脑瘤、脑血管病所致的精神病；颅内与躯体感染所致的精神病；脑外伤所致的精神病以及癫痫；等等。

2. 功能性精神病。功能性精神病是指由于脑功能方面的失调而引起的精神疾病，主要包括：精神分裂症、情感性精神病、偏执性精神病、反应性精神病等。

二、精神病症状与违法犯罪

精神病的症状表现为各种心理活动的异常，如认知、情感、意志活动和行为表现等均有不同程度的异常，往往引起各种变态心理。在精神异常状态下，精神病人并不都会实施违法犯罪行为，但有些精神病人一旦实施危害社会的行为，手段往往十分残忍，后果也比较严重。常见的并容易导致违法犯罪行为产生的精神病症状，主要有以下几种：

（一）感知障碍与违法犯罪

在精神病人中，常见的感知障碍有幻觉和错觉等。在感知障碍的情况下，精神病人容易出现自伤或攻击性行为，造成自身或他人人身和财物的损害。

1. 错觉。错觉是指一种对客观事物不正确的知觉，可分为视错觉、听错觉、味错觉、嗅错觉、触错觉和内部错觉等。

正常人在一定的状态下，如过度疲劳或在昏暗的光线条件下，或处于期待恐惧的心理状态下，也会产生错觉，但时间是短暂的，是偶然的，很快就能够加以纠正，属于生理性的错觉。精神病人的错觉，是在精神病理性基础上产生的，属于病理性错觉，多出现于意识障碍时，且以视错觉最为典型。常见的错觉多是离奇的，性质上也多为威胁性的，如把电灯看成太阳，把人看成野兽或妖魔鬼怪等。这些病理性错觉的出现，往往影响行为人的正常判断力。行为人由于错误视觉产生惊恐、焦虑等消极情绪反应，而导致对错觉对象产生攻击性行为，如实施伤害、杀人、毁物等违法犯罪行为。患者只有疾病消除，错觉才能纠正。

2. 幻觉。幻觉是指一种没有相应客观刺激作用于感官时所出现的虚幻的知觉，是精神病最典型的症状。它包括听幻觉、视幻觉、味幻觉、触幻觉等。

听幻觉也叫幻听，是最为常见的幻觉。患者可以听到种类、内容和性质毫不相干的各种声音，并认为这些声音是在迫害他，在侦查、折磨和控制他的思想和行为。这种幻觉有时是指令性的，有时是诱惑性的，患者在幻听的驱使下实施危险性行为，如杀人或自杀等。视幻觉者常看到的是本不存在的各种物体的映象，如妖魔鬼怪、野兽、暴徒等，从而产生恐惧不安、挣扎反抗并出现攻击性行为。味幻觉者尝到食物或水中有某种特殊味道，便认为有人对其下毒，因而拒绝进食并产生攻击性行为。触幻觉者常在身上有虫爬感、刀刺感、电击感、抚摸感等，因而产生被害妄想，很可能对假想中的敌人实施攻击行为。

（二）思维障碍与违法犯罪

思维障碍的种类很多，大体上可分为思维表达障碍和思维内容障碍两大类。其中，思维表达障碍包括思维迟缓、思维贫乏、思维散漫等，这些障碍与违法犯罪行为之间关系不大，而思维内容障碍则极易使精神病人产生危害社会的行为。

在思维内容障碍中，妄想是最为常见的症状。妄想是在精神病理基础上所产生的一种对现实情况错误的判断和推理，是思维变态的一种表现。它既不符合客观事实，又与精神病人接受的教育水平、环境背景不相称，但精神病人对此坚信不疑。常引起精神病人实施违法犯罪行为的妄想，主要有以下几种：

1. 被害妄想。这是最常见最容易造成危害结果的思维内容障碍。这种人毫无根据地怀疑他人以各种手段加害于自己或自己的亲属。因此，行为人常表现出情绪紧张恐惧，极易实施杀人、伤害、纵火、毁物等严重违法犯罪行为。被害妄想随着幻觉的出现而产生，可与关系妄想、夸大妄想、钟情妄想并存，是妄想中最常见的一种，多见于精神分裂症。

2. 关系妄想。这种人坚持把周围环境中某些与他本人毫无关系的现象都看成是针对自己的，如把别人的谈话、咳嗽甚至影视情节等都当成是在议论、影射或批评自己。关系妄想常与被害妄想、嫉妒妄想和罪恶妄想等同时存在。因此，行为人常发生冲动，实施攻击性行为，多见于精神分裂症。

3. 嫉妒妄想。这种人毫无根据地认为自己的配偶对自己不忠或另有新欢，因而终日纠缠不休，追查盘问甚至跟踪监视，以男性居多。患者在嫉妒妄想支配下，往往采用残暴手段对待配偶，轻者打骂，甚至离婚，重者可导致杀害配偶的犯罪行为出现。多见于夫妻双方条件差异较大的精神分裂症或更年期精神病。

4. 影响妄想。这种人认为自己的身体或精神活动受到外界某种力量的控制，难以摆脱，因而感到极端痛苦。为了摆脱这种控制，行为人往往对认为控制他的仪器或仪器的操纵者实施攻击性行为，导致毁物、伤害或杀人等违法犯罪案件的发生。

5. 罪恶妄想。这种人无端地认为自己犯有不可饶恕的错误或罪恶，以致连累家人、危害国家，应受惩罚，因而拒食、自杀或自我折磨，以此来赎罪，甚至主动自首，要求受到公安机关的严厉处罚。其中有少数人，甚至会出现扩大性自杀行为，即为了避免自己死后家属受到想象的牵连，先把家人杀死，然后自杀，多见于抑郁症或精神分裂症。

6. 钟情妄想。这种人认为某异性爱上自己，对方的言行举止都是向自己表达爱意，并作出相应的反应，因而经常写情书，寻机献殷勤等，即使对方说明并无此心也不相信。若遭拒绝则认为是对方在考验自己，会继续纠缠；若发现对方另有所爱，则往往会实施伤害、猥亵、强奸甚至报复杀人等违法犯罪行为，多见于精神分裂症。

7. 疑病妄想。这种人总认为自己躯体患有某种严重疾病或不治之症，且"难以忍受"，到处求医，虽经医生反复检查，也不能消除这种病态的信念。有些人可能因疑病妄想严重导致自杀或攻击性行为，多见于抑郁症、精神分裂症和更年期精神病等。

（三）情感障碍与违法犯罪

情感障碍是指行为人内心情感体验的强度与持续时间超过正常的范围，或情感反应与外界事物、环境等不相协调或矛盾。具有情感障碍者会实施违法犯罪行为，常见的情感障碍主要有以下几种：

1. 情感高涨。这种人情感活动显著增强，情绪不稳，易激惹，或无事生非，稍不如意就勃然大怒，因而实施伤人毁物等违法犯罪行为，多见于躁狂症。

2. 情感低落。这种人情绪抑郁，整日忧心忡忡，悲观失望，消极厌世，对外界任何刺激都缺乏激情，极易产生自杀念头，甚至发生扩大性自杀犯罪行为，多见于抑郁症。

3. 理性激情。这种人发生突然的、强烈的、短暂的、不能自制的情感爆发，并伴有一定程度的意识障碍，由此可能产生冲动甚至实施攻击性行为，多见于癫痫等器质性精神病。

4. 情感爆发。这种人在某种精神因素影响下，突然发生爆发性的情感异常，哭笑无常，叫骂无端，短暂强烈，由此可能产生攻击性行为，多见于癔病。

（四）意志行为障碍与违法犯罪

意志行为障碍，包括意志增强、意志行为过度、意志减弱、意志缺失和意志行为不协调等。意志行为障碍者，可能导致违法犯罪行为，常见的意志行为障碍主要有：

1. 意志增强。这种人的意志具有病态的顽固性，意志活动异常增多。意志增强者受妄想影响，不管遇到什么样的挫折和困难，总是顽固地坚持某种行为活动，如患有被害妄想的精神病人毫无根据地控告别人可以连续多年不断。意志增强可以由情感高涨或激惹状态引起，在幻觉和幻想的意识支配下可以出现，在某种化学物质的作用下也可以出现。在幻觉和妄想支配下的意志增强，其行为经常以冲动的方式表现出来，容易造成伤害，导致犯罪行为的产生。

2. 意志行为不协调。意志行为不协调是意志过程、认识过程或情感过程之间的不统一，以及对外界环境反应的失调，主要表现为强制性行为、矛盾意志行为和意向倒错的怪异行为等。其中，具有强制性行为的人，在强迫观念支配下，极易做出对社会或自己有害的事情，造成危害性后果，多见于精神分裂症和强迫性神经症。

（五）精神发育不全与违法犯罪

精神发育不全是指由于先天的遗传或后天的环境因素，导致大脑发育受阻，出现精神发育迟缓的一类疾病的总称，也称精神发育迟缓、智能发育不全或智力障碍、智能缺陷等。按照智力水平（即智力受影响的程度），可以将其划分为愚鲁、痴愚和白痴等。

精神发育不全表现的主要特点是：智能低下，缺乏正常的判断和推理能力，辨别是非能力和预见能力较差；适应能力欠缺，整个心理活动均有不同程度的障碍表现；性格怪异，情绪稳定性差，易受暗示，接受本能欲望支配强烈；加之自控能力差，容易冲动，从而实施违法犯罪行为。

同步练习

1. 什么是变态人格，其主要表现如何？
2. 常见的易于犯罪的变态人格的类型有哪些？

拓展阅读

邱某华的心理档案

2006 年 8 月 19 日晚，在安康数百名警察连续围捕近一个月之后，杀人案嫌疑人邱某华一身疲惫地潜回佛坪县大河坝乡五四村的家时，被在此足足蹲点了 22 天的 4 名警察当场擒获。

至此，这场牵动了无数人心的血腥大案终于落下帷幕。然而，包括警察在内的所有人都想揭开这样一个谜：这样一个年近五十岁的普通农民，究竟是为了什么而犯下如此令人恐怖的罪行？

邱某华的回答同样超出人们的意料。在看守所里，邱对警方说，他在一夜间残忍地连杀 10 人的理由，竟是铁瓦殿道观住持熊某某"摸了他媳妇一下"。

他开始说，杀人是因为看不惯道士们的"作风"，便学水浒里的好汉，"路见不平一声吼"。熊某某作为"一庙主管"，应该对此负责。

后来他又说，真正原因是熊某某"侮辱"了他的妻子。他承认自己没拿到证据，但他坚定地认为这是事实，所以把他杀了——他自己就是死一万次，也要将熊杀了。

他同样憎恨他"不要脸"的妻子，说打算回家把她也杀掉。但后来他又说，"没必要"杀妻子，因为毕竟是他儿子的母亲。

他还想杀他的"舅老倌"（妻兄或妻弟），他们把他"欺负得太狠了"。他说他应该先回老家把他们杀掉，再投河自尽或死在爸爸坟上。但后来又说，他想跑去找"婊子"，玩一个，杀一个。在记者面前说这番话时，他咬着牙齿，仿佛对这些人有着对熊某某一样的仇恨。

他坚称不后悔，只是认为对不起儿子，因为儿子是他亲生的。难道女儿不是亲生的？他说不想回答这个问题。

这个震惊全社会的特大凶杀案主角，自从被抓获后，一直以一种近乎荒诞的逻辑解释他的杀人动机。在他看来，这些不可思议的解释是那么的天经地义。

个 性

（7 月 16 日，据最早到达铁瓦殿现场的警察介绍，10 名受害人的致命伤大都在头部，系斧头类利器所伤，惨不忍睹。

案发后，警方迅速锁定了重大嫌疑人邱某华。邱某华迷信问卦，上山祭祖时多次与铁瓦殿管理人员发生冲突结怨。案发前，他曾扬言要报复，此情况获警方和邱妻的证实。）

邱某华的哥哥邱某富最近一次见邱某华，是 2006 年 3 月份。

邱某华是来借钱的，但邱某富最终只能拿出 50 元钱，邱兴华显然生了气，"一瓶啤酒没喝完就走了"。

尽管为一母同胞，邱某富与邱某华却性格迥异。前者被村民们形容为"老实厚道"，后者则是"华而不实"。

他们的家乡是陕西省石泉县后柳镇一心村何家梁，这是一处仅有 8 户人家的小村落。当年土改时，邱某富的父亲从外地来此落户，分到一间房。何家梁 8 户人家中有 5 户姓何，邱家是单门独户。邱某富 9 岁时父亲去世，母亲则自他记事起便有精神病——她经常会无缘无故地发脾气，自说自话地说上两三个小时，几乎天天如此。

"脾气大，不能惹"，是邱兴富对弟弟性格的基本概括。他第一次见识弟弟的"厉害"，大概是在邱某华 20 岁时的某天。当时已是上午 10 点多，邱某华还躺着睡觉。邱某富心里有气，就打了他一下，"没想到他恼火得很，抓起一把镢头就要打我"。

不过邱某富承认，大部分情况下，特别是在外人面前，邱某华很少发脾气，受到欺负时，尽管心里恼火，却一般不会外露。只有一次例外，那次，一位本村女子去他家，结果其哥找上门来，动手打邱某华，开始邱某华没有反抗，但当被打狠时，他爆发了。"我使劲搂住他的腰，怕闹出人命"邱某富说。

邱某华爱看小说，常把自己与曾受"胯下之辱"的韩信作比。他常说的一句话是：不怕 36 岁死（韩信卒年），就怕死后无名（在接受采访时，邱又重复了这句话）。

由于被认为"不务正业"，当地每每发生案件，邱某华总是容易成为怀疑对象。在邱某富记忆中，邱某华曾经坐过"4 次牢"（应为拘留）。最早一次是在 20 世纪 80 年代初，当时村里的广播线因为事故掉下来，被邱某华捡回了家，结果被派出所拘留 15 天。

此外，他还曾因为走私黄金、拐卖妇女、偷铁路设施等罪名三次被抓，但后来大多被证实并非他所为。所以，在汉阴县看守所，当被问及有无前科时，邱某华只提到因捡广播线被拘一事。

在邱某华眼里，这是他 47 年的漫长人生中，所犯下的惟一一桩案件。当然，本次连杀 10 人案除外。

曲折婚姻

虽然贫穷且"不务正业"，但邱兴华的婚姻却充满了曲折，并因其"靠法律武器"取胜而闹出了颇大声响。

在僻静的何家梁，自称谈过 11 次恋爱的邱某华，偏偏看上了何家的姑娘何某凤。这桩婚事理所当然地受到何家抵制。于是，两个年轻人选择了逃婚。

何某凤的父母只有两个女儿，没有儿子。在他们的恳求下，何家派出包括何某高、何某富在内的 4 人，最终将 2 人找到，"押回"何家梁。

回忆当年的情景，何冉富至今仍津津乐道，"我们把他先弄到派出所待了一晚，一通好揍"。巧合的是，当时的派出所所长尽管不属何家，却恰好也姓何。

何某凤则被锁在了何家。挨打后的邱某华并没罢休，他找人写好"状纸"，乘人不注意从何家窗户里塞进去，让何冉凤按上手印后，将未来的岳父告到法院。

最后，乡法庭与司法所介入，何家因"干涉婚姻自由"受到批评。何某凤被锁 9 天后被放出来，最终与邱某华结婚。

何某凤至今仍想不明白，当初为何就看上了邱某华。她慢慢回忆说，当时的邱某华头脑灵活，能说会道，曾吸引不少同村女子主动去其家里。

此事过后，有一位好事的村民将其概括为：四个姓何的没搞赢一个姓邱的。在汉阴县看守所，当本报记者对邱某华提及当年此事时，他的眼睛一下亮了起来，滔滔不绝地说个没完，仿佛是平生莫大的成就。

不过从此以后，尽管同住一个院子，两家互不再踏门槛。何家一直当没有何某凤这个女娃。

有一次，邱兴华不知何故得罪了何家，结果何家几个上门问罪，见邱某华"不老实"，何某高顺手将手边一只鸡抓过来，一刀将脑袋砍下——言下之意是，如果邱某华还不识趣，下场便如同这只鸡。之后，何某高又让吓呆了的何某凤将鸡烧好，给何家几个人吃。

这对邱某华而言无异于一场奇耻大辱，但他选择了忍耐。然而，在铁瓦殿犯案后，邱某华也曾杀过一只鸡，并蘸着鸡血在纸盒上写下："古先帝不淫乱违者杀圣不许将奸夫淫婆以……"

邱某华立志要生一个儿子。在生了两个女儿之后，他终于有了一个儿子，为此被罚款 5000 元。邱家没有钱，只能打欠条，一直到其 1998 年搬家，这笔罚款也没有交。

儿子是邱某华一生的希望，也是他被抓后最大的牵挂。"我希望他能好好读书，将来能够成器。"

六次搬家

计划生育罚款，以及无法相容于何家，最终促使邱某华决定搬家。1998 年腊月二十六，邱某华离开了生活了 39 年的何家梁，从此过上背井离乡的生活。

从离开何家梁至今，邱某华搬了 6 次家。原因各种各样，但结果却都一致：越搬越穷。何某凤承认，离开何家梁之后，孩子上学的学费几乎从未按时交齐过。

邱某华自己则说，频频搬家的原因，是因为所处的邻居不好。记者采访中发现，他的几个住处的邻居，都没有真正接纳邱家这个"外来户"。上次搬家时，上一个房东找上门来，讨他欠下的 60 元房租。他让邱某华保证某天之内还，并故意将声音提高，一向爱面子的邱非常恼火，但还是从别处借了钱，赶在限期之前还上了。

离开何家梁的邱某华从事过至少 10 个行业。其中惟一一个有着较稳定收入的是捕鱼。据何某凤介绍，他一天能捕 40 斤鱼，两天即可赚到 100 元钱。但是，由于需要交房租、买粮食，给三个孩子交学费和借读费，所以，仍无法保证这个家庭过上宽裕的生活。

捕鱼也好景不长，2002 年，汉江发了一场大水，没法下网了，只能另找出路。之后，他陆续从事过建筑、养蚕、修补等数个行业，但均没有很好的收益。

邱某华的窘迫令其哥邱某富印象深刻。去年腊月三十，邱某富提着 150 多元的东西去看望弟弟，结果发现到了晚上 11 点，弟媳妇还不做饭，最后还是他自己提出来说："我带来的东西，你们做熟不就行了"，何某凤这才动手。

从去年下半年开始，何某凤就开始感觉到邱某华有些古怪。他心神不定，坐立不安，经常无缘无故地发火，抱怨何某凤瞧不起他。

而就在去年下半年，邱某华承包的一处土方工程，因为事故赔偿了一名受伤工人 4000 块钱，导致这一年几乎没有收入，邱某华的情绪由此跌入谷底。他晚上经常一个人闷头抽烟，一坐就是一通宵。

邱某华的古怪也渐渐升级，他开始有了奇怪的想法：两个女儿不是他亲生的，因为她们走路的姿势与他不像。

一些微不足道的小事也会成为夫妻吵架的理由。通常是邱某华先动手，可当何某凤还手的时候，他往往又会逃。孩子们通常帮妈妈的忙，每次吵架，他们很少感觉父亲有理。吵完或打完后，邱兴华有时会反省，向家人道歉。然而他似乎无法控制自己，之后不久，同样的事情又会发生。

"爸爸变了"，大女儿英英（化名）说。

初上铁瓦殿

2006 年 6 月 18 日之前，铁瓦殿与邱某华没有任何关系。这个建在海拔 2000

多米山顶上的道观，从山下走上去至少要 4 个小时，曾让办案的公安人员和前来采访的记者吃尽苦头。

邱某华为何去铁瓦殿？在与记者 3 次接触之后，何某凤终于道出，丈夫邱兴华拉她上铁瓦殿的真正原因，是怀疑两个女儿不是他亲生的。

2006 年 4 月 24 日，外出打工 2 个月的邱兴华突然回到家，说找到一个高速路"挖坑"的好活，一个人干不了，让何冉凤跟他去干。何冉凤不想去，因为家中三个孩子还要她做饭，可是她知道，自己拗不过丈夫。

后来何某凤才知道，邱某华拉她外出的真正原因，是对家中的她不放心——何某凤发现，最近一年来，一度很自信的邱某华越来越喜欢"吃醋"。

活没干完，邱某华便提出，要去铁瓦殿给孩子求签。他有两个目的：一是看看儿子的运——三个孩子当中，只有儿子是他的命根子；更重要的是，他想让道士算算两个女儿到底是不是自己亲生的。

在此之前，邱某华曾对何某凤说，一旦挣到钱，就要去最好的医院做亲子鉴定。

6 月 18 日上山之前，夫妇俩买了大约 30 元的香火。但上山后发现，别人求签都是给现金的。他们没钱，就没给。道士给他们看签时并没说什么，可能明显感到他的不悦。

铁瓦殿的香火是近几年才旺起来的。在出事前，有关部门曾打算对铁瓦殿进行旅游开发，准备给道士们制作几件正式的道袍——据何某凤讲，她后来见到道观住持熊某某时，发现对方穿的是西装。

道士无法回答邱某华的第二个问题，只是建议这对夫妻和气相处，莫争吵。在山上待了 3 天后，邱氏夫妇下山了。

这一次，邱兴华与他的"仇人"——铁瓦殿的住持熊某某并未谋面。

二上铁瓦殿

在下山途中又发生了一件让邱某华耿耿于怀的事：他在下车时，被车门碰伤了胸口。他告诉何某凤，觉得心口疼，要到石泉县城去看病。

几天后，何某凤接到邱某华的电话，说碰到一个算卦的白胡子老头，老头说，铁瓦殿的两块石碑上刻着两个姓邱的人，那是他的先人，他得上去，将两块石碑挪到屋檐底下，这样运气才会好起来。

但是，在汉阴县看守所接受本报记者采访时，邱某华却对当初算卦一事并不承认，"那都是骗人的"，他含混地说。

6 月 25 日，邱氏夫妇二上铁瓦殿。果然在两块石碑上发现了两个邱姓——这并不奇怪，因为两块石碑上各写有数十个姓名。但他们却将其归为算卦老头的灵验，并且将石碑从院中挪到了屋檐下。

这个举动让道士们很是反感，邱某华与他们发生了争吵。据何某凤称，当时的冲突并不严重，她和邱某华妥协了，将石碑又挪回了院中。但她承认，就像以前碰到的一些事情一样，邱虽然屈服，但心里并不情愿，而是把这些都记在了心里。

邱某华对两个女儿的事仍然念念不忘。他让何某凤拉着铁瓦殿供着的真武祖师的道袍发誓，女儿是他亲生的，否则心就坏掉，眼就瞎掉。

他们决定让熊某某住持再给儿子看一次签。因为听殿上人说，"熊师"看签准得很。为得到这个机会，何某凤义务给殿里人做饭，而邱某华也为殿里做些劈柴之类的杂活。

6天后，熊某某才上了铁瓦殿，这也是其被杀之前，邱某华与他唯一一次会面。熊上山后，何某凤曾跟几位香客一起，去看了慕名已久的"熊师"一眼，她因此而被邱某华训斥。晚上，做饭的何某凤被熊某某喊去吃饭，一起吃饭的还有殿上其他几位工作人员。何某凤说，邱某华由于不见踪影，所以没被喊去吃。

据何某凤回忆，这天晚上，邱某华接连做了两件怪事。

按道观规矩，夫妻不能同住。因此在铁瓦殿的7天里，邱某华一直跟殿上几位工作人员睡在一起。而何某凤由于性别的原因，一人住邱某华隔壁一间。

晚上，邱氏夫妇跟另一个做饭的老婆婆在厨房烤火。邱某华突然提出，让何某凤去喊一下"熊师"，提醒他明天给儿子看签。何某凤拒绝了，因为熊已经休息，而且自己去喊也不方便。何某凤称，邱某华一共说了3次，最后1次，老婆婆有点不耐烦，说明天一早亲自去帮他喊。

邱某华安静了没一会，又提出，房间里住的木匠打呼噜，吵得睡不着。他要睡何某凤的房间，并且让老婆婆跟何某凤去住隔壁一间。

尽管不情愿，但何某凤不想再吵，也就答应。

半夜，邱某华突然起身敲何某凤的房门，问："外面是不是有什么东西在叫？"何冉凤清楚地听到邱兴华的这句话，但她不想理他，所以没吭声。老婆婆替她应道："没啥东西。"

事后回忆起来，何某凤不禁颇为后悔：如果自己当时应一声，或许就没有日后那起惊天血案。因为她猜测，邱某华其实并没听到什么动静，而是想探查一下她是否在里面。她没有应声，他便可能据此认为，她当时没在里面，而是跑到了住持熊某某的房间。

第二天一早，邱某华情绪大变，甚至一度不想再去看签，在何某凤的坚持下勉强看完签。下山路上，邱某华痛骂妻子"不要脸"，并用膝盖顶她的胸口。

两人下山后到了池河镇一李姓表弟家，晚饭的时候，邱某华开始扬言要杀人。李何二人对其分别进行劝阻——他们万没想到，邱某华几天后真的去杀了人。

回家之路

邱何二人在李家分手，何回老家——她一直想念在家没人做饭的孩子。而邱则称要回工地把"挖坑"的钱要回来。自那之后，一直到8月19日落网，邱兴华再没回过位于佛坪县大河坝乡的家。

邱某华没回工地，而是去了老家何家梁。从搬离之后整整8年时间，他没有回过家乡。

7月9日，满脸胡子的邱兴华出现在一心村。先去看了岳父岳母，然后到几个邻居家串门，还在父母的坟上把草除掉。在几位邻居家，他明显表示出对对方"过好了"的羡慕，而邻居也无一例外地看出他的落魄。一位邻居劝他把胡子刮刮，结果让他很不高兴。

村民阮某某发现了邱某华的怪异，因为他看到邱兴华在脸盆里放了两块石头，"你放石头做啥？"阮问，"不是石头，是螃蟹。"邱兴华说。

村民何某高看到邱某华胸口被车门撞伤的伤痕，便问邱某华是不是有啥事。邱某华瞪大了眼睛问："怎么，你会算命？"——他显然以为何某高猜中了他的心事。何某高摇头否认。

在邱某华作案后打算继续杀的几个"仇人"当中，何某高是其中之一。

另一个"仇人"是何某富。在接受本报记者采访时，邱某华尚未被抓住。何某富说，邱某华根本打不过他，当年他曾追了一里路把邱某华追上，一把把他推倒。

7月12日，邱某华去探望一个外村的朋友，对方一周前刚捡来一条花皮狗。邱对朋友说："这是你和它的缘分，得好好待它。"又说："如果你不想养，就给我养吧。"

他牵着那条狗回了老家，次日天还没亮，邱某华便不辞而别，走时敞着门。

事后证实，邱某华离开后，即牵着那条花皮狗上了铁瓦殿。邱某华作案后，曾牵着那条狗逃亡，但狗后来不想走了，他便把它放掉了。

7月15日凌晨两点，他用斧头和弯刀残忍地杀死了熟睡中的10名道士和香客。那个应了邱某华一声的老婆婆，也在那起惨案中丧生。他从道士身上找到700多元钱，但没有动香客身上的手机和现金。

邱某华说，作案之后，他即向大河坝赶，想最后看一眼儿子。他知道警察在抓他，为此白天睡觉，晚上爬山，饿了吃野果和苞谷，期间曾经迷路走错方向。到家后，他仍然保持着较好的体力。他究竟是如何逃出数百名警察设有3道封锁线的包围圈的，仍令人费解。

对不起邓老师

邱某华结交甚广，曾认下多门干亲戚，并大都从他们那借过钱。不过，邱某华对本报记者称，自己没有一个真正的朋友。

他说自己只有一个好老师邓某凤。"我从小没有母爱，感觉她就像我的母亲。"他至今还记得，由于自己家穷，邓老师曾买了本本和铅笔送给他。

从二年级到四年级，邓某凤曾教过邱某华3年。在她印象中，小时的邱某华"老实，一点也不坏"，不过经常穿一双草鞋。她也还记得，邱某华每当家里能吃上米饭（当时条件艰苦，平常只吃粗粮，米饭很难吃到）时，总不忘将她喊过去一起吃。"我一直想不通，他怎么走上了这么一条路。"邓某凤说。

大概五六年前，邱某华刚刚搬家时，曾经到邓某凤处借了300块钱，用来给孩子交学费，这笔钱至今未还。但邱某华仍然清楚记得，并为此感到愧疚。何某凤对记者证实了此事，说邱某华曾多次对她讲，等将来挣到钱，一定要买点东西去看邓老师，把钱还上。

邱某华说，自己在逃亡途中，想起邓老师的时候哭了。"我觉得对不起她。"

但如今的邓某凤已不记得自己对这个孩子有什么特别优待。"我只不过将他跟其他孩子一样看待而已。"

采访时，邓老师的丈夫正在看当天的一份报纸，那天有4个版登的是邱某华，上面除了他，还有何某凤及3个孩子的照片。[1]

---

〔1〕 整理自柴会群："南方周末：陕西杀人疑犯邱某华的心理档案"，载 http：//news. sina. com. cn/c/l/2006 - 08 - 24/102510815358. shtml，2016 年 12 月 19 日访问。

模块六　对策论

刑事诉讼过程中的心理与对策

　　了解并掌握犯罪人在侦查过程中的心理特征及对策；了解并掌握犯罪心理痕迹的概念、特点及犯罪心理痕迹分析的途径；简要了解犯罪侦察的心理学应用技术；了解犯罪嫌疑人在审讯期间的心理；了解并掌握犯罪嫌疑人在审讯中的心理变化与对策。

炸弹狂徒

　　1940 年 11 月在爱迪生公司的一个窗台上，工作人员发现一个自制炸弹。炸弹上还有一张纸条，上面用漂亮的字迹写着："联合爱迪生的罪犯们，这是给你们的礼物！"这是此后一系列爆炸案的开始。在 1941 年和 1946 年，16 封相同的信，在一些报社、旅店和店铺等部门出现。在 1951 年和 1952 年之间，4 颗以上的炸弹爆炸了，这个疯狂的投弹手已经到了明目张胆的地步。1953 年，又有 4 颗炸弹爆炸了。第 2 年，爆炸事件一直不断，其中包括电影院的椅子里埋放的爆炸材料爆炸，炸伤 4 人。1955 年，又发现 4 枚炸弹，其中 2 枚没有爆炸，这 2 枚炸弹被发现安装在电影院的座位上。投弹手的恐吓信变得长了，而且更加的刻薄。上面写着"要使用 54 枚炸弹——打 4 次恐吓电话——这些炸弹一直炸下去，直到爱迪生受到审判"。1956 年 12 月 12 日，又一颗炸弹爆炸了，这也是最有杀伤力的一颗炸弹。它炸飞了布鲁克林地区一家剧院的整个座位，炸伤了 6 个人。也些爆炸的破坏性变得越来越大，这似乎昭示着"炸弹狂徒"正在变得越来越愤怒。于是大规模地抓捕这位炸弹狂徒的行动展开了。纽约市警察局聘请了精神病理学家、心理学家詹姆斯·A. 布鲁塞尔教授为罪犯进行心理画像。最后根据詹姆斯·A. 布鲁塞尔教授的心理描绘，警方成功锁定炸弹狂徒并将之绳之以法（详见本章拓展阅读）。

想一想：什么是犯罪心理描绘技术？它的适用范围与条件有哪些？

犯罪人一旦实施了危害社会的行为，就应当受到刑罚处罚，因而必然要经历刑事诉讼程序。刑事诉讼工作艰巨繁杂，刑事诉讼活动中的心理现象也错综复杂。本章主要介绍刑事诉讼过程中，犯罪嫌疑人在侦查、审讯阶段的心理特征及侦查、审讯人员应采取的心理对策。

第一节　侦查心理与对策

侦查是指人民公安机关、人民检察机关，为揭露和证实犯罪，查获犯罪嫌疑人，依照法律进行的专门性的调查活动。这种活动是围绕着特定的犯罪案件和侦查对象而展开的，它以确定犯罪案件的性质，认定嫌疑人为目的。由于侦查活动的这种性质，犯罪人在侦查过程中的心理表现极为强烈。了解侦查活动中犯罪人的心理特点，有利于加深侦查人员对于犯罪心理的认识，提高案件侦破工作的效率。

一、犯罪人在侦查过程中的心理特征及对策

（一）犯罪人在侦查阶段的心理表现

侦查活动的目的与犯罪人逃避刑罚惩处的目的是相对立的。侦查人员的工作目标是揭露犯罪事实，而犯罪人在侦查阶段的主要目标是想方设法掩盖犯罪事实。然而犯罪事实是客观存在的，随着侦查活动的全面展开，犯罪证据的掌握和犯罪事实的逐渐清晰，犯罪人的心理压力也渐趋增强，心理表现强烈、复杂，行为表现明显。具体表现为：

1. 情绪紧张波动。犯罪人从实施犯罪的那一刻起便知道一旦犯罪行为暴露，个人将受到法律的严惩。因此，随着侦查活动的逐渐深入，犯罪人自感已成为侦查对象，他们害怕罪行败露，担心受到法律的制裁，所以，心理活动十分复杂，情绪异常紧张，波动起伏。具体表现为：①情绪惊恐不安。犯罪人对外界的认知十分敏感，稍有"风吹草动"，便会紧张慌乱。他们"做贼心虚"，随着侦查活动的展开，时时疑神疑鬼，多方打听信息，揣摸侦查人员和侦查活动的进展情况，而由此导致的异常更会引起人们的猜疑，这便进一步促使犯罪人内心焦虑、烦躁，情绪波动不已，有时甚至会达到"草木皆兵"，惶惶不可终日的

境地。②情绪随时随境而起伏波动。犯罪人的情绪会随着侦查工作的进展，以及其反侦查手段的施展而随时起伏。当他们感到自己的犯罪手段高超，反侦查活动得逞，可以"逍遥法外"时，便会感到得意、兴奋；当他们感到反侦查伎俩被识破，罪行即将败露，"大势已去"，罪责难逃时，就会紧张恐惧；当他们自感即将面对的法律制裁给个人、家庭带来的灾难性后果时，又会悲观、沮丧，甚至自罪、自责、内疚、易冲动、易激惹，人际交往失调。有时在极度紧张恐惧的情绪支配下，犯罪人往往会做出进一步的反应，或进一步犯罪（如杀人灭口，销毁罪证），或负案潜逃，或投案自首，或因压力过大而自杀等。

2. 心理冲突激烈。在侦查过程中，犯罪人趋利避害心理突出，他们时时处处都在权衡利弊，内心矛盾重重，冲突十分激烈。他们密切关注侦查工作的进展情况，在侦查的不同阶段，都会绞尽脑汁，反复考量，企图找到掩盖犯罪事实，逃避处罚和打击的最佳出路。具体表现为：侦查初期，犯罪事实尚不明晰，出于侥幸心理，他们可能负隅顽抗；侦查后期，犯罪事实基本清楚，他们就要考虑是继续制造混乱，干扰侦查，还是投案自首，争取主动，抑或是负罪潜逃，暂时躲避。总之，犯罪人总是力争侥幸过关，最大限度地保护自己，逃避惩罚。

3. 行为反常。侦查活动中，犯罪人的心理与行为相互矛盾，行为违反正常的活动规律，表现出与其一贯的行为截然不同的行为特征，这是犯罪人在侦查期间常见的掩饰性行为。行为失常是犯罪人惧怕法律制裁，心理失常的具体反映。犯罪人失常的行为表现，有的是故意装出来的，有的是无意中流露出来的，主要表现为：①个性表现反常。犯罪人为了掩盖罪行，刻意改变个性，以博取他人的同情与好感。例如，有的犯罪人平时沉默寡言，对人冷淡，犯罪后，突然变得对人热情，滔滔不绝；有的犯罪人平时好逸恶劳，游手好闲，犯罪后，突然变得勤劳肯干，安分守己。②态度反常。犯罪人过分关注案情，主动参与侦查，积极提供各种线索等。③行为举止反常。有的犯罪人"做贼心虚"，敏感多疑，在侦查期间为了掩饰自己，常常行为举止极不自然，失去常态，有的人还会出现夸张怪异的举止。例如，犯罪人有的言语支支吾吾，前言不搭后语；有的自言自语，无端表白；有的表情尴尬，着装怪异，举止让人费解等。④极力回避实质性问题。在趋利避害心理的支配下，犯罪人在面对与案情有关的问题时，总是力图回避，或避重就轻，或全盘否定，或极力编造谎言。这种极力的伪装，结果却可能适得其反，欲盖弥彰，恰恰暴露了犯罪人不自然的心态，也为侦查人员了解其心理与行为的矛盾和侦查活动的展开提供了帮助。

（二）犯罪人的反侦查心理特征

侦查过程是侦查人员与犯罪人围绕案情展开的针锋相对的心理较量过程。侦查人员要千方百计地查明犯罪事实，寻找犯罪线索和证据，弄清犯罪真相。

而犯罪人出于心理防卫反应则会设置重重障碍，混淆视听，干扰侦查，想方设法地掩盖犯罪事实，逃避惩处。双方的这种心理交锋、较量常常会贯穿于整个侦查过程中，没有哪个犯罪人会心甘情愿地束手就擒。在侦查期间，他们会有针对性地施展一些反侦查手段，企图阻挠、干扰侦查活动的进行，具体表现为：

1. 伪装犯罪动机。犯罪动机是引起和推动犯罪人实施犯罪行为的内部动因。侦查工作开始后，侦查人员首先就要分析犯罪人的犯罪动机以确定案件性质和侦查方向。犯罪人为了干扰破案进程，往往会处心积虑地伪装犯罪动机，其方法通常有两种：①把不存在的犯罪动机伪装成某种犯罪动机。如犯罪人本来是在与人斗殴的过程中因行为不当而自伤，却伪装成因受到威胁与对方殊死搏斗而负伤。②把某个犯罪动机伪装成另外的犯罪动机。如明明是故意杀人，却将其伪装成过失杀人；明明是谋财害命，却伪装成奸情杀人；等等。

2. 伪造不在现场的假象。确定作案时间是排查犯罪人的重要途径。因此，犯罪人往往在作案时间上大做文章：①精心设计作案时间，利用时间差，使自己作案后迅速出现在一些不知情人的视线中，企图制造自己不在现场的假象；②作案后寻找他人或同伙作伪证，以证实自己没有时间作案。

3. 破坏和伪造犯罪现场。犯罪现场是犯罪人的作案地点。现场遗留下的同犯罪有关的一切痕迹，都是侦查人员获得犯罪线索的重要信息源。犯罪人，尤其是有经验的犯罪人，从侦查开始就会竭尽全力对犯罪现场进行伪装、破坏，常用的手法有三种：①破坏、清理现场，以清除毁灭犯罪的痕迹。例如，清除足迹、血迹及随身遗留物等。②伪装犯罪现场，以扰乱侦查思路。例如，将他杀现场伪装成自杀或意外事件。③转移犯罪现场。多见于杀人犯罪中的移尸、弃尸等情况。

4. 转移毁灭罪证。在侦查阶段，收集证据是查清案情的重要途径，犯罪人也深知这一点。转移或毁灭证据是犯罪人反侦查的重要手段，常用的手法有：①转移罪证。如将犯罪工具、赃物转移到自认为安全的地点隐藏。②遗弃、毁灭或销毁罪证。③掩埋、藏匿罪证。④嫁祸于人。总之，造成种种假象，来扰乱侦查视线。

5. 伪装言语行为特征。体形上的伪装在抢劫、强奸、报复、盗窃等犯罪中较为常见。伪装的手段与方法有：①伪装体貌特征。例如，女扮男装、男扮女装、化妆、蒙面或戴假面具作案等。②伪装方言特征。例如，改变语言习惯。③伪装行为习惯。如伪装成左撇子、跛脚进行作案等。

6. 伪装积极。有的犯罪人为了探听侦破情况，案发后即一反常态，伪装积极。"积极"参与破案，借机接近办案人员，企图骗取他们的信任。其目的，一方面，通过为侦查人员提供某些线索，误导侦查的进行；另一方面，可以随时了解案情的进展情况，以便做出及时应对。

7. 收买证人、串供、谎供。有的犯罪人案发后意识到自己所处的危险，为了掩盖犯罪事实，不惜以重金收买证人甚至受害人，让他们作伪证甚至拒绝作证；有的犯罪人还会与同伙串通，订立攻守同盟，统一口径，提供伪证；有的犯罪嫌疑人在受到盘查讯问时，编造谎言，提供假情况，企图扰乱侦查思路，蒙混过关。

（三）侦查中的心理策略

侦查过程是侦查人员与犯罪人之间侦查与反侦查的心理互动、斗智斗勇的过程。除了要求侦查人员本身必须具备高度的责任感、良好的思维品质、顽强的意志力以及敏锐的洞察与质疑能力等心理品质外，在侦查活动中，侦查人员还应根据犯罪人心理活动的特点，有效地运用一定的心理策略和方法，来提高侦查活动的质量和效率。

1. 加强心理攻势，促使犯罪人自我暴露。随着侦查活动的开展，与侦查活动相关的群众舆论、环境氛围、情境刺激、言语信息等客观刺激因素，均会对犯罪人构成一定的威胁，造成一定的心理压力。侦查人员可以通过加强心理攻势，增加心理压力，促使犯罪人心理失去以往自然的平衡状态，表现出异常的行为反应，从而暴露自我。加强心理攻势的做法多种多样，通常可分为情境刺激和语言刺激两类。情境刺激是指在犯罪人生活的环境中有针对性地营造一种强大的压力氛围，使其产生巨大的精神压力而促使其行为表现失常，如侦查人员可大造声势，发动群众提供线索，对某些重点嫌疑人，逐一排查等。语言刺激是指侦查人员在调查案情的过程中，运用适当的语言刺激，虚实相济，旁敲侧击，促使犯罪嫌疑人心理冲突加剧，从而造成犯罪人心虚恐慌，行为失常而自我暴露。

2. 欲擒故纵，明松暗紧。欲擒故纵、明松暗紧是一种麻痹犯罪人，减轻心理压力，让其自我暴露的方法。这种策略适用于犯罪人按兵不动，行为谨慎，线索甚少，久侦不破的疑难案件。这类案件的犯罪人作案后，因害怕罪行败露，内心十分紧张，行为小心谨慎，很难搜集到确凿的证据。针对这种情况，侦查人员可采取暂时撤回侦查力量，撤销强制措施等表面放松，暗中加强监控的方法，使犯罪人打破戒备心理，麻痹大意，甚至得意忘形，行动张狂。使用这一策略，可以使犯罪人错误地以为危险已过，从而放松警惕，自我暴露。如当某些犯罪人认为"风头"已过，可以自身无忧时，便会迫不及待地出来销赃、挥霍或转移罪证，甚至再次进行犯罪活动，侦查人员便可因此及时查获赃物和罪证。

3. 利用矛盾，分化瓦解。利用矛盾、分化瓦解的方法适用于共同犯罪、团伙犯罪。在此类案件中，犯罪成员虽有共同的利害关系，犯罪之初，也约定攻守同盟，但其心理并非完全一致。侦查人员要认真了解，研究其各自的经历、处境及心理特点，利用他们各自不同的个性特点和相互之间的矛盾，采用诸如诱导、感化、激将、离间等方法，攻破其心理防线，分化瓦解，打破其攻守同盟，以达到各个击破，最终查明犯罪真相的目的。

4. 政策攻心，促其投案自首。犯罪人在作案后的心理十分复杂，既有作案成功的兴奋、侥幸心理，又有惧怕罪行暴露受到惩罚的恐惧心理，还有心理压力加剧时产生的后悔、畏罪心理。侦查人员在侦查活动中，要深切了解犯罪人这一复杂的心理活动特点，善于根据各种情况和利用各种渠道，有针对性地做好法律与政策的宣传工作，晓以利害，使犯罪人认识到犯罪的危害性、法律的严肃性，促成其心理的良性转化，从而投案自首。

二、犯罪现场的心理痕迹分析

犯罪人遗留在犯罪现场的痕迹有两种：一种是可以通过各种手段或仪器观察到的物质痕迹；另一种是观察不到的、抽象的非物质痕迹，即心理痕迹。犯罪现场，这两种痕迹相互印证。在提取物质痕迹的基础上同时分析心理痕迹，可以使现场的勘查判断更加清晰、准确。

（一）心理痕迹的概念

心理痕迹是指犯罪人通过犯罪行为和犯罪结果表现出来的某些稳定的典型的心理特征。

心理痕迹分析是指通过分析犯罪现场的心理痕迹来判断犯罪人、犯罪过程及犯罪有关事实的相互关系，从而为侦查工作提供心理依据的思维活动过程。

（二）心理痕迹的特点

1. 心理痕迹的客观性。心理痕迹的客观性是指犯罪人的心理总是通过犯罪现场的物质痕迹客观地表现出来的。因为犯罪行为受其犯罪心理活动的支配，有什么样的犯罪心理就会产生什么样的犯罪行为。犯罪行为必然破坏和改变客观物质形态，在犯罪现场留下物质痕迹，这些痕迹是以物质化、客观化的东西表现出来的。而这些物质痕迹中必然会反映犯罪人作案时的心理特点，这也表明了对犯罪人进行心理痕迹分析不能脱离现场条件而主观臆造。心理痕迹是客观的，因此也是可知的。例如，通过对杀人现场遗留痕迹的勘查，侦查人员可以推知犯罪人的犯罪动机，是情杀、奸杀，还是财杀等。

2. 心理痕迹的抽象性。心理痕迹的抽象性是指心理痕迹是以观念的形态存在的。不同于可以直接观察、提取、检验的物质痕迹，心理痕迹是看不见、摸不着的，必须对大量的材料进行分析，才能抽象地得出。

3. 心理痕迹的间接性。心理痕迹的间接性是指犯罪心理痕迹是通过物质痕迹表现出来的。心理痕迹不可能直接呈现在人们的面前，而是通过犯罪的手段、形式、现场遗留物的位置、物证特征等间接地表现出来。

4. 心理痕迹的印证性。心理痕迹的印证性是指心理痕迹与物质痕迹之间可以互相印证、补充。一般而言，犯罪人存在怎样的犯罪心理就会出现怎样的物质痕迹；同时犯罪现场遗留下怎样的物质痕迹，也会折射出与之相应的心理痕迹。侦查人员可以通过分析物质痕迹来分析犯罪过程，从而逆向回溯出犯罪人的心理痕迹。

（三）现场心理痕迹分析

现场心理痕迹分析是一项细致、缜密的思维活动，必须以心理学的理论为依据，结合犯罪现场的各种物质痕迹来科学地分析犯罪人的心理状态、个性特点、行为习惯、年龄、性别、职业、犯罪经历和精神状况等，从而对犯罪人的心理面貌形成一个相对准确的判断与描述，为最终识别犯罪人提供依据。现场心理痕迹分析可以从以下几方面进行：

1. 从犯罪现场遗留物品分析心理痕迹。犯罪现场的遗留物包括有意遗留物和无意遗留物。现场有意遗留物是为了转移、干扰侦查视线，犯罪人在犯罪过程中故意遗留的物品，是犯罪人反侦查心理的反映；现场无意遗留物是犯罪人在犯罪过程中不知不觉遗留的物品，无意遗留物的种类、地点、范围、位置等所显露出来的心理痕迹恰恰是犯罪人实施犯罪行为时心理活动和个性特征的反映。例如，现场遗留物较多，往往体现了犯罪人作案时紧张、慌乱的心理痕迹；而现场遗留物较少，作案现场处理干净利落，则反映出犯罪人沉着、冷静的心理痕迹。

2. 从犯罪现场遗留物品的数量、种类分析心理痕迹。犯罪现场遗留物品在一定程度上，反映出犯罪人的犯罪动机、目的、兴趣，以及某种特殊嗜好。例如，犯罪人入室盗窃时只偷走了现金，而家中金银首饰等贵重物品一件未动，反映出犯罪人急于用钱的心理。犯罪现场遗留物显示出的矛盾痕迹可以分辨出犯罪人的伪装心理，如被害人的随身财物被窃而家中财物未动，反映出行为人犯罪的目的不在于钱财而在于杀人。犯罪人作案时将某种不值钱的物品顺手带走，表明了犯罪人的某种嗜好。

3. 从犯罪工具和犯罪方式来分析心理痕迹。犯罪工具和犯罪方式，体现了犯罪人的犯罪经验、犯罪能力、犯罪熟练程度和犯罪的某些专业化特点。如累犯、惯犯工具使用恰当，犯罪方法巧妙，反映出犯罪人心理准备充分，情绪稳定，技能娴熟。一些特殊类型的犯罪，如在入室盗窃、机动车盗窃、保险箱（柜）盗窃犯罪中，其开门、撬锁的技术，反映了犯罪人特定的犯罪技能和某些职业特征。

4. 从犯罪现场痕迹来分析心理痕迹。犯罪现场痕迹包括指纹、足迹，物品损坏、移动痕迹，工具痕迹，车辆痕迹和枪弹痕迹等。这些现场痕迹，反映了犯罪人犯罪时的情绪状态、犯罪经验、行为习惯和个性特征等方面的心理痕迹。如犯罪现场零乱、破坏大，一般是新手作案（但也不排除惯犯伪装现场的可能）。犯罪现场留下的痕迹合理、巧妙，反映出犯罪人的预谋性和情绪稳定的心理痕迹。

三、侦查中的心理学技术应用

（一）心理描绘技术

1. 心理描绘技术的概念。心理描绘技术，又称心理画像，是指运用心理学、社会学、犯罪学和精神医学等学科的知识，对犯罪人进行犯罪心理痕迹的透视、剖析的一项专门性侦查技术。它的作用是通过对犯罪现场物质痕迹的掌握与分析，推测犯罪人特定的人格与行为特征（如性别、年龄、种族、职业、学历、家庭环境状况、社会环境状况以及人际关系、个人生活习惯、生活方式等），以缩小侦查范围，加速侦查活动的进程，提高破案的效率。近年来，这项技术在犯罪侦查实际工作中得到了越来越多的运用。

心理描绘并非今天才有，早在第二次世界大战期间，美国就曾指派精神医学专家对希特勒进行心理画像。20世纪70年代以后，这项技术得到进一步研究与发展。目前这项技术已成功地运用在系列杀人、纵火犯罪及性犯罪等大案、要案的侦查过程中，并为案件的侦破提供了许多有用的资料。

2. 心理描绘的条件。心理描绘不能靠主观臆断或凭空想象，正确的心理描绘，必须具备以下条件：

（1）犯罪现场迹象的提取。犯罪现场的迹象包括犯罪人在犯罪现场的遗留物和犯罪现场遗留的各种痕迹。侦查人员必须亲赴犯罪现场，仔细提取犯罪现场遗留的各种迹象，从而奠定好对犯罪人进行心理描绘的基础，从不同角度来搜寻各种有价值的线索。

（2）犯罪侦查。犯罪侦查是侦查人员对犯罪资料搜集、整理的过程，包括犯罪的时间、地点、案发时的天气状况、当地状况、社会环境、作案手段、工具、被害人受伤情况或尸体的位置等。侦查所得的第一手资料越周密、越详实，心理描绘工作的准确性就越高。

（3）法医检验报告。法医要为心理描绘人员提供对被害人或尸体的全面系统的检验报告，包括身高、体重、血型、年龄、死亡时间、死因、凶器种类、创伤次数、伤口深度、身体残缺部位等方面的资料，以供心理描绘人员做出准确判断。

（4）被害人最后的活动情况。在侦查过程中，侦查人员要特别注意被害人被害前最后的活动情况，包括工作地点、活动路线、社交状况、人际关系、居住地、犯罪现场的位置等。掌握这些信息，可以为心理描绘提供更多有价值的线索，提高破案的概率。

（5）知情人、目击者的描绘。通过知情人和目击者对犯罪人的基本情况和犯罪经过的描述，可以比较准确地提供犯罪人和犯罪经过的材料。

（6）人口组成信息。在心理描绘过程中，了解人口组成的基本信息非常重要，主要包括邻居的人口组成、社会地位、经济状况等，这些资料有助于对犯罪人及犯罪的类型和犯罪的方法做出准确的描绘。

（7）被害人描绘。此即对被害人的有关情况提供较完整的资料。犯罪过程中存在着犯罪人和被害人的心理与行为的互动，有关被害人的资料对心理描绘是必不可少的，主要包括被害人的外貌特征、家庭状况、受教育状况、职业状况、人格特质、有无犯罪记录、与家人的关系、嗜好及生活方式、品行操守和相关的通信记录等。

3. 心理描绘技术的适用范围。并非所有的犯罪案件都要进行心理描绘，也不是只要是暴力谋杀案均可适用。通常，心理描绘技术主要运用于性质严重、影响极坏的重大恶性案件中未知犯罪嫌疑人或犯罪人矢口否认自己的犯罪行为，而且其犯罪过程中显现出精神病态的犯罪案件。

美国 FBI 的心理描绘专家认为，适合进行心理描绘犯罪类型主要包括以下几种形态：①性凌虐的犯罪；②取出内脏的凶杀案件；③乱砍与肢解被害人的犯罪；④无合理动机的纵火犯罪；⑤连续杀人；⑥强奸犯罪；⑦其他性质严重的犯罪。[1]

（二）犯罪心理测试技术

1. 犯罪心理测试技术的概念。犯罪心理测试技术是指由专业测试人员，以一定的题目，向被测试人提问，并运用心理测试仪器记录其生理反应，以此测试犯罪嫌疑人、知情人或无辜者与案件相关程度的心理鉴定技术。

心理测试仪，英文名称是 Polygraph，直译是多道生理心理描记器或多参数心理生理记录仪。由于通过仪器的测试，很大程度上能够判断被试人是否说谎，故俗称"测谎仪"。心理测试仪是犯罪心理测试技术中一个组成部分，它以皮肤电阻、呼吸波、脉搏波（血压）等三项指标作为测量心理变化的基本指标。其中，皮肤电阻是反映人的交感神经兴奋性的最有效、最敏感的生理参数；呼吸波是通过深呼吸、屏气、呼吸节律加快或变慢等反映人心理变化的重要生理指标之一；脉搏波反映了人的情绪和心理在紧张状态下所引起的心血管活动发生

---

〔1〕　杨士隆：《犯罪心理学》，教育科学出版社 2002 年版，第 291 页。

的相应变化。

犯罪心理测试技术起源并最早运用于西方，经过近百年的发展，技术不断完善，应用十分广泛。其中在刑事侦查中应用最早、最多、效果也比较明显。我国从 20 世纪末开始研制并应用这项技术，经过多年的发展，技术渐趋完善，在协助调查、侦查、审判部门鉴别、区分嫌疑人、知情人和无辜者，并为之提供科学的依据方面起到了重要作用。

2. 犯罪心理测试技术的应用程序。目前，在中国，一个完整的犯罪心理测试技术过程包括以下六个阶段[1]：

（1）犯罪心理痕迹动态描绘阶段。根据前期侦查工作中案情及现场物证掌握的情况，对其心理痕迹进行动态分析、描绘，再现犯罪过程，重建犯罪现场。

（2）编题阶段。根据犯罪心理描绘的结果，选择与犯罪有关的人、事、物等作为目标点编制题目。测试题一般分为准绳问题、中性问题、主题问题、题外问题。准绳问题，又叫控制问题，是明知被测人会说谎或很有可能说谎的问题，常用来测定被测人的心理压力，它是犯罪心理测试的关键和难点；中性问题，又叫正常问题，一般是与案情无关的、已知的、不需隐瞒的问题，主要测试被测人在测试过程中的正常反应；主题问题，又叫相关问题，是明确涉及案情的问题，是测试的核心与要害问题；题外问题是测查主题问题外的问题，它可以用来发现被测人是否还有更为严重的问题。

（3）测前访谈阶段。其主要目的是通过谈话了解被测人的身体和智能状况，通过谈话让被测人了解测试要求及过程，取得被测人的信任，或给予其一定的心理刺激。测前访谈后，要征得被测人的同意，要求其签署同意进行测试的书面材料，否则不能进行测试。

（4）实测阶段。心理测试应在专用房间进行，要求颜色舒适、光线柔和、环境安静。实测时要求两人配合，一人提问，另一人操作计算机。提问要求意思清楚，不能带任何倾向性，也不能作任何暗示，同时要注意观察被测人在整个测试过程中的反应。

（5）图谱评判阶段。目前的犯罪心理测试仪采用皮肤电、呼吸和脉搏三项指标。在提问的同时，计算机屏幕上同步显示，形成测试图谱。专业测试人员根据测后打印出的图谱进行评断，以鉴别、区分知情人与犯罪嫌疑人。

（6）测后讯问阶段。通过测后评图认定知情人或犯罪嫌疑人后，应充分运用测试结果，并结合其他证据材料，抓紧时间进行测后讯问，以取得良好侦讯效果。

---

〔1〕 刘邦惠主编：《犯罪心理学》，科学出版社 2004 年版，第 313～315 页。

犯罪心理测试技术从出现之日起就褒贬不一，它不是惟一的手段，但在实际侦查活动中却已逐渐被人们应用，且成为侦查活动的重要辅助工具。犯罪心理测试技术要求较高，必须由受过专业训练，具有职业道德的人员谨慎地进行，以免产生错误的结果。只有这样，才能发挥它应有的作用，提高侦破工作的效率。

第二节　犯罪嫌疑人在审讯过程中的心理与对策

审讯是指审讯人员为揭露案件真相，证实犯罪和查明犯罪人，对犯罪嫌疑人依法进行的讯问活动。在审讯阶段，审讯人员与犯罪嫌疑人进行着直接的、面对面的心理交锋，二者存在着截然不同的心理状态。侦查讯问人员要通过审问，了解犯罪情节，弄清犯罪事实，查明犯罪动机、目的和手段，以便为证实或否定犯罪提供材料。犯罪嫌疑人深知审讯的结果将直接关系到自己的命运，因此，在审讯中他们必然会百般狡辩抵赖，对抗审讯。为了使审讯工作顺利、准确、成功地完成，审讯人员不仅要具备特殊的语言技巧和完备的审讯能力，同时还必须了解犯罪嫌疑人的心理特点和活动规律，并依据其心理特点采取适当的策略，以实现审讯的目的。

一、犯罪嫌疑人在审讯中的心理特点

审讯阶段大多数犯罪嫌疑人都被采取了强制措施，其犯罪行为也有了一定程度的败露。从一个自由的人到被拘留、逮捕，成为一个不自由的人；从逍遥法外到犯罪事实已被部分或全部掌握，即将面临法律的制裁。这些都会对犯罪嫌疑人的心理产生巨大的影响，使其表现出独特的心理特点。

（一）畏罪心理

畏罪心理是犯罪嫌疑人因惧怕罪行被揭露，受到法律惩罚而产生的一种心理状态。它是由犯罪人的罪责感、法律威慑力以及审讯的环境气氛对犯罪人的刺激等共同作用而形成的，主要原因是：①由于受法律威慑力量的影响而产生畏罪心理。犯罪嫌疑人害怕受到法律制裁，担心自己的名誉、地位和前途等受到损害，害怕牵连家人、亲友等，在这些担心和恐惧之中，必然形成畏罪心理。②犯罪嫌疑人的罪责感也会对畏罪心理的形成产生一定的影响。犯罪人实施犯罪行为前后，总是存在一定的罪责感。一旦这种罪责感被唤醒，便会形成一定的心理压力，使犯罪人产生内疚、痛苦等情绪。但是如果罪责感强度过大，犯罪嫌疑人意识到即将面临法律的严厉制裁，往往会产生悲观绝望的情绪，出于趋利避害的考虑，他们不可避免地会产生强烈的畏罪心理。③紧张、严肃的审讯氛围，会使犯罪嫌疑人产生一定的心理压力，犯罪人预感到罪行即将暴露，

害怕受到制裁，出于自我保护的本能，也会形成畏罪心理。

总之，畏罪心理是犯罪嫌疑人在审讯期间普遍存在的心理障碍。具有这种心理的犯罪嫌疑人对讯问采取了消极的心理防御机制。常常会想方设法地隐瞒犯罪事实的真相，千方百计地开脱罪责，企图蒙混过关。在审讯过程中，犯罪嫌疑人畏罪心理主要表现为：①对犯罪的态度上，或否认罪行，态度强硬，拒不供述；或避重就轻，态度模糊、谎供、乱供。②在情绪上，或情绪冲动，耍赖、赌咒；或情绪消极、顾虑重重，悲观绝望。③在语言上，或编造谎言，出尔反尔；或语无伦次，吞吞吐吐等。

畏罪心理是犯罪嫌疑人在审讯过程中产生其他各种心理的根源，是其如实供述罪行的最大障碍。因此，侦查人员应根据犯罪嫌疑人的不同表现，有针对性地开展工作。对那些因重罪而谎供、拒供的犯罪嫌疑人，要加大其心理压力，并适时适当地使用证据，增加威慑力量，迫使其如实供述；对那些罪行并非严重，因罪恶感过强而畏罪心理严重的犯罪嫌疑人则要减轻压力，缓和紧张气氛，适时进行政策感召、心理接触，使其正视现实，消除顾虑，促其交代供述。

（二）侥幸心理

侥幸心理是犯罪嫌疑人自以为可以逃避罪责的一种盲目的自信心理。这种心理，不是在审讯过程中才产生的，而是在犯罪人准备犯罪之时就已存在。其产生的主要原因在于犯罪嫌疑人对事物的错误判断和对自身能力的盲目自信。例如，有的犯罪嫌疑人过高地估计了自己的能力，自认为犯罪经验丰富，作案手段高明，行动诡秘，不会留下任何痕迹物证，在讯问中只要拒不供述，侦查人员就无法找到犯罪证据，审判机关就无法定案治罪；有的犯罪嫌疑人过于相信"哥们义气"，错误地认为制定的攻守同盟，牢不可破，因此，轻信不会有证据被审讯人员掌握；有的犯罪嫌疑人相信自己的反讯问能力，他们自恃反讯问经验丰富，应变能力强，藐视或低估公安机关的侦查能力，认为自己可以轻松应对侦查人员的审讯攻势；有的犯罪嫌疑人甚至还把希望寄托于人情、关系等保护伞上，妄想借此开脱罪责，逃避惩罚。

侥幸心理是一种消极的拒供心理，一旦形成，就比较稳固，不易消除。在审讯过程中犯罪嫌疑人主要表现为：①矢口否认犯罪事实，鸣冤叫屈，抵赖拒供；②以守为攻，守口如瓶，消极抗拒；③敏感戒备，采取各种方法摸底试探，甚至花言巧语骗取信任；④避重就轻，装疯卖傻，甚至谎供、乱供；⑤具有侥幸心理的犯罪嫌疑人虽然外表自信，但实际上内心脆弱。由于外界信息匮乏，他们内心恐慌，对证据非常敏感与惧怕，只要侦查人员熟悉案情，了解其心理成因，适时出示证据，就完全可以打消其侥幸心理。

（三）对立抵触心理

对立抵触心理是犯罪嫌疑人对审讯人员、侦查机关，甚至对社会表现出强烈不满与敌视的一种心理状态，也是审讯中常见的一种消极心理，其产生的原因主要有：有的犯罪嫌疑人具有反社会的政治立场和观点；累犯、惯犯因多次受到公安机关的打击，产生了强烈的反社会意识；有的犯罪嫌疑人愚昧无知，有罪不知罪、不认罪；有的犯罪嫌疑人破罐子破摔，对前途失去信心；有的犯罪嫌疑人自知罪行深重，以抗拒求生；有的犯罪嫌疑人对立抵触心理的产生是审讯人员讯问方法不当，如使用侮辱性语言，行为粗暴，甚至刑讯逼供而导致的。

具有对立抵触心理的犯罪嫌疑人一般会出现两类情况：①积极的抵触行为。这类犯罪嫌疑人公然对抗，气焰嚣张，表现为情绪失控，缺乏理智，出言不逊，强词夺理，胡搅蛮缠，行为暴躁。②消极的抵触行为。这类犯罪嫌疑人以守为攻，消极应对。表现为或情绪压抑，反应冷漠，闪烁其言，答非所问；或闭口不言，以示抗拒。具有对立抵触心理的犯罪嫌疑人在审讯过程中不可能主动如实供述，与讯问人员的冲突较多，容易使审讯陷入僵局。面对这种情况，侦讯人员要冷静对待，切忌感情用事。要仔细查明其对立抵触的原因，根据具体情况对症下药，以缓解对立情绪。

（四）戒备心理

戒备心理是犯罪嫌疑人为防备罪行被揭露或害怕不能得到公正处理而产生的一种心理防卫反应。犯罪嫌疑人戒备心理的产生主要有两种原因：①自我保护的本能。随着审讯活动的进行，犯罪嫌疑人会明显地意识到自身安全受到的"威胁"，此时其基本的自我保护本能被迅速激发，身体警觉性增加，时刻警惕侦讯人员从其言语失误中抓住犯罪证据，唯恐罪行被揭露。②对侦讯人员不信任。由于二者的法律地位不同，活动目的完全相反，犯罪嫌疑人不可避免地会产生对侦讯人员的怀疑和不信任。再加上受自己的主观想象或他人过去经验的影响，往往怀疑讯问人员的职业道德，害怕落入设置的圈套，担心真实供述后不能得到公正的对待。

在戒备心理的支配下，犯罪嫌疑人在审讯过程中常常表现为：①对一切审讯活动和侦讯人员都抱有戒备、怀疑态度。他们疑虑重重，小心谨慎，不愿配合侦讯人员的讯问，对审讯人员的言行非常敏感，猜测其意图，对讯问不愿立即回答，即便回答也字斟句酌，犹豫不决，并常以试探、反诘、搪塞、推诿或嫁祸于人的方式进行抵赖。②对周围的环境保持高度的警觉。他们对周围状况的变化十分留心，企图从中获取有用信息。环境稍有变化，就会引起他们的恐慌。戒备心理较强的犯罪嫌疑人还会疑神疑鬼，神志恍惚，严重的甚至会出现幻听、幻视的精神失常状态。

要消除犯罪嫌疑人的戒备心理，侦查人员要做到：①态度真诚，耐心细致地做好法律、政策的宣传教育工作，增加犯罪嫌疑人对侦讯人员的信任度；②侦查人员要仔细分析其产生戒备心理的原因，有针对性地做好工作，多借助实例进行正面教育、引导，以消除其戒备心理。

二、犯罪嫌疑人在审讯中的心理变化与对策

审讯阶段，犯罪嫌疑人的动机斗争复杂，心理变化十分迅速、激烈。所有的心理变化、波动都是围绕着如何掩盖或隐瞒犯罪事实真相，如何逃避或减轻刑罚处罚而展开的。实践证明，犯罪嫌疑人在审讯阶段，完全交代或始终不交代罪行的只是少数，大多数犯罪嫌疑人都是通过与侦讯人员的激烈交锋和反复较量之后才被迫交代的，其心理变化大致经历了试探摸底、对抗相持、动摇反复和认罪供述等四个阶段。这四个阶段划分并没有绝对的界限，不同的犯罪嫌疑人，由于其个性、犯罪经历、主观恶性程度等的不同，在每个阶段所表现出的心理特点也不尽相同。了解掌握心理变化的特点和规律，有利于侦讯人员针对其心理特点，采取适当的对策，施加积极的心理影响，以达到讯问的目的。

（一）犯罪嫌疑人试探摸底阶段的心理与对策

试探摸底阶段是犯罪嫌疑人与审讯人员的初次接触，又称初审阶段。这一阶段，犯罪嫌疑人往往会利用直接接触的机会，采用各种试探手法，对侦查人员掌握证据的情况、审讯人员的个性特点、办案经验、办案能力、审讯风格及对本案的态度等进行摸底试探，其主要方法有：索要证据、鸣冤申辩、以假乱真、谎供伪供、欺骗隐瞒以及提出交换条件，要求见律师、见家人等，借此探听虚实，观察讯问人员的反应，从中了解自己所需要的情况，以便建立防御体系，对抗审讯。

针对这种情况，审讯人员要做到沉着冷静，小心应对，不露虚实。首先，要精心准备好初审，利用犯罪嫌疑人对审讯环境不适应，心里慌乱，对同案犯及其他情况尚不明了，心理防御体系尚未牢固建立的有利时机，采用适当的方法和策略，积极进攻，注意发现其前后口供中的矛盾，适时予以揭露；其次，对犯罪嫌疑人的摸底试探，审讯人员不要轻易表态，也不能流露出任何倾向性的表情和语言，做到不动声色，以静制动，避免过早暴露审讯意图；最后，使用证据要讲究方式方法，切忌把掌握的证据全盘托出，以免过早暴露案件进展情况。

（二）犯罪嫌疑人对抗相持阶段的心理与对策

对抗相持阶段是审讯人员与犯罪嫌疑人进行实质性心理较量的重要阶段。双方心理交锋激烈，揭露与逃避，批驳与狡辩的斗争此起彼伏，双方斗智斗勇，互不相让，形成对抗相持局面。形成这一局面的主要原因是经过初审阶段的试探摸底，犯罪嫌疑人开始逐渐适应审讯环境，对审讯人员的能力、经验也有了

初步了解，自以为"心中有数"，因而对抗意识有所上升，逐渐建立起了反审讯的心理防线。

这一阶段，犯罪嫌疑人常用的手法有：有的用沉默寡言、痛哭流涕、鸣冤叫屈、假装可怜等消极手法对抗审讯；有的用极力狡辩、百般抵赖、断然否认等方法公然拒供；还有的采用谎供述、乱供述、悔供述的方式来欺骗审讯人员，干扰审讯的进行。

因此，在对抗相持阶段，审讯人员对犯罪嫌疑人的心理变化要有充分的了解，要保持冷静的头脑，要有足够的耐心，不能感情用事；对掌握的证据要有正确的判断，讯问要准确，切中要害；要充满自信、不急不躁、稳扎稳打，消磨其抗拒意志，削弱其自我防御体系。

（三）犯罪嫌疑人动摇反复阶段的心理及对策

在这一阶段，通过前期实质性的较量，如侦查人员出示有力的证据，有力的讯问，合理的引导等，犯罪嫌疑人产生了一定的压力，审讯工作取得一定的效果。犯罪嫌疑人对抗意志有所减弱，心理防线逐渐出现动摇，对抗情绪渐趋缓和。

动摇反复阶段是犯罪嫌疑人心理冲突最激烈、最复杂的阶段。面临着重大利弊得失的权衡，犯罪嫌疑人动摇犹豫，左右为难，主要表现为：想继续顽抗，又怕受到更严厉的处罚；想认罪供述，又怕受到刑罚处罚和同伙报复，同时还抱一丝侥幸心理。犯罪嫌疑人陷入了态度摇摆、情绪焦虑、举止不安的境地。这一阶段，侦查人员一定要抓住时机，一旦犯罪嫌疑人出现动摇、犹豫的迹象时，就应该连续审问，趁热打铁，不给其留下再权衡的时间；同时，侦查人员还要继续采用攻心政策，加大工作力度，帮助犯罪嫌疑人打消顾虑，并根据具体情况，使用可靠证据，彻底消除其尚存的侥幸心理，避免其对抗心理死灰复燃。

（四）犯罪嫌疑人供述认罪阶段的心理与对策

在这一阶段，犯罪嫌疑人的心理防线完全崩溃，对抗讯问的意志彻底动摇，供述动机占据主导地位，已经认识到继续狡辩、抵赖有害无利，坦白交代才是唯一的出路。这时，犯罪嫌疑人一般都愿意配合审讯人员，开始如实供述罪行。但由于犯罪嫌疑人的个性差异、案情不同，其供述也有一定的差异，具体表现为：有些罪行较轻的犯罪嫌疑人，消除了供述心理障碍，愿意如实供述，以求从轻、从宽处理；有些供述心理不确定，供认不彻底的犯罪嫌疑人，能瞒则瞒，能少供则少供，能不供则不供，留有余地；有些大案、要案的犯罪嫌疑人感到事实清楚，证据确凿，大局已定，为了争取宽大处理，干脆全部如实供述；但有少数犯罪嫌疑人在这一阶段仍存有拒供心理，企图从审讯人员那里探听更多的信息，伺机推翻原来的真实供述。

上述情况说明，犯罪嫌疑人在供述阶段仍有可能进行最后挣扎，审讯人员绝不可掉以轻心，在审讯中要做到：做好思想教育工作，鼓励已有的进步，巩固其供述心理；彻底查清其犯罪的具体情况，深挖余罪，防止其翻供。

三、对不同气质类型犯罪嫌疑人的讯问方法与对策

（一）对胆汁质犯罪嫌疑人的讯问方法与对策

胆汁质的犯罪嫌疑人心理特点是：情绪冲动、脾气暴躁，易激惹。在审讯中，自信心强，常常公开挑衅、顶撞、反诘审讯人员，自我控制能力和忍耐性差。言语直率，反应速度快但不灵活，思维不缜密，在讯问过程中常出现漏洞，防御计划不周密。

针对这类气质犯罪嫌疑人，讯问人员可以采取以下的对策和方法：首先，利用其自信心强，"吃软不吃硬"的特点，采取说理感化，正确引导的方法，以柔克刚，缓解其对立情绪；其次，利用其好表现自己，言语快速直率的特点，尽量给他们提供自我表现的空间，从而发现其供述前后的矛盾和破绽，适时打击其嚣张气焰；最后，利用其缺乏控制能力和忍耐性差的特点，虚实结合，适时采取激将法，攻破其心理防线，促其如实供述。

（二）对多血质犯罪嫌疑人的讯问方法与对策

多血质犯罪嫌疑人的心理特点是：活泼好动，头脑反应灵活，应变能力强。在审讯中，他们思维敏捷，善于察言观色，揣测讯问人员心理，有较强的理解和顺应能力。他们善于交谈，好自我表现，善于说谎，编造伪供等。

针对这类气质的犯罪嫌疑人，可以运用以下的方法与对策：首先，利用其能言善辩，好表现的特点，引导其夸夸其谈，尽量多地暴露矛盾与破绽；其次，利用其反应灵活迅速，认知敏感的特点，讯问中适当运用一些模糊语言，造成犯罪嫌疑人的思维错觉，以扰乱其认知与情绪，增加其心理压力，动摇其侥幸与抗拒心理。

（三）对黏液质犯罪嫌疑人的讯问方法与对策

黏液质犯罪嫌疑人的心理特点是：情绪稳定，沉着冷静，自我控制能力、忍耐力强。在讯问中，他们反应迟缓，言语谨慎，常常不会轻易作答，思维严谨，善于掩饰，防守严密。

对这类气质的犯罪嫌疑人的讯问，可采取以下方法与对策：首先，要适当放慢讯问的速度和节奏，讯问人员要有耐心，不能操之过急，让犯罪嫌疑人有时间去理解思考，以利于其如实供述案情；其次，利用其防守严密，韧性强的特点，适时给予较强的外界刺激，施加一定的心理压力，打破其心理平衡；最后，要循序渐进地做好政策、法律的宣传教育工作，说理要深刻，能令人信服。

（四）对抑郁质犯罪嫌疑人的讯问方法与对策

抑郁质犯罪嫌疑人的心理特点是：胆小孤僻，情感脆弱，敏感多疑，反应迟缓，不善于言谈，心理承受能力差。在讯问过程中他们多采取消极防御，对认罪顾虑重重，戒备心理严重，畏罪心理和恐惧心理较强。

对这类气质的犯罪嫌疑人，一般可采取以下方法和对策：首先，做好耐心细致的说服教育工作，引起谈话兴趣，加强心理沟通，打消其猜忌和疑虑心理；其次，讯问速度要平缓，语气要温和，避免使用刺激性语言，防止出现对立和抵触情绪；最后，讯问时要及时肯定其进步，适当减轻其心理压力，同时，适时适当地运用可靠证据，打消其侥幸与幻想心理，促使其面对现实，如实供述。

同步练习

1. 犯罪人在侦查阶段的心理表现有哪些？

2. 犯罪人的反侦查心理特征有哪些？

3. 在侦查中可以采取怎样的心理策略？

4. 什么是心理痕迹？它有什么特点？我们可以从哪些方面进行现场心理痕迹分析？

5. 犯罪嫌疑人在审讯中的心理特点有哪些？

6. 犯罪嫌疑人在审讯中的心理变化可分为几个阶段？每个阶段的心理特征如何？审讯中应采取怎样的对策？

7. 对不同气质犯罪嫌疑人的讯问方法与对策有哪些？

拓展阅读

"炸弹狂徒"犯罪案的心理分析

1940年11月在负责为纽约市供电的联合爱迪生公司的一个窗台上，工作人员发现一个自制炸弹。炸弹上还有一张纸条，上面用漂亮的字迹写着："联合爱迪生的罪犯们，这是给你们的礼物！"在接到报告后，警方一开始并没有重视这个案件，但在10个月后，警方在街道上又发现了一个类似的炸弹。警方发现，这枚炸弹上还绑有没有开启的定时器。

1941年12月，日本袭击了珍珠港，之后不久警方收到了一封来自纽约市外威彻斯特县的来信。信中的笔迹和1年前炸弹上信件的笔迹完全相同："在战争期间我不会制造更多的炸弹——我也是一名爱国者——我会在日后惩罚联合爱迪生——他们将为自己可耻的行为负责。F. P."

在之后的5年中，警方没有发现更多的炸弹，但联合爱迪生、纽约的报纸、百货商店和酒店在此期间收到了 16 封类似的信件。基于"F. P."一直没有实际行动，警方甚至怀疑他已经放弃了复仇，或者已经死亡。但在 1950 年 3 月 25日，警方在纽约的中央车站又发现了一个并未引爆的炸弹。

警方发现，这 3 枚炸弹的制作都十分精致，而警方怀疑这位很快被人称为"炸弹狂徒"的犯罪者根本没有引爆它们的意图。然而，下一枚隐藏在纽约公共图书电话亭的炸弹被引爆了——尽管没有人因此受伤。报纸在爆炸后收到了更多的信件通知他们"还会有炸弹为正义而引爆"。

在 1951 年至 1954 年期间，共有 12 枚炸弹在纽约无线电城音乐厅、海关公车站、诺克菲勒中心等地点爆炸。1954 年被引爆的最后一枚炸弹被隐藏在电影院的一把椅子下面。这次爆炸第一次造成了有人受伤——有 4 人因为爆炸而轻微受伤。

1955 年，警方总共发现了 6 枚炸弹，其中 2 枚没能被引爆。这些爆炸的破坏性变得越来越大，这似乎昭示着"炸弹狂徒"正在变得越来越愤怒。他给报纸寄出的信件也越来越多，甚至还给报纸打了电话，但警方因为他的声音过小且没有特色而无法辨认出真凶。"炸弹狂徒"在寄给《纽约先驱论坛报》的信件中用惯用的大写字母总结道："迄今为止我共使用了 54 枚炸弹，打了 4 通电话，我会继续我的所作所为，直到联合爱迪生被绳之以法。"

1956 年 12 月 2 日，布鲁克林区的派拉蒙影院内发生了爆炸，6 人因此受伤，其中 3 人伤势较为严重。在经过整夜的手术后，医生最终保住了其中 1 名重伤者的性命。3 周后，《美国期刊》的编辑发表了一封致"炸弹狂徒"的公开信，《美国期刊》恳求他尽快自首，并承诺会为他提供解释自己动机的平台。两天后，《美国期刊》收到了回复："炸弹狂徒"自称"已经开始"针对 3 名政客（包括一名前任州长）展开行动。信中还列举了"炸弹狂徒"在 1956 年埋伏的14 枚炸弹，其中有多枚是警方未能发现的。

很快，"炸弹狂徒"又写了一封信，信中的内容为猜测他的真实身份提供了线索：

"我在联合爱迪生工作时曾受过伤——我因此被认为永久性的成为残疾。我没能从公司获得任何补偿，我是独自负担疗伤和生活的重担的……"

基于"炸弹狂徒"的复仇已经坚持了 16 年之久，警方认为在联合爱迪生找到相关记录的可能性微乎其微。在这种情况下，纽约市警察局犯罪实验室霍华德·E. 芬妮督查破天荒地决定咨询一名心理学家。芬妮选择了研究精神病人犯罪多年的詹姆斯·A. 布鲁塞尔教授。

布鲁塞尔首先得出的结论是，罪犯并不是生在美国，因为他的信件中没有使用美国的俗语；另外，从"他们会为自己卑鄙的做法付出代价"一类言语说明凶手应该年纪颇大。布鲁塞尔认为，信件的风格不属于德文或拉丁文风，因此凶手多半来自北欧国家，而且其多半是一名移民或第二代移民。

布鲁塞尔指出，凶手是一名偏执狂，他永远认为自己在被他人迫害。布鲁塞尔认为 50 多岁的人最容易成为偏执狂（大多数人并不认同这一观点），因此他推断凶手的年龄大概在 50 岁左右。和所有偏执狂一样，凶手虽然患有精神疾病，但他小心翼翼，自制力强。公正的大写笔迹是布鲁塞尔这一论调的最好证据，但布鲁塞尔本人更重视凶手写"W"的手法。他指出，信件中的"W"是由两个"U"组成的，按照弗洛伊德心理学的说法，这两个"U"看起来像是女性的乳房，这说明凶手对自己的母亲非常着迷。

布鲁塞尔的结论是："凶手是 40 岁至 50 岁之间的男性，内向，不善社交但并未与世隔绝。他是一名经验丰富的机械师，狡猾善于使用工具，因为自己的技能而自负。蔑视他人。对于那些批评自己工作的人，凶手心怀恨意，但他会掩饰自己的真实情感。凶手道德感强，诚实，对女人不感兴趣。了解民事或军事法律。凶手是虔诚的宗教信徒，在工作时如果受到批评会变得暴力。凶手的动机可能是：被解职或被惩罚，认为自己比批评者水平高，这使得仇恨不断积累。凶手现在或曾经是联合爱迪生的雇员。凶手的偏执问题正在变得越来越严重。"

上述很多判断都可以从信件的线索中得出，布鲁塞尔的部分推断在日后也被证明是错误的，但某些判断在日后被证明是难以置信的准确。布鲁塞尔告诉警方，凶手身材保持得很好，整个人也很整洁。他没有结婚，多半和一名年长的女性亲戚（多半是他的母亲）住在一起，习惯穿双排扣西服，并会系好扣子。

在警方根据这些描述进行工作期间，《美国期刊》收到了一封打字信。信中写道："我 1931 年 9 月 5 日在联合爱迪生工厂工作时受伤……"基于这一线索，警方想尽一切办法搜索和阅览联合爱迪生公司的记录，并且最终幸运地找到了相关文件。文件中记录到，乔治·米特斯基在一次锅炉爆炸事故中受伤，这导致他先后患上了肺炎和肺结核。米特斯基生于 1904 年，是波兰移民的后代，他因为事故最终获得了 180 美元的赔偿。康涅狄格州布里奇波特市居住着大量波兰移民，而寄出信件的威彻斯特县正好在布里奇波特市和纽约市之间。

在布里奇波特市附近的沃特伯里市，携带逮捕令的侦探敲响了米特斯基和两名姐姐共同居住的居所。一名看起来很慈祥、身材很健壮、戴着金色眼镜框的男子打开了门。当时已经是深夜，男子在睡衣外又穿了袍子。警察命令男子去穿好衣服，之后跟他们走。当男子之后出现时，他穿着衬衫，打着领带，穿着双排扣西服——并系好了扣子。在搜索了车库后，警方发现了用于制作炸弹的车床和管道。在米特斯基的卧室中，警方发现了其用来写最后一封信的打字机。米特斯基很快就承认了自己是"炸弹狂徒"这一事实。法院认为他的精神状况使他无法接受审判，最终把他关在了专门关押精神病犯人的州立医院中。住院后不久米特斯基就因为肺结核去世。他告诉警方，他信中的"F. P."二字代表的是"公平游戏（Fair Play）"。[1]

〔1〕〔美〕布莱恩·隐内：《FBI 犯罪心理画像实录》，〔美〕王旸译，化学工业出版社 2013 年版，第 30～35 页。

第十二章

犯罪心理的预测、预防和矫治

学习目标与任务

简要了解犯罪心理预测的概念、目的与类型；简要了解犯罪心理预防以及犯罪心理矫治概念与方法。

案例导读

出狱了，测测他会不会再犯罪

2005 年 4 月，北京市部分监狱开始进行"罪犯个体改造质量评估"试点工作。每名罪犯一进监狱，首先要进行"诊断性评估"。在 2 个月的入监教育阶段，狱警对罪犯要进行心理、危险性测试，找出罪犯的个体缺陷和有碍改造的个性因素，初步评定出罪犯的基本素质、改造难度和危险程度，区分出高、较高、一般和较低 4 个档次。

罪犯进入常规服刑阶段，狱警根据这份"诊断性评估"档案，并吸纳罪犯本人的意见，为其制订有针对性的个体改造方案。每年，狱警对每名罪犯的改造质量都要进行评估。

罪犯出监之前，狱警要画出罪犯年度改造质量曲线图，对罪犯在整个服刑过程中的改造质量进行评估，并对其再犯罪可能性进行预测，分为高危、中危和低危等 3 个档次。罪犯改造情况和再犯罪预测，都要在罪犯出狱前书面反馈给公安机关、社会安置帮教部门，为他们做好社会治安综合治理提供依据，从而达到预防重新犯罪的目的。[1]

---

〔1〕　黄秀丽："出狱了，测测他会不会再犯罪"，载《北京日报》http://news.sina.com.cn/s/2005-11-30/10107579820s.shtml，2014 年 12 月 20 日访问。

想一想：我国的罪犯心理矫治的操作体系一般包括几部分？对罪犯实施的再犯罪预测的意义有哪些

我们研究犯罪心理学的目的，除了科学地揭示犯罪人的心理和行为特点，及时有效地打击犯罪之外，还要对犯罪心理的预测、预防和矫治进行科学研究，并在此基础上做好预防、遏止和矫治犯罪的工作，以逐渐减少犯罪的发生率。这是犯罪心理学研究的最高目的和最终归宿。

本章简要介绍犯罪心理预测、预防和矫治的基本理论和方法。

第一节　犯罪心理预测

一、犯罪心理预测概述

（一）犯罪心理预测的概念和目的

犯罪心理预测是指运用心理学的理论和方法，以及统计学、数学和逻辑学等相关知识与方法，对犯罪心理和行为的发展趋势或某些个体犯罪或再犯罪的可能性所作的科学估计和推断。

我们知道，人的心理是对客观现实的反映，其产生和发展变化有一定的规律性，犯罪心理也是如此。犯罪心理预测作为一种科学的评估和推断，不是凭空想象和主观臆断，必须事先掌握大量真实可靠的现实资料和相关数据，参考以往的实践经验，运用心理学的理论和方法，进行科学分析和技术处理，以便对犯罪心理的形成和未来发展变化的趋势做出准确的预测。因此，科学的犯罪心理预测，必须建立在现代犯罪心理学全部科学研究成果的基础上。只要我们深入探析并掌握犯罪心理产生的原因及其发展变化的规律，就可以依据它们在现实情境中的反映和表现对犯罪心理和犯罪行为做出科学的预测。

犯罪心理预测的目的是在科学研究的基础上，对支配犯罪行为产生的心理轨迹作出有根据的预估和评判，以便依据预测结果，制定遏制犯罪的对策，对犯罪高发人群实行预防，阻止和减少犯罪，提高同犯罪行为作斗争的预见性、针对性与及时性，更好地预防和控制犯罪。

（二）犯罪心理预测的类型

犯罪心理预测可按不同的标准分类。

1. 以预测的目的和对象自身状况为标准，可将其分为早期预测和再犯预测。①早期预测。早期预测主要是针对没有犯罪经历的问题儿童或顽劣少年在未来是否会发生犯罪所进行的预测。②再犯预测。再犯预测是针对已经发生过违法犯罪行为的人，受到惩处后，在未来是否会重新犯罪而进行的预测。

2. 以预测的时间为标准，又可分为判决时预测和释放时预测。①判决时预测。判决时预测是指在法院审判过程中对犯罪人的主观恶性程度进行预测，以供刑种选择和量刑参考，同时也可作为投放监狱时确定分类管押的一项依据。②释放时预测。包括假释时预测和刑满释放时预测，其目的在于评估犯罪人回归社会后重新犯罪的可能性，以决定是否假释以及为刑满释放后的社会帮教和防范控制提供依据。

二、犯罪心理预测理论研究的发展概况

（一）国外犯罪心理预测理论研究的发展概况

犯罪心理预测的理论研究在国外已经有比较长的历史。1928年，美国芝加哥大学的社会学教授伯吉斯发表了对3处矫正院各1000名假释犯人的调查，对假释者是否再次犯罪进行研究，提出了再犯预测，制作了有名的伯吉斯预测表。这项研究，被认为是科学犯罪预测的最早尝试。1930年，格卢克夫妇发表了《五百名犯罪人的经历》一书，他们对1919年至1920年间麻省矫治机构假释的510名男性犯罪人进行了实地调查，用自己独创的方法制成再犯预测表。他们在1950年发表的《少年违法行为的解释》中，第一次介绍了对早期违法犯罪行为的预测。其后，有关犯罪预测的研究发展较快，有的国家还建立了犯罪预测的专门机构，许多国家的专家学者相继进行了有关犯罪趋势的理论研究。随着先进技术的运用，预测的手段将更加科学，预测的准确率也将逐渐提高。

（二）我国犯罪心理预测理论研究的发展概况

近年来，我国已经开始重视对犯罪心理早期预测的研究。研究者根据我国的实际情况，运用心理学知识，从人的心理发展的不同阶段所表现的种种征兆，来探讨违法犯罪心理预测的可能性。有的研究者通过对青少年违法犯罪心理的深入研究，将犯罪心理的进程分为三个阶段：[1]

1. 犯罪心理的萌芽期。个体的外部表现是自私、任性、执拗、不诚实、不合作，对挫折和压力具有攻击性反应，不受约束，缺乏自制力，占有欲和支配欲强，有侵犯他人的倾向。

2. 犯罪心理的滋长期。一般表现出较强的个人欲望，不尊重他人，不尊重集体，不遵守纪律，不接受管理，有偷摸行为，存在不良交往；用武力解决问题，有轻微违法行为。

3. 犯罪心理的形成期。行为表现分为显露型和隐蔽型。显露型表现欲求强烈，对道德、纪律和法律持否定态度，结交坏人，恶习较深；隐蔽型表现为诡秘、虚伪、难以捉摸、反常等。这种预测可以运用观察法、调查法、心理测验等方法进行，具有广泛的群众性，便于掌握。

---

〔1〕　肖兴政、郝志伦主编：《犯罪心理学》，四川大学出版社2004年版，第282页。

近年来，我国再犯心理预测的理论和实践研究也在不断深入，研究者们提出了再犯预测应具有中国特色，符合中国国情、犯情的建构思路，并取得了有价值的成果。

三、犯罪心理预测的方法与技术

（一）犯罪心理预测的方法

1. 直观预测法。这种方法主要凭借人们的经验、知识和综合分析能力进行预测，如通过征求有关专家的预见性判断进行预测，或召开专家小组会议获得预见性判断进行预测。

2. 因素分析法。这种方法是找出制约和影响犯罪心理发展变化的相关因素并以此作为进行预测的观测因子，进而依据诸因子的变化及影响作用的大小，进行犯罪心理预测。

3. 指数评估法。这种方法是对犯罪心理形成的若干重要因素，分别按一定的标准评分，然后加以综合，做出总的估量，得出可能犯罪性的各项指数，以作为某一个体犯罪可能性的量化指标。根据所测定的可能犯罪性各指数所属的不同区间，以及指数变化的趋势，分别加以统计，人们就可以依据这些对某一个体或群体犯罪的可能性及其趋势进行预测。

（二）犯罪心理预测的技术

犯罪心理预测的技术主要体现在个体犯罪预测表的编制上。个体犯罪预测表是一种运用数学模型，进行犯罪心理预测的方法，其制作过程如下：

1. 收集资料。经过随机取样，选择初犯组和再犯组作为比较的对象，样本数量一般在500～3000个之间。样本确定之后，则要收集每个样本的犯罪经历的资料，然后进行比较分析，或进行3年～5年的跟踪研究，发现与犯罪相关程度较高的环境因素、条件因素、心理因素，对那些与重新犯罪有密切关系的因素，应予以特别的重视。

收集资料是一个繁杂细致的工作。要获得真实可靠的资料，一方面，要运用多种多样的方法，如观察法、谈话法、调查访问法及活动产品分析法等，这些方法互为补充，相辅相成；另一方面，研究者在收集资料时，必须客观公正，不存偏见，实事求是，不能主观臆断，固执己见，弄虚作假。

2. 选择预测因素。选择预测因素就是运用科学的统计技术，从所收集的资料中，选择与犯罪心理形成有显著关系的因素作为预测因素。为了预测表适用上的简便，因素的数目不宜过多，一般确定5～21个预测因素。

3. 预测因素的数量变化。对所选项的若干个预测因素，依据其与犯罪心理形成相关联的程度，给予适当的分数。根据得分的多少，测量犯罪可能性的大小。

4. 编制预测表。通过分别计算各预测因素的得分与总和，制成得分多少与犯罪可能性的关联表，即预测表，作为犯罪心理预测的工具。

编制量表的过程既要做定性的研究，也要做定量的分析。随着科学技术的广泛运用，未来的犯罪心理预测呈现出逐渐向定量化发展的趋势。

另外，对于预测量表的使用，要注意其地域性和时效性的局限，不能过分依赖量表或机械地看待预测结果，要因时因地制宜，不断调查、收集新的资料，进行追踪研究，这样才能合理发挥预测的指导作用，提高预测的成功率。

四、犯罪心理预测的适用范围

犯罪心理预测除了科学研究外，一般在公安机关、人民法院、监狱系统等司法程序进行过程的范围内进行。

（一）公安机关

公安机关负责社会治安的维护与防范，对犯罪心理预测与预防负有重要责任，其预测对象和范围主要是：

1. 社会帮教对象；

2. 经家长请求或同意进行预测的问题儿童和顽劣少年；

3. 经一定机关批准进行抽样调查的人群。

（二）人民法院

人民法院主要在审判时进行心理预测，以作为判罪量刑时的参考。

（三）监狱系统

监狱系统的犯罪心理预测可以分为狱内犯罪预测和出狱前再犯预测。狱内犯罪预测是为罪犯心理矫治提供依据，从而制订科学合理的矫治方案。出狱前再犯预测是为罪犯回归社会后的再犯罪预防提供参考性依据，具体可分为：

1. 入狱时预测：为分管分押、建立罪犯心理档案及制订矫治方案提供依据。

2. 服刑中期预测：目的在于确定重点监控对象，加强矫治工作。

3. 出狱前预测：验证改造质量，确定是否适用假释，并为社会监控、帮教提供依据。

第二节　犯罪心理预防

一、犯罪心理预防的概念

犯罪心理预防是指运用心理学的理论和方法，采取有效措施，对行为人的心理施加某种影响，控制和排除犯罪心理形成的相关因素，防止个体形成犯罪心理，产生犯罪行为的活动。

犯罪心理预防应以准确的犯罪心理预测为依据，换言之，犯罪心理预测是犯罪心理预防的前提，犯罪心理预防是犯罪心理预测的目的和归宿。

犯罪心理预防是以个体为着眼点，从微观的、局部的角度，关注个体心理形成与变化规律，运用心理学的方法，如感化、暗示、疏导、转移和行为矫治等方法，采取各种防范措施，预防和矫治个体的心理缺陷，以减少和预防个体犯罪行为的发生。

二、犯罪心理预防的类型

犯罪心理预防从不同角度可分以下几类：

1. 主体预防和客体预防。主体预防是采取一定措施，防止某些个体成为犯罪人；客体预防是采取一定措施，防止某些个体成为犯罪行为的侵害对象。

犯罪主体和客体是犯罪活动的两个对立方面，二者统一于一个犯罪过程中，而且具有互动性质。其中主体预防是犯罪心理预防的重点，客体预防是犯罪心理预防的重要补充。不少犯罪案件的发生，被害者也有一定的责任，或是由于其某些行为的刺激诱发，激发了犯罪主体的作案动机，或是由于处于不利的地位或情境而极易成为被侵害的对象。

因此，研究犯罪客体预防，其目的在于帮助被害人提高预防意识和能力，不再有意或无意地为犯罪人提供方便条件和刺激诱因，确立自我保护意识，减少过失和责任，较好地达到预防犯罪的目的。

2. 物质预防和精神预防。物质预防是采取一定的措施，适当满足人们正当的物质需要，防止个人物质欲望恶性膨胀和萌生犯罪动机。要教育人们正确认识和处理物质需要多样性、无限性与满足需要的合理性、有限性和合法性之间的关系，预防犯罪动机的产生。精神预防是采取一定措施在精神生活领域防止个体萌生犯罪动机和形成犯罪心理。对个体进行道德教育、法制教育，帮助其树立正确的人生观、价值观和法纪观，预防犯罪心理的产生。

3. 一般预防和特殊预防。一般预防是加强对全社会的道德、法制教育，增强防范意识，提高抗腐蚀能力，预防犯罪心理产生。特殊预防是对特殊群体、特殊对象和特殊犯罪类型采取有针对性的措施，来预防其产生犯罪心理，或迫使其增强自控力，消除其原有的犯罪心理。

4. 单项预防和综合预防。单项预防是采取某一项措施（户籍管理、调解、刑罚等），防止个体犯罪，它有着直接的、近期的心理效果，但多属于指标性的应急措施。综合预防是采取多种综合预防措施（政治的、经济的、法律的、教育的等措施），将多种学科知识（法学、教育学、心理学等）运用于犯罪心理预防和矫治。它将产生间接的、长远的心理效应，属于治本性质的预防。

5. 免疫性预防和矫治性预防。免疫性预防是依据犯罪心理形成的规律，对社会成员（尤其是青少年）进行早期的犯罪预防。它通过家庭、学校、社会等防线在预防犯罪中的协调作用，加强思想品德和法制教育，提高个体对外界犯罪诱因的免疫力。矫治性预防是对已经形成犯罪心理和犯罪行为的人，采取必要的措施，矫治其犯罪心理，防止产生犯罪（或再犯罪）行为。

三、犯罪心理预防的方法

犯罪心理的形成是一个复杂的过程，它是多种主、客体因素相互作用的综合反映过程。因此，犯罪心理预防是一项社会系统工程，它必须依靠社会各方面的力量，采取社会综合治理的措施，才能收到良好的效果。影响犯罪心理形成的原因是多方面的，表现在个体身上又有诸多不同情况，因此，犯罪心理预防的方法也多种多样，因人而异。考虑到预防工作的系统性、复杂性、特殊性，下面着重介绍一些原则性的预防方法：

（一）加强早期防范教育，形成尊法守法意识与健全人格

消除和预防犯罪，早期预防教育是重点。早期预防教育的主要任务是通过施行多方面的教育，如理想与信念教育、道德与法制教育、个性品德与修养教育等，使广大社会成员树立起正确的人生观、价值观、世界观以及尊法守法意识和养成良好的行为习惯，尤其是形成良好的道德品质和健全的人格，自觉抵御外界不良因素的诱惑。

早期预防教育的对象主要是青少年。发展心理学的研究表明，人的道德品质、行为习惯和人格从 3~6 岁开始初步形成，其后不断塑造、发展，到十七八岁至二十三四岁基本定型。定型前的这一阶段是整个人生教育的关键阶段，也是早期预防教育实施的最佳时期。这一时期，如果实施了正确教育与训练，个体会逐渐学会与掌握社会认同的行为规范、价值观念，养成良好的个性品质和行为习惯，形成积极的情绪情感和社会行为，这样就能更好地适应社会与环境，自觉抵制各种不良因素的诱惑与腐蚀，从而使早期的预防教育取得事半功倍的效果。这一阶段，如果教育有缺陷或失误，个体则可能养成不良的行为习惯与个性，形成消极的情绪情感和侵犯行为，造成社会适应不良，产生心理或行为问题，乃至形成犯罪心理，这时再进行教育矫治，其效果则可能事倍功半。因此，早期的心理预防教育要从小抓起，从点滴抓起。

早期的预防教育工作应由家庭、学校、社会共同承担。家庭是个体社会化的开端，也是预防犯罪的第一道防线。家庭预防教育要采取科学的教育方法和教育态度，家长要以身作则，引导个体形成正确的观念和良好的个性，使他们在健康的家庭环境中成长，以防止和减少犯罪心理和犯罪行为的产生。学校在早期预防教育中发挥着重要作用，承担着对个体进行系统的社会道德伦理、法制规范教育的重任。学校的正面教育，使个体在不断接受教化的过程中顺利成长和成熟，而学校教育的失误对个体的影响也是深远的，损失有时也是无法弥

补的。青少年过早地离开学校（成为流失生），过早地接触到社会上的不良因素，很有可能因此而步入歧途。近年来，流失生犯罪率急剧增加的现象已经证实了这一点。社会的预防教育功能表现在两个方面：①通过公检法、监狱、各级政府机构进行直接的教育、控制和管理，阻止犯罪心理的形成；②通过构建良好的社会文化、风俗、舆论等氛围，净化社会环境，消除犯罪诱因，以控制和减少犯罪心理形成的外在不良因素。

（二）加强心理健康教育，提高抵抗犯罪诱因的免疫力

进行心理健康教育，是犯罪心理预防的基本环节和措施。通过心理健康知识的宣传、教育与训练，有助于提高个体的认知能力、社会适应能力、情感调适能力和自我控制能力，并养成良好的心理素质和健全的人格。个体心理健康，才能以积极、主动、正确、理智的心理状态去适应和协调变化多端的客观环境，进而避免消极心理的产生，同时，也有能力发挥其内在的力量去抵抗外界各种不良因素的诱惑，自觉调控自己的行为，远离犯罪。

心理健康教育主要包括以下几方面内容：

1. 正确认识自我，客观评价自我，并悦纳自我；正确认识他人，客观评价他人，并悦纳他人。

2. 正视现实，接受现实，以积极的态度妥善处理生活、学习和工作中的各种挑战。

3. 热爱生活，乐于工作，并在其中获得满足，享受乐趣。

4. 处理好情绪，保持良好心境。

5. 人格和谐发展。

（三）加强心理疏导，预防突发性犯罪的发生

个体社会化的过程中，在学习、工作、人际关系和社会生活等方面，都可能会遇到各种各样的矛盾和问题。心理健康的人，善于把握当时的主客观条件，以积极乐观的态度，恰当地解决自己面临的问题，表现出良好的适应能力；而有心理和行为问题的人，则常常用消极、冷漠甚至阴暗的心态去分析解决问题，容易形成不良心理，甚至产生过激行为。大量的司法实践也证明，在各类刑事案件中，有相当比例案件的发生具有一定的偶然性、情境性、可避免性。例如，情绪型犯罪的发生，大多数是因人际关系冲突和生活纠纷而引起的，这类案件大多具有一定的引发原因或具体情境，因此会导致个体情绪认知失当、紧张、焦虑和心理失衡，进而采用不正当甚至犯罪的方法缓解内心压力，以取得心理平衡。这时，如果能得到有效的心理疏导，及时化解心理矛盾和冲突，就可以最大限度地避免此类案件的发生。所以，对可能实施预谋型犯罪的人，其心理预防的重点在于及时发现其不良心理，通过心理疏导，改变其不良的认知模式

和偏狭的思维方法，防止因不良情绪的郁积而导致犯罪行为的发生。对可能导致激情型犯罪的人，其心理预防的重点：一方面，可以通过心理健康教育与训练，使预防对象掌握自我调控的方法；另一方面，要及时发现犯罪苗头，通过心理疏导，转移注意，宣泄不良情绪，化解矛盾纠纷，控制和预防突发性犯罪的发生。

第三节　犯罪心理的矫治

一、犯罪心理矫治的概念

犯罪心理矫治是指通过深入分析和诊断犯罪人的犯罪心理状态和特征，运用一定的心理学方法和手段，对其犯罪心理及心理障碍进行矫正和治疗，促使犯罪心理的良性转化及消除心理障碍，最终达到重返社会的目的。

这一概念的含义，要从以下两个方面进行理解：

1. 犯罪人实施犯罪行为后，依据法律的规定，必然要经历侦查、起诉、审判、服刑四个阶段，在这个过程中，都存在着对犯罪人（被判处死刑立即执行除外）进行心理矫治的问题，而系统的矫治工作主要在其服刑期间才能得以开展，因此，犯罪心理矫治的主要对象是监狱中服刑的罪犯，即对罪犯进行的心理矫治。

2. 犯罪心理矫治的实施者，主要是监狱中从事管教工作的监狱管教人员。

二、犯罪心理矫治的内容

犯罪心理矫治的内容，主要包括两个方面：

（一）一般心理矫治

一般心理矫治是指对在押罪犯原有犯罪心理中存在的错误认知因素、动机因素、畸形的需要、低级的兴趣、薄弱的意志品质、不良的个性和行为模式等进行矫正，使原有的犯罪心理瓦解、消退，形成一个内容全新的心理面貌。

一般心理矫治适用的对象比较宽泛，它针对全体罪犯。使用常规的心理矫治手段与方法，如罪犯心理健康教育、罪犯心理测量与评估、罪犯心理咨询等。在矫治过程中，要遵循"戒之以规，动之以情，晓之以理，导之以行"等原则。工作的重点在于矫正犯罪者的不良个性，尤其是那些与社会相背离的价值观、道德观和法纪观，使其改变不良的行为习惯，培养良好的习惯和技能。

（二）特殊心理矫治

特殊心理矫治是指运用心理治疗的相关理论和技术，矫正、治疗罪犯存在的心理障碍或心理疾病。

与一般心理矫治相比，特殊心理矫治的对象比较狭窄，主要针对罪犯中具有心理障碍的罪犯，所使用方法遵循医疗模式。因此，心理治疗要求实施者必须接受专门训练，具备一定的医学知识，特别是精神疾病方面的知识与临床实践经验。

需要指出的是，对罪犯的犯罪心理矫治工作，作为一项科学化的专门方法或技术，正在我国监狱管理中得到普及与运用，并已初步形成了较完备的操作体系和规范化的管理运作模式。前期的矫治实践也证明，罪犯心理矫治对稳定改造秩序，预防狱内重新犯罪，培养身心健康的守法者，并使之顺利回归社会，具有重要作用。

限于篇幅，我们仅对罪犯心理矫治的操作体系及专门性技术作简要介绍。

三、罪犯心理矫治的操作体系

依据心理学的有关原理，从监狱工作的实际情况和现实需要出发，我国司法心理学研究者提出了较为合理的，科学性、操作性较强的罪犯心理矫治的操作体系，其体系结构分为以下几个部分：[1]

（一）罪犯心理健康教育

对罪犯进行心理健康教育，是罪犯心理矫治的基础工作之一。它面向全体罪犯进行，主要内容包括心理学、心理健康和心理卫生等方面的基础知识教育。对不同阶段和不同类型的罪犯，心理健康教育的内容应有所侧重。

心理健康教育的方法多种多样，可以利用广播、电视、黑板报、小报等传播媒介进行，也可以通过开展专题讲座、课堂教学等进行，还可以开展罪犯的自我教育。

通过心理健康教育活动的开展，让罪犯学会认识自己、剖析自己、接纳自己，从而自觉地调整心理状态，积极面对服刑生活，提高罪犯自我教育和接受改造的自觉性。

（二）罪犯心理评估

对罪犯进行心理评估，是心理矫治工作的前提和基础。这一工作也是面对全体罪犯进行的，大致可以分为入监评估和矫治效果评估两个方面。

入监评估面向全体新入监罪犯进行。通过入监评估，可以了解罪犯的个性特征、社会心理缺陷及其他心理问题，为建立罪犯心理档案和制订矫治计划提供依据。

矫治效果评估可分为面向服刑一定阶段的罪犯进行的阶段性评估和对即将刑满释放的罪犯进行的综合性心理评估。前者为了解矫治成效，改进矫治计划提供依据；后者为罪犯出狱后的心理预测、预防及社会帮教提供依据。

---

〔1〕 参见章恩友：《罪犯心理矫治基本原理》，群众出版社 2004 年版，第 99～101 页。

罪犯心理评估是一项十分复杂的工作，所用方法也很多。既要对罪犯进行心理测验、观察、调查与考核评定，又要对测验、观察与考核的结果进行综合的分析与评定。

（三）罪犯心理咨询

罪犯心理咨询旨在运用心理学的知识与原理，帮助罪犯发现自身的问题，挖掘其内在潜能，改变其原有错误的认知和行为模式，以提高罪犯对监狱生活的适应性。

罪犯心理咨询主要面向服刑罪犯中心理基本正常或有一般心理问题的人，帮助他们解决在服刑过程中遇到的各种心理问题与困惑，如学习、劳动、交往、家庭、适应、心理健康、回归社会等各种问题。罪犯心理咨询目前所采取的主要形式有门诊咨询、团体咨询、电话咨询、书信咨询和现场咨询等。

（四）罪犯心理治疗

罪犯心理治疗，主要是针对那些适应不良和患有各种心理疾病的罪犯进行的，目的在于帮助罪犯解除心理疾病，缓解或消除心理障碍和异常行为，增强自我控制和社会适应能力，重塑健全人格。

罪犯心理治疗是一项专业性、技术性较强的工作，必须由专业技术人员进行。

（五）罪犯心理预测和危机干预

罪犯心理预测面向全体罪犯。通过对罪犯个体或群体心理进行科学的预测和评估，对罪犯心理发展变化的趋势及其存在的心理问题的性质与程度进行全面的分析把握，了解其重新犯罪的可能性，以便进行及时的预防与干预。

罪犯心理危机干预，是专门针对那些出现一定心理疾病征兆的少数罪犯所进行的及时的心理诱导、危机调停和劝解工作，以缓解罪犯的心理冲突、情绪焦虑，防止因此演变成严重的精神疾病和发生重大突发事故。

四、罪犯心理矫治的主要技术与方法

（一）精神分析疗法

精神分析疗法的创始人是奥地利著名精神病学家和心理学家弗洛伊德。这种方法既适用于精神疾病，也可解决某些心理与行为问题。精神分析理论主要包括潜意识理论、人格结构理论、性心理发展理论、关于梦的理论等。潜意识理论，是精神分析理论的核心内容。该理论认为，人的心理活动由表及里，由意识、前意识和潜意识（无意识）构成，潜意识中包含了各种为人类伦理道德、宗教法律所不能容许的原始的、动物性的本能冲动以及与各种本能冲动有关的欲望。这些被压抑的冲动，并不会安分守己，也不会消失，而是在潜意识中积极地活动着，不断寻找出路，力求以改头换面的方式在意识行为中得到满足，病态的压抑则可能导致心理疾病。精神分析疗法的治疗原理就是要发掘被治疗者潜意识中的心理矛盾和冲突，找到致病的症结，把它们带到意识领域，使治疗者对此有所领悟，并自觉加以控制，从而达到治疗的效果。

在罪犯心理治疗中，常见的精神分析疗法包括以下几种：

1. 自由联想法。创设一个比较安静、光线柔和的环境，让被治疗者在心理医师的引导下，舒适地躺着或坐好，随意进行联想，把积压在心中的苦闷、不安、愤懑或不解的问题都如实报告出来。通过自由联想，暴露潜意识内容，有的甚至会使被治疗者回忆起童年时所遭受的精神创伤与挫折。治疗者对被治疗者报告的材料加以分析和解释，帮助被治疗者找到病因，使之有所领悟，并在此基础上重新建立健康心理。

2. 梦的解析。弗洛伊德认为，梦代表着个人的欲望或无意识冲突，可以反映其无意识活动的内容。通过对当事人能够回忆起的梦境进行分析，可以获得梦的真实意义，揭示当事人内心真正的愿望和动机，进而找到与心理疾病有关的内容，并向当事人做出合理的解释，使其了解心理疾病的原因所在，从而收到治疗的效果。

（二）行为疗法

行为疗法又称行为矫正疗法，是建立在行为主义心理学派的学习理论基础之上的用于矫正人的异常不良行为的一种心理治疗方法。学习理论认为，人的行为是通过后天学习获得的，不良的异常行为是在不利环境条件影响下某种不适当学习的结果。通过发现和改变不利的环境条件，采取一定的教育、强化和训练等措施，就可以改变、矫正或治疗人的不良或不正常行为，使其更好地适应环境。

行为疗法的具体方法很多，如系统脱敏法、厌恶疗法、代币强化法、满灌或冲击疗法、模仿疗法、生物反馈疗法等。在监狱中常用的行为疗法主要有以下几种：

1. 系统脱敏法。系统脱敏疗法又称交互抑制法。它是最早应用的行为治疗技术之一，20 世纪 50 年代由著名精神病学家沃尔扑（J. Wolpe）创立，主要适应于来访者在某一特定的情境下产生的超出一般紧张的焦虑或恐怖状态。

系统脱敏法的理论基础是交互抑制原理，该原理认为人的肌肉放松状态与焦虑恐怖状态是相互排斥的两个过程，一种状态出现必然会抑制另一种状态产生，即交互抑制。系统脱敏法利用人的肌肉放松状态去对抗焦虑或恐惧引起的个体心率、呼吸、皮电等生理反应。放松状态多次与引起来访者焦虑或恐惧的刺激物结合，即可消除原来由该刺激物引发的焦虑或恐惧的条件反应。

系统脱敏法主要包括三个步骤：①放松训练。让来访者在安静的治疗室内静坐，放松全身肌肉，找到并保持放松感。②建立恐惧或焦虑的等级层次。根据来访者感到恐惧或焦虑事件的主观感受，从弱到强依次安排。③实施脱敏。让来访者在放松的情况下，从最低层次开始，按等级层次中列出的项目进行想象或实地脱敏。这种疗法的关键是来访者从想象情境向现实情境转移，如果能在原有引起恐惧焦虑的环境中保持放松状态，恐惧或焦虑情绪就不再出现，治疗即告成功。

2. 厌恶疗法。厌恶疗法是运用条件反射的原理，把令人厌恶的刺激，如电击、责骂、呕吐或某种想象等与患者的变态行为结合起来，形成一个新的条件反射，用来对抗原有的变态行为，最后达到消除或减少这种行为的目的。在监狱中，厌恶疗法主要用来治疗罪犯存在的恋物癖、异装癖、同性恋等各种性变态以及酒精依赖、药物攻击、强迫症、偷窃癖、纵火癖等异常行为。常用的厌恶疗法有三种：药物厌恶法、想象厌恶法、电击厌恶法。

（三）合理情绪疗法

合理情绪疗法，也称为"ABC 理论"，是 20 世纪 50 年代由美国心理学家艾利斯（A. Ellis）创立的。合理情绪疗法是认知心理治疗中的一种疗法。这种治疗方法的目的在于通过纯理性和逻辑思辨的途径，改变求助者的非理性观念，以帮助其解决情绪和行为上的问题。这一方法主要用来治疗罪犯存在的消极情绪。

1. "ABC 理论"。"ABC 理论"是合理情绪疗法的核心理论，其主要观点是强调情绪或不良行为不是由某种诱发事件本身所引起的，而是由经历了这一事件的个体对这一事件的理解和评价造成的。

ABC 来自于三个英文字母，其中 A 代表诱发事件（Activating Events）；B 代表个体对这一事件的看法、解释与评价即信念（Beliefs）；C 代表在这一事件过后，个体的情绪反映和行为结果（Consequences）。通常，人们都认为是外部诱发事件 A 直接引起了情绪和行为结果 C，"ABC 理论"却认为 A 并不是 C 的直接原因，继 A 发生之后，个体会对 A 做出某种解释与评价，从而产生对 A 的某些观念即 B，而 B 才是引起情绪和行为反应的直接原因。"ABC 理论"认为，个体的认知系统对事物产生的不合理、不现实的信念是导致不良情绪的根本原因。因此改变不良情绪必须从改变认知入手，其中所用的最重要的方法是对不合理的信念加以驳斥和辩论（Disputing Irrational Beliefs），使之变为合理的观念，最终达到新的情绪和行为的治疗效果（New Emotive and Behavioral Effects）。这样原来的"ABC 理论"就扩展成为 ABCDE 的治疗模型。

2. 不合理信念。不合理信念即前述的非理性观念，是合理情绪疗法所要改变的对象。不合理信念有绝对化的要求、过分概括和糟糕至极三个主要特征，分述如下：

绝对化要求是指个体以自己的意愿为出发点，对某一事物怀有其必定会发生或不会发生的信念。这种特征通常是与"必须"和"应该"这类词联系在一起的，如"我必须获得成功""他必须对我好"等，持有这种信念的人极易陷入情绪的困扰。因为客观事物的发展有其自身的规律，不可能以个人意志为转移。对于某个具体的人而言，他不可能在每一件事上都获得成功。因此，当某些事物的发生与其对事物的绝对化要求不相符合时，这种类型的人就会感觉到难以接受和适应并因此陷入情绪困扰。针对这种信念，合理情绪疗法是要帮助求助者认识这种绝对要求的不合理之处、不现实之处，改变这种极端的思维方式，并帮助他们学会以合理的方式看待周围的人和事物以减少情绪困扰。

过分概括是一种以偏概全的不合理的思维方式，其典型特征是以某一件或某几件事来评价自己或他人的整体价值。用这种观念评价自己，常常会产生片面的自我否定，如面对失败或极坏的结果，就常常认为自己"一无是处""一钱不值""是废物"等，结果会产生自责自罪、自暴自弃的心理以及焦虑、抑郁等情绪。而用这种观念评价他人，则会导致一味地责备他人，并产生愤怒和敌意情绪。针对这种不合理信念，合理情绪疗法强调在这个世界上，没有一个人可以达到完美无缺的境地，每一个人都应该接受人是有可能犯错误的事实。因此，这一疗法的一句名言就是"评价一个人的行为而不是去评价一个人"，应以一个人的具体行为、行动和表现来代替对整个人的评价。

糟糕至极是认为如果一件不好的事发生，其后果将是非常可怕、非常糟糕的，甚至是一场灾难的非理性观念。持有这种观念的人，当他遇到了不好的事情时，就极易陷入极度的负性情绪体验中而难以自拔。事实上，任何事情都不可能100%的坏，世事变化，物极必反，否极泰来，坏事发生时，也常常蕴含着转机。而糟糕至极常常是与人们对自己、对他人及对周围环境的绝对化要求相联系而出现的，即在人们的绝对化要求中认为的"必须""应该"的事情并未如他们所想象的那样发生时，他们就会感到无法接受这种现实，无法忍受这样的情绪，他们的想法就会走向极端，就会认为事情已经糟糕到极点了。针对这种信念，合理情绪疗法认为"非常不好的事情"确实有可能发生，尽管有很多原因使我们希望不要发生这样的事情，但没有任何理由说这些事情绝对不应该发生。我们将努力去接受现实：在可能的情况下去改变这种状况；在不可能时，则学会在这种状况下生活下去。[1]

对罪犯进行心理治疗的方法，除了以上介绍的几种方法外，还有其他的一

---

〔1〕　钱铭怡编著：《心理咨询与心理治疗》，北京大学出版社1994年版，第238页。

些理论和治疗的技术与方法，如罗杰斯创立的来访中心疗法，森田正马创立的森田疗法等。因篇幅所限，不再赘述。

同步练习

1. 什么是犯罪心理预测？其特点如何？
2. 犯罪心理预测的类型有哪些？
3. 犯罪心理预测适用于哪些范围？
4. 什么是犯罪心理预防？其类型有哪些？
5. 什么是犯罪心理矫治？它包括哪些方面的内容？
6. 罪犯心理矫治的操作体系一般包括哪几部分？

拓展阅读

××监狱刑释罪犯重新犯罪可能性评估表

姓名	陈××	性别	男	民族	汉	出生日期	1979.5.5
罪名	绑架罪盗窃罪	原判刑期	2011年6个月	刑期起止	2004.8.13~2016.2.12	健康状况	良好
出监原因	刑满释放	出监时间	2014年5月12日	文化程度	初中	附加刑	无
家庭住址	××省××市（因保密略）						
刑期变动情况	2012年8月11日减刑1年9个月						

监区评估意见	服刑期间表现：该犯服刑改造期间前期能遵守监规纪律，认真参加劳动改造，学习法律知识，认真反思自己的犯罪行为，能够认罪悔罪。2013 年之后，该犯改造表现逐渐变差，悔罪意识变差，偶尔出现违规违纪行为。2014 年 3 月，因与监舍同犯发生矛盾，动手打架，监狱按规定给予其紧闭 15 天处分。 　　该犯家庭经济情况较差，因其本身具有好吃懒做的恶习，在服刑期间向他犯借钱购买香烟等物品，经常写信向亲戚朋友借钱。 　　该犯与亲戚朋友关系一般，社会支持系统较弱。 　　该犯劳动技能和劳动意识较差，服刑期间学习劳动技术不认真，对未来并没有明确打算。 　　监区综合认为：该犯出狱之后，重新犯罪可能性较大。
心理测试结果	心理测试无异常
评估中心鉴定意见及建议	该犯重新犯罪可能性：_____。（此处为矫治中心根据软件评估出一个数字） 　　建议： 　　与当地司法局对接，加强日常教育管理。 　　建议监区告知其家属改造情况，加强法制教育。

主要参考书目

1. 罗大华、何为民主编：《犯罪心理学》，中国政法大学出版社 2003 年版。

2. 梅传强主编：《犯罪心理学》，中国法制出版社 2014 年版。

3. 马皑、章恩友：《犯罪心理学》，中国人民大学出版社 2015 年版。

4. 李玫瑾：《犯罪心理研究——在犯罪防控中的作用》，中国人民公安大学出版社 2010 年版。

5. ［美］布来恩·隐内著，［美］王旸译：《FBI 犯罪心理画像实录》，化学工业出版社 2013 年版。

6. 肖兴政、郝志伦主编：《犯罪心理学》，四川大学出版社 2004 年版。

7. ［英］Ronald Blackburn 著，吴宗宪等译：《犯罪行为心理学——理论、研究和实践》，中国轻工业出版社 2000 年版。

8. 杨士隆：《犯罪心理学》，教育科学出版社 2002 年版。

9. 杨波主编：《犯罪心理学》，高等教育出版社 2015 年版。

10. 刘邦惠主编：《犯罪心理学》，科学出版社 2004 年版。

11. 董邦俊、康杰主编：《犯罪心理学教程》，武汉大学出版社 2015 年版。

12. 高一飞：《有组织犯罪问题专论》，中国政法大学出版社 2000 年版。

13. 章恩友：《罪犯心理矫治基本原理》，群众出版社 2004 年版。

14. 李广祥等：《经济犯罪心理》，群众出版社 1990 年版。

15. 梅传强主编：《犯罪心理学》，中国法制出版社 2007 年版。

16. 王洪山主编：《犯罪心理学》，群众出版社 1995 年版。

17. 焦泽川、舒和润主编：《新刑法实用教程》，安徽大学出版社 1998 年版。

18. 叶奕乾、何存道、梁宁建主编：《普通心理学》，华东师范大学出版社 1997 年版。

19. 叶奕乾、孔克勤编著：《个性心理学》，华东师范大学出版社 1993 年版。

20. 张厚粲主编：《心理学》，南开大学出版社 2002 年版。

21. 章志光主编：《心理学》，人民教育出版社 1984 年版。

22. 李镜流、李树珍编著：《心理学导引》，书目文献出版社 1985 年版。

23. 林崇德主编：《发展心理学》，人民教育出版社 2009 年版。

24. 孙时进编著：《社会心理学》，复旦大学出版社 2003 年版。

25. 李晓文、张玲、屠荣生编著：《现代心理学》，华东师范大学出版社 2003 年版。

26. 乐国安：《咨询心理学》，南开大学出版社 2002 年版。

27. 徐功川主编：《侦查心理学》，重庆出版社 1984 年版。

28. ［日］平尾靖著，金鞍译：《违法犯罪的心理》，群众出版社 1984 年版。

29. 中国社会科学院社会学研究所主编：《青少年犯罪心理学》，上海人民出版社 1985 年版。

30. ［美］汉斯·托奇主编，周嘉桂译：《司法和犯罪心理学》，群众出版社 1986 年版。

31. 张伯源、陈仲庚编著：《变态心理学》，北京科学技术出版社 1986 年版。

32. 陈仲庚、张雨新编著：《人格心理学》，辽宁人民出版社 1986 年版。

33. 孙汝亭等：《刑事侦查心理学》，哈尔滨出版社 1988 年版。

34. 杨清主编：《简明心理学辞典》，吉林人民出版社 1985 年版。

35. 罗大华主编：《法制心理学词典》，群众出版社 1989 年版。

36. 田寿彰主编：《司法精神病学》，法律出版社 1990 年版。

37. 肖剑鸣、皮艺军主编：《犯罪学引论——C. C 系列讲座文集》，警官教育出版社 1992 年版。

38. 陈兴良：《共同犯罪论》，中国社会科学出版社 1992 年版。

39. 侯国云：《过失犯罪论》，人民出版社 1993 年版。

40. 吴宗宪主编：《法律心理学大词典》，警官教育出版社 1994 年版。

41. 张保平、徐永新编著：《犯罪心理学》，警官教育出版社 1995 年版。

42. 钱铭怡、苏彦捷、李宏编著：《女性心理与性别差异》，北京大学出版社 1995 年版。

43. 朱营周主编：《新编犯罪心理学》，警官教育出版社 1997 年版。

44. 任克勤主编：《被害人心理学》，警官教育出版社 1997 年版。

45. 宋浩波、郝宏奎主编：《犯罪学》，中国人民公安大出版社 1997 年版。

46. 陈兴实、付东阳编著：《计算机、计算机犯罪、计算机犯罪的对策》，中国检察出版社 1998 年版。

47. 罗大华、胡一丁主编：《犯罪心理与矫正新论》，中国政法大学出版社 2003 年版。

48. 魏娟辉：《职务犯罪心理学》，中国政法大学出版社 2016 年版。

图书在版编目（ＣＩＰ）数据

犯罪心理学/张晓真编著. —北京：中国政法大学出版社,2017.8（2022.1重印）
ISBN 978-7-5620-7660-5

Ⅰ.①犯…　Ⅱ.①张…　Ⅲ.①犯罪心理学－高等职业教育－教材　Ⅳ.①D917.2

中国版本图书馆CIP数据核字(2017)第193587号

出 版 者　　中国政法大学出版社
地　　址　　北京市海淀区西土城路 25 号
邮　　箱　　fadapress@163.com
网　　址　　http://www.cuplpress.com (网络实名：中国政法大学出版社)
电　　话　　010-58908435(第一编辑部) 58908334(邮购部)
承　　印　　保定市中画美凯印刷有限公司
开　　本　　720mm×960mm　　1/16
印　　张　　18.25
字　　数　　338 千字
版　　次　　2017 年 8 月第 3 版
印　　次　　2022 年 1 月第 4 次印刷
印　　数　　9001～12000 册
定　　价　　46.00 元